Der große Guide für
Hochzeitsgäste

❶ Junggesellenabschied 6
Für sie 8
Für ihn 20
Für beide 30

❷ Polterabend 36
Organisation 38
Bezaubernde Bräuche 46
Spiele & Aktionen 50
Kleine Geschenke 60

❸ Tipps für VIPs 64
Für Trauzeugen 66
Für Eltern 72
Für weitere VIPs 80

❹ Rund um die Trauung 84
Aktionen für Standesamt und Kirche 86

❺ Aktionen für die Hochzeitsfeier 96
Ballons & Flammeas 98
Foto, Video & Homepage 102
Bücher & Kalender 108
Bilder malen 116
Von Herzen 118
Hochzeitszeitung 124

❻ Spiele für die Hochzeitsfeier 134
Mit dem Brautpaar 136
Spieleklassiker 144
Mit den Gästen 146
Spiele für Kinder 154

❼ Hochzeitsrede 158
Themen, Aufbau, Stil, Vortrag 160

❽ Geschenkideen 168
Für die Feier 170
Mit Erinnerungswert 174
Ganz persönlich 176
Orte zum Träumen 180
Patenschaften 182
Kleine Präsente 184
Der Hochzeitstisch 188

❾ Geldgeschenke 190
Ein anderes Wort für Geld 192
Für den Hausbau 196
Für die Wohnung 198
Für die Flitterwochen 200
Für Genießer 202
Originelle Übergaben 204

❿ Hochzeitsnacht 206
Überraschungen und kleine Streiche 208

⓫ Gäste-Knigge 214
Die 20 wichtigsten Fragen & Antworten 216

Impressum 2
Stichwortverzeichnis 222

Partytime! Sie zieht ein letztes Mal ausgelassen mit ihren Freundinnen los, er lässt es mit seinen Kumpels noch einmal ordentlich krachen. Auch wenn es nicht immer offen ausgesprochen wird: Der Junggesellenabschied ist für viele Brautpaare ein wichtiger Teil ihrer Hochzeit. Trauzeugen und Freunde führen Regie und dürfen sich also richtig ins Zeug legen. Hier finden Sie 100 Ideen für einen unvergesslichen Junggesellenabschied - von relaxt bis aufregend.

1 JUNGGESELLENABSCHIED

Für sie	Seite 8
Für ihn	Seite 20
Für beide	Seite 30

Girls wanna have fun!

Einmal Prinzessin sein, ein letztes Mal als Single das Nightlife genießen oder entspannen auf einer Beautyfarm: So wird der Junggesellinnenabschied zum unvergesslichen Höhepunkt.

Beim klassischen Junggesellinnenabschied stehen die Freundinnen meist ohne Ankündigung mit einer Flasche Sekt, Schampus oder Prosecco vor der Haustür der Braut – um den letzten Abend in vorehelicher Freiheit zu feiern. Traditionell plant die Trauzeugin gemeinsam mit den Freundinnen den Abend, um sie mit allerlei Verkleidungen und Spielen zu überraschen. Die Braut darf das aber auch selbst in die Hand nehmen.

Der Junggesellinnenabschied wird mindestens zwei bis drei Wochen vor der Hochzeit gefeiert und anders als bei der förmlichen Hochzeitseinladung reicht für dieses Fest ein Anruf oder eine E-Mail als Einladung. Mit dabei sind neben der Trauzeugin die besten Freundinnen, Schwestern, Schwägerinnen, Tanten. Die Braut wird verkleidet, dann stürzen sich alle ins Nachtleben. Die Kosten werden von den Freundinnen der Braut bzw. mit den Einnahmen der Braut, die sie aus verschiedenen Verkaufsaktionen generiert, bestritten.

Der perfekte Look

Als klassische Verkleidung bietet sich ein XXL-Shirt an. Oft hat dabei die Braut ein spezielles Shirt an, das sie als solche identifiziert, und ihre Freundinnen tragen dazu passende Shirts, die zeigen, dass sie zu der bunten Truppe gehören. Das Shirt der Braut wird vorher von den Freundinnen beschriftet und/oder dekoriert. T-Shirts mit Fotomotiv können Sie in einem Copyshop oder direkt im Internet etwa bei *www.personello.de* (Shirts ab 9,90 Euro) bestellen. Wenn Sie das Shirt selbst erstellen wollen, benötigen Sie eine Bügelfolie, die Sie mit einem Computerdrucker bedrucken können. Sie drucken das Motiv spiegelverkehrt auf der Folie aus und bügeln es dann auf ein T-Shirt auf (Bügelfolie bei *www.pearl.de*, Komplettset inkl. Software und 12 Bügelfolien für 14,90 Euro). Fertige T-Shirts mit originellen Sprüchen finden Sie ab ca. 16 Euro unter *www.wedding-shirt.de*.

Hier einige Textideen:
- Braut: „Ade Männerwelt!"
- Braut: „Viel Zeit ist nicht mehr…", „Freundinnen: … aber wir werden sie nutzen!"
- Braut: „Bride", „Freundinnen: Bridesguard"
- Braut: „Bin weg vom Markt"
- Braut Vorderseite: „1, 2 oder 3 … letzte Chance", Rückseite: „… vorbei"
- Braut: „Kuss-Schlussverkauf"
- Braut Vorderseite: „Letzte Chance", Rückseite: „Zum Anbeißen!"

Extra-Tipp: So vermeiden Sie überflüssigen Stress

Die kleinen Klippen, die man umschiffen sollte.

✗ **Termin:** Legen Sie den Termin für den Junggesellinnenabschied keinesfalls auf den Vorabend der Hochzeit. So wird die Party viel ausgelassener, und die Gäste erscheinen pünktlich – und fit – zur Hochzeit.

✗ **Partner:** Bei der Gestaltung der Party gehen die Geschmäcker oft auseinander. Unbedingt vorher vom Partner der Braut die Meinung einholen und die Grenzen erkunden. Sonst ist Stress vorprogrammiert.

- Braut trägt ein rosa Shirt. Vorderseite: „Ihr Vorname", Rückseite: „Ja, ich bin die Braut!" Die Freundinnen tragen als Zeichen der „Trauer" schwarze Shirts. Vorderseite: „Name der Freundin". Rückseite: „Ich bin nur die Trauzeugin!"
- Braut Rückseite: Aufgabenliste für den Abend – dahinter jeweils ein Kästchen zum Abhaken.

Falls Sie die Verkleidung etwas aufwendiger gestalten möchten, geht das natürlich auch:

- Auf das Shirt werden Geldstücke gemalt, in denen ein bestimmter Betrag (z.B. „5 Euro") steht. Zu jeder vollen Stunde darf ein (männlicher) Gast ein Geldstück ausschneiden – gegen Zahlung des eingetragenen Betrages. Zur Abrundung bekommt die Braut einen Schleier, beispielsweise aus einer alten Gardine.
- Das Shirt wird mit roten Herzen aus Stoff oder Papier behängt. Die Herzen werden später von Männern abgeschnitten. Im Gegenzug bekommen sie einen Kuss von der Braut. Alternative zu den Herzen: Essgummi-Schnuller.
- Die Braut wird als Prinzessin mit Krone und Zepter verkleidet und muss Rosen verkaufen. Auf dem Shirt steht vorne „Prinzessin heiratet" und hinten „Wolle Rose kaufen?".
- Alle Freundinnen bekommen eine Schärpe mit der Aufschrift: „Heute ist die Braut noch zu haben" (Vorderseite), „Hochzeit am 8.8.08" (Rückseite). Auf der Schärpe der Braut steht auf der Vorderseite: „Ich bin die Braut!!!" Und auf der Rückseite: „Miss Junggesellenabschied 2010". Fertige Schärpen gibt es bei www.in-due.de für ca. 2,50 Euro.
- Die Braut bekommt einen Overall aus dünnem Papier, der mit vielen Herzen bemalt wurde. Solche Overalls gibt es im Baumarkt (z.B. www.obi.de, 10 Stück für ca. 20 Euro). In die Herzen schreiben Sie wieder bestimmte Euro-Beträge hinein. So wandert die Braut nun durch die Kneipen und kann sich von männlichen Gästen gegen Entrichtung des entsprechenden Obolus die Herzen ausschneiden lassen. Nette Variante: Befestigen Sie Fläschchen an dem Overall (z.B. „Kleiner Feigling"), die ebenfalls verkauft werden können.

Andere Länder, andere Sitten

Großbritannien: Stag Night (für ihn), Hen Night oder Chicken Night (für sie). Hier wird der Abschied vom Junggesellendasein besonders lange und ausgiebig gefeiert. Üblich sind deftige Lieder, die ohne sonderlich viel Sinn für Rhythmus und Ton gegrölt werden (For he's a jolly good fellow), Trinkgelage und sexuelle Ausschweifungen. Auch junge Frauen feiern dort zunehmend ausgelassen und mit viel Alkohol gemeinsam mit Freundinnen in Pubs und Discos – häufig karnevalsmäßig kostümiert – und oft so wild, dass den Männern nur noch das Staunen bleibt.

Die traditionelle Variante

Altbewährt und immer noch beliebt ist die Variante des Junggesellinnenabschieds, bei der die Braut unter Aufsicht ihrer Freundinnen eine Menge verrückter Aufgaben lösen muss. Um das Ganze etwas origineller zu gestalten, können Sie auch ein Glücksrad einsetzen. Hier ist etwas Vorbereitung durch die Freundinnen gefragt. Wer kein professionelles Glücksrad basteln oder mieten (siehe Extra-Tipp) möchte, kann auch auf eine einfachere Variante ausweichen: Dazu basteln Sie auf einem Karton ein Spielbrett, auf dem ein Glücksrad mit den Zahlen von 1 bis 24 aufgemalt ist. Statt des Zeigers kann eine einfache Flasche (à la Flaschendrehen) verwendet werden.

Die Braut als Verkäuferin

Die Braut zieht durch Kneipen und versucht mit dem Verkaufserlös diverser Kleinigkeiten genug Geld für die Verköstigung der Freundinnen einzunehmen.

Die Braut muss im Laufe des Abends verkaufen, was das Zeug hält. Von dem Verkaufserlös begleicht sie die offenen Getränkerechnungen der Freundinnen. Einen fertig befüllten Bauchladen mit über 20 Verkaufsschlagern gibt es für ca. 40 Euro bei *www.weddix.de*. Sie können diesen aber auch selbst basteln. Hierfür benötigen Sie einen großen Korb und eine Befestigung, damit die Junggesellin diesen bequem tragen kann: Am besten ein festes, breiteres Stoffband an den Kartonseiten festtackern oder am Korb festbinden. Witzige Alternative: Besorgen Sie einen Bollerwagen (ab ca. 60 Euro, *www.bollerwagen-zentrale.de*).

Ideen für Verkaufswaren
- Kunterbunt: vom Kondom bis Süßigkeiten
- Trashig: sämtliche Kleinigkeiten, die die Freundinnen in der Wohnung finden (Konservendosen, Putzmittel, Babybrei, Zahnbürsten)
- Geschmackssache: Küsse
- Romantisch: rote Pappkartonherzchen mit dem Namen der Braut. Die Herzen haben auf der Rückseite eine Sicherheitsnadel zum Anstecken
- Persönlich: drei Dinge, die die Braut an ihr Singleleben erinnern (z.B. alte CD, Liebesbrief oder Fotos)
- Selbst gemacht: Glückskekse oder Lebkuchenherzen
- Rosen (Kunstrosen unter *www.dekoflower.de*, 10 Kunstrosen, 75 cm, für ca. 10 Euro)
- **Extra-Tipp: Kaugummis sind die Verkaufsschlager!**

Das wichtigste Utensil: ein Korb, der mit kleinen Verkaufsschlagern bestückt wird.

Hier eine mögliche Liste mit 12 Aufgaben:
1. **Putzteufel:** „Putze in der Straßenbahn die Fenster und unterhalte dabei die Fahrgäste mit einer Braut-Spezialshow!". (Material: Putzmittel, Handschuhe und Küchenpapier)
2. **Versteigerung:** „Eröffne eine Auktion und verkaufe den Inhalt dieser Tüte meistbietend. Setze dabei Deinen ganzen Charme ein und lass die Kasse ordentlich klingeln!" (Material: Gummihammer, Tüte mit Krimskrams)
3. **Konzert:** „Spiele für Passanten ein Lied auf Deinem Instrument und lass die Euros zu Deiner Musik tanzen!" (Material: Flöte mit Noten)
4. **Wunschfee:** „Du bist eine Luftballonverkäuferin! Bringe die Ballons gewinnbringend unter die Leute! Diese dürfen einen Wunsch auf die Karte schreiben und den Ballon dann steigen lassen." (Material: mit Helium gefüllte Ballons, leere Postkarten, Stifte)
5. **Barkeeperin:** „Organisiere für Deine Begleiterinnen mit Deinem Charme ein Freigetränk."
6. **Dance-Star:** „Suche Dir einen charmanten Tänzer, und los geht's mit Lambada." (Material: CD-Player, Kassettenrekorder oder Musikanlage mit entsprechendem Lied auf CD oder Kassette)
7. **Lebenslänglich:** „Mache ein Bild von Dir und einem Polizisten – tauscht dabei Euren Kopfschmuck." (Material: Kamera)
8. **Schneiderin:** „Schneide von fünf netten Männern die Waschanleitung in der Unterwäsche ab." (Material: Schere)
9. **Kosmetikerin:** „Verkaufe drei Männern eine Handmassage – sie werden es honorieren." (Material: Handcreme)
10. **Groupie:** „Sammle 15 Unterschriften auf verschiedenen Körperteilen." (Material: Stift)
11. **Schwarzfahrer:** „Überrede einen Taxifahrer, dass er Euch gratis zur nächsten Location fährt."
12. **Fotomodell:** „Bringe mindestens 10 Männer dazu, vor Dir niederzuknien und Dir eine Rose zu schenken. Dabei lasst Ihr Euch fotografieren – was natürlich mindestens einen Euro kostet. (Material: Kamera, evtl. Rosen)
Wenn Sie diesen Junggesellinnenabschied noch etwas aufpeppen wollen, hier noch mehr Ideen:
- Führen Sie die Braut in ihre Lieblingskneipe. Hier muss sie durch ein Mikrofon erklären, wie genau sie ihren Bräutigam kennen gelernt hat, was sie an ihm liebt und warum sie ihn heiraten will. Was sie nicht weiß: Der Bräutigam sitzt dabei in der hintersten Ecke mit seinen Freunden und lauscht der gefühlvollen Liebeserklärung.
- Dekorieren Sie auf der Herrentoilette des Restaurants einen Strauß roter Rosen, dazu ein Foto der Braut und ein Schild mit der Bitte, dass ihr jeder Herr eine Rose mit einem kleinen Kompliment übergeben soll.
- Die Braut muss mit Kreide mitten auf einem öffentlichen Platz eine Liebeserklärung für ihren Liebsten auf die Straße bzw. einen Platz malen und schreiben. Besonders schön, wenn der Bräutigam später mit seinen Freunden genau an diesem Platz vorbeikommt – das lässt sich mit weiblichem Geschick sicher organisieren.
- Schreiben Sie die (Liebes-)Geschichte der Braut aus Sicht der besten Freundin auf. Vom Moment des ersten Kennenlernens bis zum Junggesellinnenabschied. Am Abend können Sie die Geschichte laut vorlesen oder auch der Braut persönlich übergeben.

Extra-Tipp: Glücksrad mieten

Wer sein bastlerisches Talent nicht auf die Probe stellen will, kann auch über das Internet ein Glücksrad mieten.

✘ **Kosten:** Das Tischglücksrad „Regenbogensmilie" kostet 45 Euro pro Tag (Achtung: Die Mindestmietzeit beträgt drei Tage). Mehr Infos unter *www.gluecksradshop.de*.

✘ **Vorbereitung:** Bereiten Sie eine Liste von 1 bis 24 vor. Auf alle geraden Zahlen platzieren Sie die verschiedenen Aufgaben. Alle ungeraden Zahlen sind Joker. Die Braut darf dann zum Beispiel ein Glas Sekt trinken oder eine Freundin als Erfüllungsgehilfin benennen.

Fröhliche Mottoabende

Ein Junggesellinnenabschied hat ja immer auch etwas von Karneval. Und bekanntermaßen sind dort oft die Feiern am lustigsten, die unter einem bestimmten Motto stehen. Kein Wunder, dass auch der Abschied vom Singleleben doppelt Spaß macht, wenn er unter einem bestimmten Motto steht. Hier ein paar Vorschläge:

Popstars

Auf das richtige Outfit kommt es an. Verkleiden Sie die Braut à la Britney Spears (Schulmädchen-Charme) oder Shakira (schwarze Hüfthosen, sexy Oberteil, Hüftgürtel) – und gehen Sie dann mit ihr in eine Karaokebar oder zumindest in eine Kneipe mit Jukebox oder Discjockey.
Bar mit Jukebox oder DJ: Auf einer Liste werden etwa fünf Lieder notiert. Jeder Gast, der genügend zahlt, darf sich ein Lied aussuchen, das von der Braut mitgesungen wird. Vergessen Sie nicht, Liedertexte vorzubereiten, falls die Braut die Songs nicht auswendig kann!

Extra-Tipp: Limo mieten

Mit über 8 Metern Länge bieten die meisten Stretchlimousinen ausreichend Platz für fünf bis sieben Personen. Bei längerer Mietdauer der Luxuskarossen fragen Sie unbedingt nach Sonderkonditionen!
✘ **München:** www.munich-city-limos.de, Preis pro Stunde: 125 Euro
✘ **Berlin:** www.beverlycars.de, Preis pro Stunde: 180 Euro
✘ **Hamburg:** www.superstarcars.de, Preis pro Stunde: 180 Euro
✘ **Köln:** www.classiccarrent.de, Preis pro Stunde: 180 Euro

---

Karaokebar: Die Braut muss Liebeslieder singen. Hier bieten sich etwa an: Mariah Careys „I can't live without you", James Blunts „You're beautiful" und Shinead o'Connors „Nothing compares 2 u". Gleichzeitig verteilen die Freundinnen Rosen unter dem männlichen Publikum, die der Braut dann während des Auftritts gebracht bzw. zu Füßen gelegt werden. Besonders romantisch: Der Bräutigam weiß nichts von dem Auftritt, Sie haben ihn aber unter einem Vorwand in die Bar gelockt. Nun sitzt er in einer dunklen Ecke und überreicht seiner zukünftigen Frau die letzte Rose.

Burgfräulein im Schloss

Pure Ritterromantik im Märchenschloss bietet beispielsweise in Thüringen das Schloss Landsberg (*www.meininger-hotels-mit-flair.de*). Für ca. 40 Euro pro Person (Mindest-Teilnehmerzahl 10 Personen) bekommen Sie ein komplettes Mittelaltergelage mit Gaukler und Musik. Zum krönenden Abschluss Ihres Rittermahls genießen Sie einen nächtlichen Punsch bei Fackelschein in der Waffenkammer oder, je nach Witterung, auf dem Aussichtsturm oder im Burghof. Passende Kostüme für eine mittelalterliche Party finden Sie unter *www.mittelalter.net*. Kostüme leihen können Sie unter *www.kostuem.com*.

Couch Potatoes

Ein gemütlicher Abend zu Hause mit Schmacht- und Heulfilmen hat auch etwas – z.B. mit Filmen wie „Wedding Planer", „Die Braut, die sich nicht traut", „Dirty Dancing" und „Pretty Woman". Die Freundinnen organisieren das Essen oder bestellen eine große Familienpizza. Zu späterer Stunde wird die Disco-Kugel (unter *www.pearl.de*, Preis: ca. 17 Euro) aufgestellt und mit der geliehenen Playstation PS2 gemeinsam zu „Dance Factory" auf der Tanzmatte abgerockt.

VIP für eine Nacht

Eine Nacht wie in Hollywood. Die Braut wird mit einer gemieteten Limousine abgeholt. Dabei kann sie sich wie ein Hollywood-Star fühlen. Die Passanten staunen und zücken die Kameras, während die Braut huldvoll aus der geöffneten Seitenscheibe winkt – denn sie steht hier im Mittelpunkt. Der Chauffeur ist im korrekten Outfit gekleidet. Passend dazu tragen die Freundinnen Bodyguard-like schwarze Anzüge mit Krawatte und schwarze Sonnenbrillen. Die Braut kann wie ein Star, z.B. Marilyn Monroe, verkleidet werden. Das legendäre Kostüm aus dem Film „Manche mögen's heiß" gibt es unter www.partypaket.de für ca. 20 Euro. Die Marilyn-Perücke gibt es für 19 Euro.

Dessousparty

Garant für gute Laune: eine Dessousparty. Das funktioniert genauso wie eine Tupperparty: Jemand kommt zu Ihnen nach Hause und bringt die neueste Dessouswäsche mit. Sie sitzen mit Ihren Freundinnen auf dem Sofa und können die Stücke nach Herzenslust befühlen und anprobieren. Wenn dann schon etwas mehr Sekt geflossen ist, führt man sich die Modelle vielleicht noch gegenseitig vor. Mit etwas Glück findet die Braut sogar ein Stück für ihre Hochzeit. Mehr Infos unter www.dessous-party.de, www.ann-joy.de oder www.home-party-beraterin.com.

Cowgirls in Action

Erleben Sie Aktionen rund um das Thema Leben auf dem Bauernhof. Die Braut muss sich in verschiedenen „Farmer-Disziplinen" bewähren und Sie erleben einen spaßig-spannenden Event in rustikalem Ambiente. Aktionen sind z.B. Sheep-Dog-Demonstration, Hufeisen-Werfen, Strohballen-Stapeln, Traktor-Parcours, Kühe melken, Nageln und Sägen, Schubkarren-Rennen, Ausmisten u.v.m. Ein Farmer-BBQ rundet den Tag stilecht ab. Zu buchen für den Paketpreis von 95 Euro pro Person unter www.hirschfeld.de.

Glücksfee im Casino

Eine große Casinofete: freier Eintritt, ein dreigängiges Überraschungsmenü, persönliches Startkapital, eine kleine Überraschung und ein Aperitif an der Bar. Möglich ist dieser Abend beispielsweise

Entspannung pur

Hamam – hinter diesem geheimnisvollen Wort versteckt sich eine uralte Wellness-Formel: Entspannung und Gesundheit, Reinigung von Körper und Geist. Genießen Sie gemeinsam mit der Braut das warme Wasser, die verschiedenen Saunen, das Einseifen und dann die Seifenmassage (im besten Fall von einem hübschen Masseur). Zum Abschluss des perfekten Abends geht's ab zu Ihrem türkischen Lieblingsrestaurant.

Adressen

• **München:** Hamam „Mathilden", Tel. 089/55 45 73, Angebote ab 40 Euro, www.hamam.de.
• **Hamburg:** Das Hamam, Tel. 040/741 35 91-12/13, Angebote ab 30 Euro, www.das-hamam.de.
• **Berlin:** Sultan-Hamam, Tel. 030/21 75 33 75, Angebote ab 38 Euro, www.sultan-hamam.de.
• **Berlin:** Hamam für Frauen (Schokoladenfabrik), Tel. 030/615 14 64, Angebote ab 19 Euro, www.hamamberlin.de.
• **Düsseldorf:** Hamam - Sahara, Tel. 0211/2713321, Angebote ab 20 Euro, www.hamamsahara.de.
• **Frankfurt:** Tagesschönheitsfarm Hamam & Spa, Tel. 069/29924669, Angebote ab 25 Euro, www.hamam-frankfurt.de.
• **Mannheim:** Saray-Hamam, Tel. 0621/714 16 12, Angebote ab 35 Euro, www.sarayhamam.de.

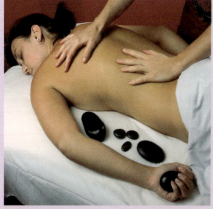

mit dem Glücksmenü für 35 Euro pro Person in Baden-Baden *www.casino-baden-baden.de*. Einen großen Roulette-Erlebnisabend (ab 6 Personen) bietet das Casino in Bad Zwischenahn: ein viergängiges Romantikmenü, Drink an der Casinobar, Roulette-Spielerklärung und anschließendes Probespiel. Danach geht es weiter beim „echten" Tischspiel, ausgestattet mit Jetons im Wert von 15 Euro. Preis pro Person 49 Euro. *www.spielbanken-niedersachsen.de*

Reise in die Vergangenheit

Suchen Sie gemeinsam die Plätze auf, die Sie miteinander verbinden oder der Braut besonders wichtig sind oder waren. Wichtige Orte der Vergangenheit sind beispielsweise: Universität, Theater, Lieblingsitaliener, Kneipen, Tanzschule etc. An den einzelnen Orten gibt es ein Glas Sekt, evtl. etwas zu essen und ein kleines Geschenk. Die Geschenke sollten ebenfalls etwas mit der Vergangenheit zu tun haben, wie beispielsweise ein alter Brief der Freundin oder Foto aus der gemeinsamen Vergangenheit, das genau vor dem Ort gemacht wurde. An jedem Ort stellen Sie der Braut ein Rätsel, das sie lösen muss und das dann auf den nächsten Ort hinweist. Am Ende der Zeitreise können Sie der Braut ein Poesiealbum überreichen, in dem sich alle Freundinnen verewigt haben.

Unvergessliche Wochenendtrips

Der Junggesellinnenabschied muss nicht immer nur einen Abend dauern – ein Kurztrip mit den Freundinnen kann ebenfalls perfekt sein, um sich vom Singleleben zu verabschieden. Besonders für kleine Gruppen ist das zu empfehlen – und oft gar nicht teuer. Hier einige Vorschläge:

Treffpunkt Beautyfarm

Wenn die Braut es entspannt mag, wird sie sich über dieses Wochenende besonders freuen: ein Ausflug auf eine Schönheitsfarm – die perfekte Vorbereitung auf den großen Tag. Einige Beautyfarmen bieten spezielle Wellnessprogramme für Bräute an, beispielsweise das Programm „Perfect Day" oder „Hochzeitsvorbereitung für Sie und Ihn", *www.beauty24.de*.

Fragen Sie nach Sonderkonditionen, wenn Sie als kleine Gruppe anreisen. Die Beauty & Wellnessfarmen „Isola della Bellezza" gewähren beispielsweise ab sechs Personen entweder Rabatt oder eine kostenfreie zusätzliche Anwendung. Mehr Infos unter *www.schoenheitsfarm.de*. Einen guten Überblick über Tagesaufenthalte, Hotel-Beautyfarmen und Wellnesshotels in ganz Deutschland finden Sie unter *www.beautyfarm.de*. Die Variante für etwas kleinere Geldbeutel: Verbringen Sie einen Nachmittag zusammen mit der Braut im Kosmetikstudio oder einen Abend zu Hause mit einer Mary-Kay-Beraterin.

Sex and the City

In England hat der Junggesellinnenabschied („Hen Night") eine lange Tradition. Gefeiert wird ein

---

Andere Länder, andere Sitten

Bridal Shower (Brautparty): In den USA helfen die Freundinnen der Braut bei der Vorbereitung der Feier und bei der Ausstattung ihres künftigen Hausstandes. Die Party findet bei einer Freundin statt und ausschließlich Frauen dürfen kommen. Die Bridal Shower kann schon Monate vor der Hochzeit stattfinden (nicht zu verwechseln mit der Bachelorette Party, die einige Wochen vor der Hochzeit stattfindet). Bei der Bridal Shower stehen Geschenke der Freundinnen für den künftigen Haushalt im Mittelpunkt.

Für sie *Junggesellenabschied* | 15

Shopping-Trip nach Paris
Hier findet garantiert jeder das perfekte Outfit für die Hochzeitsfeier: Europas Einkaufs-Hauptstädte laden zum ausgiebigen Power-Shopping ein.

London
Über 30 000 Geschäfte und 26 große Straßenmärkte: Bei der Vielfalt an Warenhäusern, Designerboutiquen, namhaften Handelsketten und Märkten findet die Braut alles, was ihr Herz begehrt. Erst der Shopping-Bummel durch Oxford Street, Regent Street und Notting Hill. Danach Abtanzen im angesagten Club, Turnmills (www.turnmills.co.uk). Übernachtet wird in kleinen und charmanten Hotels, sogenannten Boutiquehotels, z.B. dem K West – Weekend-Arrangement ca. 145 Euro pro DZ. www.k-west.co.uk.

Barcelona
Bekannt für kilometerlange Shopping-Meilen. In Barcelona laden über 35 000 Geschäfte zum Power-Shoppen ein, darunter auch Marken wie Versace, Giorgio Armani, Burberry, Bally, Cartier und Calvin Klein. Mittags stärken Sie sich in der Boqueria-Markthalle mit kulinarischen Köstlichkeiten (Mo–Sa, 6–16.30 Uhr, Mercat de la Boqueria). Und danach geht's zum Sightseeing: Gaudis Park Guell, die Sagrada Familia und das Picasso-Museum. Übernachtung im 3-Sterne-Hotel Gaudi, das zentral nahe den Ramblas und dem Gotischen Viertel liegt. DZ ab 140 Euro. www.hotelgaudi.es.

Paris
Trend-Boutiquen, Secondhand-Shops oder Outlets – die ganze Welt der Mode trifft sich in Paris. Die Auswahl ist immens, die Preise variieren nach Marken und Stadtvierteln. Beliebtes Viertel ist Saint-Germain-des-Prés; und im Zentrum sind „Shop" und „Colette" zwei Geschäfte, die Sie unbedingt besuchen sollten. Ein Muss: Schnäppchenjagd in Secondhand-Shops oder auf Flohmärkten (vor allem Montreuil und Saint-Quen). Nachmittags laden die Parks und Gärten zu entspannenden Spaziergängen ein. Abends eine romantische Bootsfahrt über die Seine mit Blick auf das beleuchtete Paris, Preis 32 Euro. www.sightseeing-tours-in-paris.com. Übernachtung im Hotel Eldorado (Place de Clichy, Nähe Montmartre). Doppelzimmer ohne Frühstück 50 Euro. www.eldoradohotel.fr.

Zu Gast bei Kochprofis

Rent a Starkoch! Lernen Sie das Kochen bei einem echten Profi – oder sehen Sie ihm bei einem Restaurantbesuch beim Zaubern über die Meister-Schulter.

Fast alle Starköche bieten Kochkurse an – manche von ihnen sogar in der heimischen Küche. Ein tolles Vergnügen zum Junggesellinnenabschied, aber leider auch nicht ganz billig (Preis: ab ca. 1000 Euro). Dafür kochen Sie aber auch mit einem echten Profikoch bei Ihnen zu Hause! Einen umfassenden Überblick über Sterne-, Star- und TV-Köche finden Sie unter *www.kochende-leidenschaft.de*.

Genießen mit den Besten

- **Stefan Marquard.** Der Freibeuter der Küche, Kochkurse in München, Preise ab ca. 350 Euro, *www.stefanmarquard.de*.
- **Ralf Zacherl.** Sein Motto: Mit ganz viel Liebe kochen. Kochkurse in Berlin, Preis ca. 360 Euro inkl. Menü, *www.ralf-zacherl.de*.
- **Mario Kotaska:** *www.mariokotaska.de*. Sein Restaurant in Köln: La Societe, *www.lasociete.info*.
- **Martin Baudrexel.** Aus Liebe zu allem, was „natürlich" ist. Kochkurse in München, Preis: ca. 295 Euro inklusive Menü, *www.martin-baudrexel.de*. Sein Restaurant in München: Rubico, *www.rubico.de*.
- **Alfons Schuhbeck.** Es gibt nix Besseres als was Guats. Kochkurse in München, Preise ab ca. 300 Euro, *www.schuhbeck.de*. Verschiedene Restaurants in München.

Rubico in München: Modernes und gemütliches Ambiente für Ihre Party.

ganzes Wochenende, oft mit Hilfe von Veranstaltungsagenturen. Und die organisieren natürlich auch für Kundinnen, die für das Wochenende aus dem europäischen Ausland anreisen. Die Palette reicht von „Sex and the City" (Preis: ca. 200 Euro pro Person) bis hin zum Motto „Pretty Woman". Mehr Infos unter *www.henheaven.co.uk*.

Lagerfeuer-Romantik

Führen Sie die Braut mit verbundenen Augen zum Ausflugsziel an einem See. Hier wartet ein gemütlich dekoriertes Picknick (viele Decken, Kissen, evtl. Musik, Fackeln/Kerzen) auf sie. Anschließend laden Sie die Braut zu einer Bootsfahrt ein. Eine Übersicht über interessante Plätze finden Sie unter *www.camping-urlaub.de*.

Party-Ideen für zu Hause

Man muss nicht immer die heimischen vier Wände verlassen, um Spaß zu haben. Gründe, zu Hause zu bleiben, gibt es viele: Die Braut ist schwanger, einige der Gäste sind nicht gut zu Fuß – oder einfach nur, weil es gemütlicher ist.

Kochparty

Diese Variante ist mit einem Ausflug in die Nachbarschaft verbunden. Besorgen Sie der Braut eine Schürze, eine Kochmütze und einen Einkaufswagen (im Lebensmittelladen leihen). Im Kochkostüm, mit einem Einkaufszettel und -wagen bewaffnet, muss die Braut nun von Haus zu Haus ziehen und bei den Nachbarn die nötigen Lebensmittel für ein leckeres Abendessen sammeln. Dann haben Sie als Organisatorin die Wahl: Entweder Sie zaubern mit der Braut und den Freundinnen tatsächlich ein leckeres Mahl – oder Sie haben noch eine Überraschung in der Hinterhand. So könnte es – sobald alle in der Küche stehen und die Braut sich in ihrer Schürze ans Kochen machen will – plötzlich an der Tür klingeln. Herein kommt ein echter Kochprofi, der eine große Küchenparty veranstaltet. Infos und Preise von Mietköchen im Internet beispielsweise unter *www.mietkoch-berlin.de*, *www.profimietkoch.de* oder *www.thierry-roussey.de*.

Trivial Pursuit

Das Rätselspiel „Trivial Pursuit" kennt fast jeder: Ziel des Spiels ist es, durch korrektes Beantworten von Fragen aus verschiedenen Kategorien seinen Spielstein als Erster mit allen sechs „Tortenstücken" zu füllen. In unserem Fall wird das Spielprinzip natürlich auf das Thema „Heiraten" umgemünzt. Sie können dabei die Spielsteine und das Spielbrett eines Original-„Trivial Pursuit" nutzen. Bekleben Sie das Spielbrett mit passenden Hochzeits-Kategorien wie Zukunftswünsche, Hochzeitsfeier, Glücksmomente, Brautpaar und überlegen Sie sich im Vorfeld Fragen und Antworten zu den einzelnen, neuen Kategorien.
Mögliche Fragen aus der Kategorie Brautpaar:
- Wie hat sich das Brautpaar kennen gelernt?
- Welches war der erste Job des Bräutigams?
- Wie viele Dates hatte das Brautpaar vor dem ersten Kuss?
- Was nervt die Braut am Bräutigam?

Extra-Tipp: Tolle Erinnerung

Besonders schön: Aktionen, die die Braut noch lange an den tollen Abend erinnern.

✘ **Braut-Kunst:** Jeder Gast bekommt ein Papier und Buntstifte und malt ein Bild von der Braut im Brautkleid. Nicht vergessen, die Bilder zu signieren. Die Braut kann die schönsten Bilder in ihrem Erinnerungsalbum aufbewahren.

✘ **Gemeinschaftswerk:** Besorgen Sie Leinwand und Stifte. Ein Gast beginnt, die Braut am Hochzeitstag zu malen. Das Bild wird weitergegeben und jeder Gast fügt noch ein Detail hinzu. Am Ende hat die Braut ein tolles Porträt – erstellt von ihren Freundinnen.

Das Leben der Braut als Fotoshow

Die perfekte Einstimmung auf den Junggesellinnenabschied: Eine Diashow rührt Braut und Gäste zu Tränen – und garantiert auch viele Lacher. Eine Diashow ist ein toller Freundschaftsbeweis, und am PC lässt sie sich ganz umkompliziert erstellen. Die Recherche beginnt bei den Brauteltern und dem Bräutigam. Kinderbilder müssen genauso dabei sein wie peinliche Schnappschüsse, die noch nie öffentlich gezeigt wurden! Die Freundinnen steuern ebenfalls die schönsten Bilder bei, auf denen sie mit der Braut abgebildet sind. Die Diashow am besten mit dem Lieblingslied der Braut unterlegen, vielleicht auch witzige Kommentare einblenden.

Das brauchen Sie für die Diashow
- **Die besten Bilder:** Kindheit, erster Schultag, Abschlussfahrt, erster Freund, schöne oder lustige Momente mit Freundinnen, erster Urlaub mit dem Bräutigam, aktuelles Bild mit dem Bräutigam etc.
- **Die Software:** Für ca. 20 Euro erhalten Sie die passende Software, mit der Sie die Diashow auf DVD brennen können, z.B. Maximum Fotoshow deluxe von Data Becker. Infos unter www.databecker.de.
- **Das passende Lied:** Für eine Liedlänge von 4 Minuten benötigen Sie ca. 40 Bilder (durchschnittliche Einblendung: 6 Sekunden).
- **Die Technik zum Vorführen:** Den richtigen Kino-Effekt erreichen Sie mit einem Beamer. Ein großer Fernseher tut es aber auch. Die DVD spielen Sie mit einem DVD-Player oder Notebook ab.

Fragen aus der Kategorie Zukunftswünsche:
- Wie viele Kinder wünscht sich das Brautpaar?
- Was macht das Brautpaar mit einer Million Euro, falls es im Lotto gewinnt?

Fragen aus der Kategorie Hochzeitsfeier:
- Was kann bei der Hochzeitsfeier schief gehen?
- Welche vier Dinge braucht jede Braut bei der Hochzeitsfeier?

Gewonnen hat, wer die meisten Fragen richtig beantworten konnte.

Mein erster Kuss

Wahrheit oder Lüge – darum geht es bei diesem Spiel. Denn jeder erinnert sich an den ersten Kuss. Aber ob das wahr ist, was die Braut und ihre Gäste über ihren ersten Kuss an diesem Abend erzählen, müssen die Mitspieler nun herausfinden. Natürlich kann sie die reine Wahrheit erzählen. Aber auch eine romantische Geschichte erfinden. Nun geht es darum, den Wahrheitsgehalt herauszufinden. Jeder Gast bekommt dafür aus Papier ausgeschnittene Herzen: ganze Herzen für die Wahrheit und halbe Herzen für erfundene Geschichten. Die Anzahl der Herzen hängt von der Anzahl der Gäste ab: Wenn 10 Gäste mitspielen, bereiten Sie pro Gast 10 ganze und 10 halbe Herzen vor. Wer die Geschichte der Braut glaubt, gibt ihr dafür ein ganzes Herz, und wer glaubt, dass geflunkert wurde, gibt ein halbes Herz. Dann erzählen die Gäste reihum ihre Geschichte. Gewonnen hat, wer am Schluss die meisten ganzen Herzen eingesammelt hat.

Extreme Activity

Gemäß dem Vorbild der ProSieben-Show muss die Braut Aufgaben lösen oder Begriffe innerhalb von 90 Sekunden erklären, pantomimisch darstellen oder malen. Zudem müssen in der „Extreme-Runde" Begriffe unter besonderen Umständen erklärt werden. Das Spiel eignet sich auch für schwangere Bräute ganz prima. Bereiten Sie ca. 10 Karten vor, auf jeder Karte steht die zu erledigende Aufgabe. Die Braut zieht je eine Karte und muss die Aufgabe lösen.

Beispiele für Extreme-Runden:
- Die Braut muss eine beliebige Nummer aus dem Telefonbuch anrufen und dem Fremden z.B. den Begriff Treueschwur erklären, ohne dabei die Begriffe Liebe, Vertrauen, Ehemann und Hochzeit zu verwenden. Nicht vergessen, beim Telefon den Lautsprecher zu aktivieren!
- Die Braut muss ein Porträt von sich und ihrem Bräutigam malen (und dieses öffentlich, während der Hochzeitsfeier, ihrem Bräutigam schenken).
- Die Braut muss zu der Melodie von „Für Dich soll's rote Rosen regnen" einen Begriff erklären.
- Und natürlich pantomimisch Begriffe erklären, wie Hochzeitsnacht, Wehen oder Trauzeuge.

Das beste Hochzeitskleid

Haute Couture für Anfänger: Die Gäste werden in zwei Gruppen aufgeteilt. Nun designt jedes Team ein Hochzeitskleid aus Toilettenpapier. Accessoires wie Ohrringe, Brautstrauß, Kopfschmuck, Handschuhe, Schleier sind erlaubt – allerdings wird alles aus Toilettenpapier gemacht. Anschließend wird die Braut von beiden Teams eingekleidet und muss sich für das Design eines Teams entscheiden. Auf keinen Fall vergessen: Besorgen Sie ausreichend Toilettenpapier – und machen Sie ganz viele Fotos!

Extra-Tipp: Schwangere Braut

Eine Schwangerschaft kann ganz schön anstrengend sein. Wenn noch die Aufregung um die bevorstehende Hochzeit hinzukommt, empfiehlt sich ein ruhiger Junggesellinnenabschied.

✗ **Entspannt:** Gönnen Sie der Braut Ruhe und bereiten Sie ihr einen schönen Abend zu Hause.

✗ **Lecker:** Mixen Sie Ihr einige alkoholfreie Cocktails. Die besten Rezepte finden Sie unter *www.rezepte-cocktails.de*.

✗ **Verständnis:** Respektieren Sie, wenn die Braut müde ist und den Abend frühzeitig beenden will.

Guter Rat unter Freunden

Schneiden Sie einige Blätter Papier in Herzform zu und befestigen Sie diese an Pfeifenstopfern. Jeder Gast bekommt ein Herz und schreibt hierauf seinen guten Ratschlag, wie „Nie im Streit zu Bett gehen". Die Trauzeugin hat eine Liste mit Schwierigkeiten, die in einer Ehe vorkommen können, vorbereitet. Diese liest sie eine nach der anderen vor. Der Gast mit der passenden Antwort überreicht der Braut sein Herz. So erhält die Braut für alle Eheklippen einen guten Ratschlag. Die Herzen werden in einer Vase dekoriert.

Hochzeits-Scrabble

Schreiben Sie ein Wort vertikal auf ein Blatt, z.B. „Flitterwochen". Nun muss jeder Gast aus den Buchstaben ein neues Wort bilden. Alle sollten etwas mit „Was kann man Interessantes in den Flitterwochen machen?" oder „Das liebt die Braut am Bräutigam" zu tun haben.

Wer bin ich?

Das Spiel eignet sich prima dafür, wenn sich die Gäste kennen lernen sollen. Bereiten Sie Schilder vor, auf die Sie Namen berühmter Personen schreiben. Jedem neu eingetroffenen Gast befestigen Sie ein Schild auf dem Rücken. Der Gast weiß nicht, was auf dem Schild steht, und muss durch Fragen an die anderen herausfinden, wer er ist. Dabei dürfen die Befragten nur mit Ja oder Nein antworten. Variante: Jeder Gast schreibt auf einen Zettel etwas über sich selbst, z.B. etwas Charakteristisches, etwas, das man besonders mag – oder nicht. Die Namen werden nicht dazugeschrieben. Alle Zettel werden gefaltet in eine Box gelegt. Nun zieht jeder Gast einen Zettel aus der Box und liest den Inhalt laut vor. Die Gruppe muss raten, wer den Zettel geschrieben hat. Falls jemand seinen eigenen Zettel liest, muss er so tun, als sei es nicht sein eigener.

Echte Kerle in Action

Einmal Ferrari fahren, durch Canyons klettern, Nervenkitzel beim Paintball oder gepflegter Zigarrenabend: Ein gelungener Junggesellenabschied muss nicht mit Tabledance enden.

Angeblich ist es der letzte Abend, an dem der zukünftige Ehemann mit seinen Freunden losziehen und sich so richtig austoben kann, bevor er das schwere Joch der Ehe auf sich nimmt. Zukünftig soll es ihm ja angeblich gewisse Dinge unmöglich machen. Entsprechend wild können Junggesellenabschiede ausfallen – sie müssen es aber nicht unbedingt.

Auch wenn also Alkohol, Musik und – immer noch sehr häufig – eine kleine Striptease-Veranstaltung oder Ähnliches in den meisten Fällen dazugehören, kann der Abend sehr unterschiedlich gestaltet werden. Manchmal ist es sogar mehr als nur ein Abend. Es kann auch ein Wochenende oder ein Tagesausflug mit anschließendem Abendprogramm sein – ganz wie es der Bräutigam und seine Freunde haben wollen.

Die Organisation müsste eigentlich der Bräutigam übernehmen. Heutzutage machen das aber meist gute Freunde oder natürlich der Trauzeuge, der ja meist der beste Freund ist. Und natürlich soll der Junggesellenabschied eine „richtige Männerparty" werden mit Autos, Action, Frauen und Bier dazu. Doch auch hier gilt: Respektieren Sie die Wünsche und den Geschmack des Bräutigams in Sachen Aktionen und Verkleidung. Und denken Sie auch an die Gefühle der Braut. Schließlich soll die Ehe ja nicht mit einem riesigen Krach über die angeblichen Verfehlungen des Bräutigams an seinem letzten freien Abend beginnen …

Das perfekte Outfit

Zum perfekten Junggesellenabschied gehört die passende Verkleidung. In Jeans und T-Shirt aus dem Singleleben zu scheiden ist zwar statthaft, aber lange nicht so amüsant wie im entsprechenden Outfit. Hier einige Vorschläge:

- Ein weißes T-Shirt und ein Lippenstift. Die Aufgabe zu dieser Verkleidung lautet: Möglichst viele Frauen müssen ihm für 1 Euro einen Kussmund aufs T-Shirt drücken.
- T-Shirt mit der Aufschrift „Schön. Schöner. Ich!", Preis: ca. 13 Euro, www.racheshop.com.
- T-Shirt mit einem Foto der Braut, darunter der Ebay-Schriftzug: „… 3 … 2 …1 … meins!"
- Weitere Ideen für Sprüche auf T-Shirts: „Mir geht's prächtig", „Ich kann kaum noch stehen", „Ich bin am Ende", „Time to say goodbye", „Ab morgen spare ich Steuern", „Ich hätte sie alle haben können", „Tschüs Mädels! Ihr hättet mich alle haben können."
- Klotz am Bein: Die sinnbildliche Parallele zur Last der Ehe. Den Klotz können Sie aus Styropor oder Schaumgummi selbst basteln und am Bein des Bräutigams befestigen. Das Material dazu finden Sie im Baumarkt. Achten Sie aber darauf, dass der Klotz nicht zu schwer ist, denn der Bräutigam muss ihn ja den ganzen Abend mit sich herumschleppen.

- Fertig bedruckte Shirts mit Sprüchen gibt es ab 17 Euro unter *www.wedding-shirt.de*.
- Ein echter Bierbauch: Unter *www.karneval-fasching-shop.de* finden Sie einen Bauch inkl. T-Shirt, Weste, Basecap für ca. 30 Euro.
- Sträflingskostüm: Oberteil, Mütze und Hose mit schwarz-weißen Querstreifen unter *www.racheshop.com*, Preis: ca. 23 Euro.
- Hahnkostüm: Gelbes Kostüm mit Füßen unter *www.karneval-webshop.de*, Preis: ca. 45 Euro.
- Einen Blaumann: Für diese Aufgabe bereiten die Freunde zusätzlich ein Transparent mit dem Aufdruck: „(Name Bräutigam) weilt bald nicht mehr unter den Junggesellen". Der Bräutigam wird mit dem Blaumann, einem Eimer Wasser und einem Abzieher bewaffnet und muss sich an die Ampel einer befahrenen Kreuzung stellen. Er überredet die Autofahrer, die an der Ampel halten, dass er für ein Trinkgeld die Windschutzscheibe putzen darf. Schluss ist erst, wenn er genug Geld für die erste Runde eingenommen hat.
- Wenn Sie den Junggesellen einmal kugelrund sehen wollen, ist dies der neueste Renner: aufblasbare Kostüme. Einfach anziehen und aufblasen – fertig! Die Kostüme sind selbstaufblasend durch ein integriertes Gebläse, in ca. 20 bis 30 Sekunden ist das Wunder geschehen! Varianten gibt es viele: Dschungelmann, Wilder Wikinger, Chefkoch, Marionette, Personal Trainer, Kürbis oder Sumo-Ringer. Preis: ab ca. 30 Euro. Mehr Infos im Internet unter *www.kostuemidee.de*.

Die traditionelle Variante

Sie haben den Bräutigam abgeholt und nett verkleidet. Nun können Sie sich gut vorbereitet in die Nacht stürzen. Natürlich muss der Bräutigam dabei auch einige Aufgaben erfüllen, beispielsweise das Spiel des Lebens, bei dem es auch darum geht, wirklich etwas zu lernen. Hier einige beliebte Vorschläge:
- Sieben auf einen Streich: Der Bräutigam muss sieben Frauen finden, die bereit sind, mit ihm zusammen für ein Gruppenfoto zu posieren
- Der Bräutigam muss mit einer Gummipuppe (z.B. Aufblasbare Gummipuppe für ca. 15 Euro unter *www.faschingskoenig.com*) losziehen und zusehen, dass er diese angezogen bekommt – also müssen möglichst viele weibliche Kneipengäste ein Kleidungsstück spendieren.
- Der Bräutigam muss 20 E-Mail-Adressen und Handynummern von fremden Frauen besorgen. Am Ende des Abends gibt er diese freiwillig natürlich wieder komplett bei seinen Singlefreunden ab. Er hat ja schließlich keine Verwendung mehr dafür …
- Der Minnesänger: Der Bräutigam muss sich in die Fußgängerzone stellen, Gitarre spielen und singen. Die vorbeigehenden Passanten dürfen sich gegen Bares ein Lied wünschen. Der Rest der Gruppe kann den Sänger als Backgroundchor tatkräftig unterstützen.
- Der Bräutigam wird mit Handschellen in der Damentoilette festgekettet und muss eine Frau davon überzeugen, dass sie seinen Freunden den Schlüssel abkauft, um ihn zu befreien. Leoparden-Plüschhandschellen mit Schlüsseln gibt es bei *www.weddix.de* für ca. 4,20 Euro.

Extra-Tipp: Kleine Geschenke für den Junggesellen

✗ **Schokolade:** Gute Grundlage für eine harte Nacht. Raffiniertes Naschwerk, mit dem Sie garantiert Aufmerksamkeit erregen, finden Sie unter *www.erotic-chocolates.de*.

✗ **Alkohol-Tester:** Ist die Promillegrenze schon überschritten? Der Tester wird's zeigen. *www.srt-versand.de*, Preis: ca. 6 Euro.

✗ **Fake-Flaschenöffner:** Sieht aus wie echt, funktioniert aber nicht. Das treibt den Bräutigam mit Sicherheit in den Wahnsinn. *www.racheshop.com*, ca. 2 Euro.

Viel PS für Männerherzen

Vom Ferrari über den Bagger bis hin zum Trabi. So unterschiedlich diese fahrbaren Untersätze sind – Männer bekommen bei ihnen fast immer feuchte Augen.

Fürs Herz und für die Ohren

Schön rot (oft) und schön stark (immer) ist er. Er geht unter die Haut. Er geht ins Blut. Er geht in die Ohren. Er geht dreihundert. Ferrari ist Mythos. Träumen Sie und nehmen Sie Platz. Nein, nicht rechts. Der Bräutigam sitzt links. Preis pro Stunde: 170 Euro. Zu buchen unter www.jochen-schweizer.de.

Baggerfahren

Ein Kindheitstraum wird wahr – Sie werden zum Baggerfahrer! Nach einer kurzen Einweisung können Sie Erdhaufen transportieren, Löcher graben, Hügel abtragen oder Gräben ziehen. Lassen Sie Ihren Baggerfantasien freien Lauf! Sie baggern im Wechsel mit einem Kompaktlader, Minibagger, Mobil- oder Kettenbagger sowie einem Radlader. Preis: ab 99 Euro. Zu buchen unter www.mydays.de.

Trabi-Führerschein

Liebevoll auch als „Rennpappe" bezeichnet, ist der Trabi inzwischen Kult. Wie wäre es mit diesem Fahrerlebnis der besonderen Art: Ein witziges Fahrtraining mit einem außergewöhnlichen Auto. Auf einem festgelegten Parcours müssen Sie verschiedene Aufgaben schnellstmöglich bewältigen. Das Fahrtraining wird mit einem lustigen Ost-West-Produkte-Quiz abgerundet. Dauer: 1 Stunden. Paketpreis: 22 Euro. www.hirschfeld.de.

Bagger im Einsatz: Was Hänschen sich erträumt hat, macht Hans nun wahr.

- Geld eintreiben: Der Bräutigam muss kleine „Jägermeister"-Flaschen, kultige Süßigkeiten (z.B. Schokoladenzigaretten oder „Ahoj"-Brause unter *www.styleon.de*) oder auch Bierdosen verkaufen. Den passenden Gürtel für die Bierdosen finden Sie bei *www.racheshop.com* (Biergürtel für 6 Dosen, ca. 10 Euro).

Zum Warmwerden und Kennenlernen bietet sich zu Beginn des Abends ein kleines Spiel an: Die Grundlage ist ein Kartenspiel mit 16 bis 32 Karten, die auf den Innenseiten Strichmännchen in unterschiedlichsten Lebenssituationen zeigen (z. B. beim Kegeln, Biertrinken, Sex, Bäumebeschneiden, Motorradfahren, Flirten, Studieren, Arbeiten etc). Die Karten können Sie schnell selbst basteln, passende Strichmännchen (z.B. Screen Beans) finden Sie unter *www.bitbetter.com/freebie.htm*.

Am Abend des Abschieds sitzt man nun in geselliger Runde zusammen, um die Blicke in die Vergangenheit und auch in die Zukunft schweifen zu lassen. Zur Unterstützung der Erinnerungen wird das Kartenspiel auf dem Tisch gemischt und jeder zieht eine Karte. Danach wird bestimmt, wer anfangen soll, wobei der scheidende Junggeselle nicht berücksichtigt wird.

Mögliche Kriterien für die Auswahl sind: Wer als Erster auf Toilette muss, wer als Erster lachen muss, wer die meisten Freundinnen hatte. Der so festgelegte erste Anwesende beginnt. Anhand der auf der Karte dargestellten Lebenssituation erzählt er eine Geschichte, die er gemeinsam mit dem scheidenden Junggesellen erlebt hat. Zumindest gibt er vor, diese erlebt zu haben – ob sie wahr ist, zeigt sich später. Der scheidende Junggeselle sollte auf jeden Fall mitspielen, also zu der Geschichte bestätigend nicken oder mit eigenen Anekdoten dazu beitragen. Am Ende der Geschichte müssen die anderen Anwesenden entscheiden, ob die Geschichte wahr oder erfunden ist. Zum Schluss ist der scheidende Junggeselle an der Reihe. Angesteckt von den vielen fantastischen Geschichten, gibt er eine Story preis, die man ihm auf keinen Fall glauben kann. Oder ist sie doch wahr? Lassen Sie abstimmen!

Falls es zum Abschluss doch ein Besuch in einer Tabledance-Bar sein soll, finden Sie unter *www.bartime.de* eine Übersicht von Clubs. Partystripper finden Sie unter *www.tabledance.de*.

Der Mottoabend

Ein richtig guter Junggesellenabschied braucht ein Motto. Dies können Sie ganz nach den Vorlieben des zukünftigen Ehemannes wählen – und dann gemeinsam, entsprechend ausstaffiert und kostümiert, um die Häuser ziehen und feiern. Das können Sie entweder auf eigene Faust machen oder aber organisiert durch Profis und an besonderen Locations. Hier einige Vorschläge und Anstöße für eigene Ideen:

Disco-Fever

Hat der Junggeselle eine Stammdisco? Oder gibt es eine nicht zu große Disco um die Ecke? Beides ist perfekt, denn Sie brauchen die Hilfe des DJs. Informieren Sie ihn am besten gleich beim Reinkommen und bitten Sie ihn, mitzuspielen. Zum geeigneten Zeitpunkt soll er dann den besonderen Gast über Lautsprecher begrüßen, nach vorn auf die Bühne holen und die anwesenden Frauen auffordern, beim Styling des Zukünftigen etwas nachzuhelfen. Make-up, Lippenstift, Lidschatten und Wimperntusche sind hervorragende Werkzeuge, um dem Outfit des scheidenden Junggesellen von Kopf bis Fuß den letzten Schliff zu geben. Für den Rest des Abends wird der junge Mann garantiert der Blickfang jeder Partygesellschaft werden.

Heino-Nacht

Begeben Sie sich auf die Reise nach Bad Münstereifel und besuchen Sie dort das Heino Rathaus-Café, in dem Haselnusstorte immer vorrätig ist. Mit etwas Glück treffen Sie vielleicht den Gastgeber, der jede freie Minute nutzt, um in seinem Café mit den Gästen zu plaudern. Mehr Infos unter *www.heino.de*. Um dem Ganzen noch etwas Pfeffer zu geben, muss der Bräutigam als Heino verkleidet den Ladys etwas vorsingen. Die passende Heino-Perücke gibt es bei *www.maskworld.com* für ca. 40 Euro. Liedtexte der bekanntesten Lieder von Heino finden Sie unter *www.superlyrics.de*. Und übrigens: Das funktioniert sicher auch fernab von Bad Münstereifel in jedem beliebigen Café und sicher auch bei jüngerem Publikum …

Alpen-Olympiade

Der Krallerhof im Salzburger Land bietet einen besonderen Event für baldige Ehemänner und ihre Freunde, die es noch einmal zünftig in freier Natur krachen lassen wollen: Beim Sägen, Nageln, Wettmelken, Sackhüpfen oder anderen, der Jahreszeit angepassten lustigen Aktivitäten müssen die Teilnehmer möglichst viele Punkte sammeln. Bei der Siegesfeier erhalten alle Wettkämpfer eine Urkunde. Danach geht's zum zünftigen Hüttenabend in der Kralleralm. Dauer des Alpentriathlons: ca. 1,5 Stunden, Preis pro Person: 15 Euro (ohne Verpflegung und Übernachtung). Mehr Informationen im Internet unter *www.krallerhof.com*. Übernachtungen sind direkt in den Hotelappartements des Krallerhofs möglich, pro Appartement ab ca. 150 Euro.

Herr der Ringe

Ein Besuch in der geheimnisvollen Fantasiewelt der Elfen, Orks und mutigen Helden. Der Junggeselle und die Gäste schlüpfen dabei selbst in die passenden Kostüme. Gemeinsam machen sich die tapferen Gefährten auf, um eine gefährliche Mission zu erfüllen: Jedes Team muss den auserwählten Ring sicher durch viele Gefahren bringen, die oft nur durch gute Zusammenarbeit zu bewältigen sind, und so am Ende dazu beitragen, den gefährlichen Magier zu besiegen. Die Belohnung in Form eines großen Festes entschädigt für alle Mühen. Paketpreis: 99 Euro. Zu buchen unter *www.hirschfeld.de*.

Criminal Dinner

Legen Sie Ihren Krimi aus der Hand und trauen Sie sich an den Schauplatz eines Verbrechens vor Ihrer Haustür. „Interaktives Kriminalessen" heißt diese kunstvoll gesponnene Inszenierung eines rätselhaften Mordes, bei dem dinierenden Gästen nicht nur ein mehrgängiges Menü serviert wird, sondern eben obendrein noch eine Leiche. Der besondere Reiz dieser Krimispiele besteht darin, das Geschehen nicht nur als Zuschauer hautnah mitzuerleben, sondern direkt in das Geschehen miteingebunden zu werden. Ein Verwirr- und Kombinationsspiel aus Indizien, Verdächtigungen und falschen Fährten. Und das alles ist zeitlich so konzipiert, dass Essen und Spiel genüsslich ausgekostet werden können. Informationen und Buchungen unter *www.krimidinner.de*. Preis für den spannenden Krimiabend pro Person: ab 63 Euro.

Unterwegs mit Kumpels

Männer sind große Jungs. Entsprechend können sie den gemeinsamen Abschied vom vorehelichen Lebensabschnitt verbringen – und eben zum letzten Mal das Gefühl haben, frei und ungebunden ein Abenteuer mit den besten Freunden zu erleben. Hier eine kleine Auswahl an Tages- oder auch Wochenendausflügen, die die Herzen bald verheirateter Jungs und ihrer Kumpels höher schlagen lassen:

Die guten alten Zeiten

Besuchen Sie gemeinsam die alten Wirkungsstätten, an denen Sie als pubertierende Jungs schon rumhin-

Große Freiheit Nr. 11...

... ist die Adresse des angesagtesten deutschen Stripclubs, „Dollhouse". Die Nacht im Hamburger Etablissement ist längst ein Klassiker des Junggesellenabends.

Hamburgs Große Freiheit ist die etwas andere Fußgängerzone. Durch die Seitenstraße der Reeperbahn schieben sich in Wochenendnächten Tausende Menschen vorbei an Showlokalen, Erotikshops, Bars, Discos oder Kneipen. Die perfekte Straße, um mit seinen Freunden eine Nacht durchzumachen. Abtanzen in Hamburgs ältester Disco, „Grünspan", oder auf einer Party im „Kaiserkeller". Irgendwann zwischen 21 und 5 Uhr geht's dann ins Striplokal „Dollhouse". Kein Türsteher, kein Dresscode, moderater Eintritt (10 Euro) und für St.-Pauli-Verhältnisse auch keine überteuerten Getränke (Bier 5 Euro) – der süße Abschied vom Junggesellenleben ist also durchaus bezahlbar. Im „Dollhouse" strippen Frauen und Männer, so kommen auch gemischte Gruppen auf ihre Kosten. Wenn in der Großen Freiheit so langsam die Lichter ausgehen, erwacht gegen 5 Uhr morgens am Sonntag der nur wenige Gehminuten entfernte Fischmarkt zum Leben. Wer durchhält, muss zum Abschluss hier noch einmal bummeln gehen. Die Atmosphäre ist einzigartig.

Essen und Übernachten

Ideal für die Übernachtung ist die preiswerte Clipper-Elb-Lodge (www.clipper-hotels.de). Sie liegt in direkter Nachbarschaft des Fischmarkts in der Carsten-Rehder-Straße, die Suite kostet ab 114 Euro pro Nacht. Gleich gegenüber ist die urige Hamburger Hafenpinte „Haifischbar" mit deutscher Küche von 11 bis 3 Uhr.

Alles über den Kiez: Infos und Adressen unter www.reeperbahn-reeperbahn.de.

Ab nach Mallorca! Zur 24-Stunden-Party

Der Deutschen liebste Insel ist nur einen Katzensprung entfernt – je nach Saison findet man einen Flug inklusive Übernachtung ab 120 Euro. Perfekt für einen echten Junggesellenabschied! Nur fünf Minuten vom Flughafen und zehn Minuten von Palma entfernt befindet sich Playa de Palma, ein fünf Kilometer langer Sandstrand, der die Orte Can Pastilla und El Arenal zu einer riesigen Partymeile vereint. Sonnenanbeter und Partyfreaks kommen hier (Ballermann 6!) voll auf ihre Kosten. Infos und Buchungen unter *www.mallorca.de*.

Hier geht die Post ab

- **Oberbayern:** Der Kultladen ist Treffpunkt für Schlagerfans. Die Einrichtung ist rustikal mit langen Biertischen, auf denen getanzt wird. Dreimal pro Woche treten Schlagerstars auf (Jürgen Drews, Costa Cordalis u.a.). Miss- und Misterwahlen mit gelegentlichen Stripeinlagen sorgen an anderen Tagen für Stimmung. Mindestverzehr: 4 Euro.
- **Riu Palace:** Die im Casino-Look ausgestattete Disco verfügt über vier Bars und eine riesige Tanzfläche. Das Publikum bekommt hier Dancefloor-Musik, Techno und Charts. Zum Programm gehören Lasershows wie auch Live-Auftritte von Stars und Misswahlen. Eintrittspreis: ca. 15 Euro. *www.riupalace.com*.
- **Mega Park:** Der größte Biergarten von Mallorca und Intreff an der Playa de Palma: Täglich wechselnde Partythemen (Beach Party, Wild Wild West, Tropical Party etc.). Täglich von 12 bis 24 Uhr. *www.megapark.tv*.

gen: Der Nachmittag beginnt vielleicht mit einem Besuch bei der Gitarrenlehrerin, unter deren strengen Augen der scheidende Junggeselle einige Lieder spielen muss. Danach folgt der Überraschungsbesuch in der Tanzschule, schließlich muss der angehende Ehemann seiner Braut auf dem Parkett etwas bieten können. Dann ziehen Sie weiter in Ihre alte Spielhalle, wo Sie ein paar Bier trinken und einige Partien Billard spielen. Danach gibt's ein gelungenes Essen an der Dönerbude, wo Sie sich früher regelmäßig die Bäuche voll schlugen. Zum Ausruhen besuchen Sie das alte Kino, mit etwas Glück wird ein heißer Film gezeigt. Zum Abschluss geht's dann über die Studentenkneipe in Ihre Lieblingsdisco von damals. Hier wird wie in früheren Zeiten abgerockt – auch wenn die heute etwas jüngeren Stammgäste vielleicht überrascht kucken, was die älteren Herren da auf der Tanzfläche veranstalten.

Looping, Free Fall & Co.

Nichts begeistert kleine und große Jungs mehr als ein Freizeitpark – am besten mit vielen Achterbahnen. Einen guten Überblick über Freizeitparks in Europa bietet *www.freizeitpark-welt.de*. Mieten Sie ein Wohnmobil (zum Beispiel unter *www.wohnmobilvermietungen.de*) und fahren Sie mit der kompletten Mannschaft auf große Abenteuer-Tour. Walibi World etwa ist einer der großen europäischen Freizeitparks und liegt im Herzen Hollands. Wenn der Bräutigam gern Achterbahn fährt, dann wird er hier einen Riesenspaß haben: sieben Achterbahnen, davon zwei mit Looping. Ein Muss außerdem: Challenge of Tutankhamon, der 77 Meter hohe Free Fall und die 1089 Meter lange Vekoma-Holzachterbahn. Ab 10 Uhr geöffnet (in den Monaten April, Mai, Juni, September, Oktober aber nicht an allen Tagen!). Der Eintrittspreis für Erwachsene liegt bei 30 Euro. Mehr Infos unter *www.walibi.be*, hier finden Sie auch eine Übersicht über Hotels und Campingplätze in der Umgebung. Aber natürlich gibt es auch in ganz Deutschland genügend spannende Parks, vom Heide-Park Soltau im Norden über den Warner Bros. Movie Park im Westen bis hin zum Europapark Rust im südwestlichen Eck von Deutschland bei Freiburg.

Die Riesenschaukel

Mit der Mega-Dive – der größten Schaukel der Alpen – machen Sie den riesigen Swing Ihres Lebens! Die Riesenschaukel ist an einer 70 Meter hohen Brücke montiert und sorgt garantiert für Adrenalin pur. Einzigartig in Europa schaukeln Sie hier durch das Lesachtal talabwärts. Preis pro Person: ab ca. 33 Euro. Infos und Buchung unter www.fitundfun-outdoor.com.

Spaß für Sportler

Wer meint, die einzige vernünftige sportliche Betätigung bei einem Junggesellenabschied sei das Heben und Stemmen von Bierkrügen, der hat sich geschnitten. Der Abschied aus dem Singleleben kann durchaus mit körperlichen Aktionen verbunden sein, die den Namen Sport verdienen – und den Abenteuerdrang der Männer befriedigen. Wir haben hier die beste Möglichkeit, mit denen sich große Jungs austoben können – ohne irgendwann doppelt zu sehen.

Canyoning

Wenn der Bräutigam auf der Suche nach einer Herausforderung ist und etwas Besonderes und Spannendes erleben will, ist Canyoning genau das Richtige für ihn! Dabei durchwandert man eine Schlucht – aber nicht etwa auf Wanderwegen: In Neoprenanzügen kämpft man sich direkt durch die Schlucht. Nur durch Abseilen, Klettern, Springen, Rutschen, Schwimmen und manchmal sogar Tauchen kommt man voran. Gute Laune und Natur pur sind garantiert! Canyoning am Gardasee, Dauer: ab drei Stunden, Preis: ab 45 Euro. Mehr Infos unter www.outdoorplanet.net.

Adventure Day

Wenn der Bräutigam bereits scheinbar Unüberwindliches geschafft hat und stolz darauf zurück-

Paintball

Paintball ist ein Mannschaftsspiel, das ein hohes Maß an Konzentration, Taktik und Teamgeist erfordert – und vor allem Spaß bringt. Dabei versuchen sich die Gegner mit Farbkugeln, die per Pressluft verschossen werden, zu markieren. Das Spielfeld ist in etwa so groß wie ein Fußballfeld. Beim Spielmodus Capture the Flag ist das Ziel jeder Mannschaft, die gegnerische Fahne an sich zu nehmen und am eigenen Startpunkt aufzuhängen. Natürlich wird jede Mannschaft versuchen, die gegnerischen Spieler aus dem Spiel zu nehmen, indem sie sie markiert. Damit ähnelt der Spielmodus dem beliebten Schulsport Völkerball. Unser Tipp: Kommen Sie gleich mit einer ganzen Gruppe!

Teilnahmevoraussetzungen

- **Alter**: Paintball wird in Deutschland ab dem 18. Lebensjahr gespielt. Sie sollten über normale Gesundheit verfügen.
- **Ausrüstung und Kleidung:** Markierer und Maske werden gestellt. Ziehen Sie bequeme Kleidung an, die auch schmutzig werden darf. Die Farbpatronen (Paintballs) – die am Körper sofort platzen – sind mit abwaschbarer Lebensmittelfarbe gefüllt.
- **Dauer:** zwischen 2 bis 2,5 Stunden.
- **Preis:** ca. 50 Euro pro Person, buchbar etwa unter www.jochen-schweizer.de.

blicken kann, ist auch eine Hochzeit keine große Hürde mehr. In einem Hochseilgarten erlebt der zukünftige Ehemann mit seinen Freunden ein herausforderndes und spektakuläres Aktivitätenprogramm. Im idyllischen Südschwarzwald liegt beispielsweise der Hochseilgarten Adventurepark Xanten, ein auf zwei Ebenen (fünfeinhalb und zehn Meter) hohen Baumpfählen aufgebauter Parcours von künstlichen Hindernissen (*www. adventurepark-xanten.de*). Lassen Sie sich überraschen, was der Acapulco-Sprung und der Flying-Fox ist! An Deutschlands höchstgelegenem Kletterturm überwinden Sie 42 Höhenmeter und genießen dabei eine herrliche Fernsicht auf die gesamte Alpenkette. Die Übersicht über alle Hochseilgärten in Deutschland finden Sie im Internet unter *www.hochseilgarten.de*.

Skisprung-Action

Das ist etwas ganz Besonderes für alle, die Skispringen lieben, es aber bisher nur aus der Sofaperspektive kannten. Auf der Weltcupschanze in Lauscha können Sie erleben, wie es ist, die Welt beim Skispringen unter sich zu lassen! Sie werden durch einen ausgebildeten Trainer in die Grundkenntnisse des Skispringens eingewiesen und üben die Bewegungsabläufe in Form eines Trockentrainings.

Nach einem leichten Frühstück geht es dann schon an die Materialprobe. Nun beginnt der praktische Teil der Ausbildung an der Sprungschanze. Sie erlernen die Grundposition und wagen im Anschluss Ihren eigenen Sprung auf der Zehn-Meter-Schanze! Nach der Mittagspause besprechen Sie Ihre Sprünge per Videoanalyse.

Nach der Pause springen Sie weiter an der Zehn-Meter-, eventuell auch der 15-Meter-Schanze. Da Sie hier langsam zum Profi geworden sind, wird nach der Kaffeepause unter den Teilnehmern ein Wettbewerb veranstaltet. Nachdem Sie Ihre Trophäe und die Urkunde entgegengenommen haben, erhalten Sie noch ein Geschenk, bevor Sie Ihre Heimreise antreten. Paketpreis: etwa 100 Euro. Zu buchen im Internet unter *www.mydays.de*.

Highlights für große Genießer

Nicht jedermann steht kurz vor der Hochzeit auf Action. Vielleicht ist die Runde schon etwas über die 20er hinaus, vielleicht sollen auch ein paar ältere Semester dabei sein oder man hat sowieso schon genug Action im Leben. Ein geselliges Zusammensein mit Freunden muss schon sein – aber auf keinen Fall in der Stammkneipe um die Ecke. Beim Junggesellenabschied soll es schon etwas Besonderes sein. Deshalb haben wir für all diejenigen, die lieber das gute Leben genießen, als sich Schluchten und Skisprungschanzen hinabzustürzen, ein paar ganz besondere Empfehlungen.

Weinprobe

Kurze Konzentration, Sehen, Riechen, Schmecken und noch einen Augenblick zum Festhalten der Eindrücke. Eines der schönsten Vergnügen, das Weine bieten können, ist die Weinprobe. Da beim Probieren der edlen Rebensäfte niemals geschluckt werden sollte, ist die Gefahr auch nicht besonders groß, am nächsten Tag mit schwerem Kopf aufzuwachen. Allerdings gehört es zu einer Weinprobe oft auch dazu, im Anschluss seinen Favoriten zu entkorken und bei gutem Essen in netter Runde zu genießen. Im Internet finden Sie problemlos zahlreiche Weingüter, die Ihnen ein komplettes Angebot machen können – das weit über das reine Probieren der Weine hinausgeht. Beispielsweise bietet das Weingut Amlinger in Neef an der Mosel für etwa 80 Euro pro Person ein Programm für das ganze Wochenende: zwei Übernachtungen im Doppelzimmer, Weinprobe im Weingut, Grillbraten zur Weinprobe, Planwagenfahrt, Essen im Landgasthof, Kellerführung mit Fassprobe. Ausführlichere Informationen finden Sie im Internet unter www.amlinger.de.

Zigarrenabend

Eine dicke Zigarre – das passt zu einem glücklichen Bräutigam! Einen guten Überblick über Lounges, Bars und Restaurants, die dem Raucherlebnis huldigen, finden Sie unter www.humidoronline.de. In Berlin bietet Zigarren Herzog am Hafen einen besonderen Event an: Pokerspiel und Zigarrenrauchen. An zwei Spieltischen werden bei Zigarren und Bordeaux die Strategien des Pokerspiels gezeigt. Danach haben die Teilnehmer Gelegenheit, das Erlernte bei einem kleinen Turnier einzusetzen. Die Karten kosten 30 Euro (inklusive Havana und Bordeaux). Mehr Infos unter www.herzog-am-hafen.de. Aber Achtung: Auch wenn die edlen Zigarren für Sie selbst ein Hochgenuss sind, kann es sein, dass vielleicht andere aus Ihrer Junggesellengruppe überzeugte Nichtraucher sind. Deshalb sollten Sie dies im Vorfeld abklären – und so Überraschungen vermeiden.

Eine interessante Alternative ist der Besuch einer echten Zigarrenfabrik. Etwa in Brissago am Westufer des Lago Maggiore. Als eigentliches Wahrzeichen von Brissago gilt die seit 1856 bestehende Zigarrenfabrik Centro Dannemann. Das heutige Centro Dannemann wurde Anfang 2002 gegründet und bietet auch Führungen durch die Fabrik an. Ein Ort, an dem die feinen Dinge des Lebens zelebriert werden. Weitere Infos unter www.centrodannemann.com.

Sushi-Kurs

Sushi yourself. Nach einem Begrüßungsaperitif und einem kleinen Amuse bouche werden Sie über die Historie und Tradition japanischer Esskultur aufgeklärt. Sie lernen die exotischen Zutaten kennen, mit denen Sie im Laufe des Kochkurses die verschiedenen Sushi-Sorten zubereiten.

Unter der Anleitung einer erfahrenen Sushi-Köchin können Sie sich dann selbst im Rollen der japanischen Köstlichkeiten üben. Nach dem Kurs essen Sie gemeinsam mit den anderen Teilnehmern das selbst gefertigte Sushi. Die meisten Getränke sind im Kurspreis inbegriffen. Ihre Kochschürze, eine Rezeptmappe, Rollmatte und Stäbchen können Sie mit nach Hause nehmen. Dauer: ca. 4 Stunden. Preis: ab ca. 40 Euro. Buchungen unter www.mydays.de. Auch hier gilt: Erkundigen Sie sich vorher, ob auch alle Gäste rohen Fisch mögen.

Cocktail-Workshop

Geschüttelt, nicht gerührt – so trinkt nicht nur James Bond seinen Martini. Es ist auch das Motto bei einem Cocktailkurs – denn hier lernt der Bräutigam, wie er den Shaker richtig schwingt. Einen dreistündigen Workshop können Sie in Köln für ca. 50 Euro beispielsweise unter www.11cl.de buchen. Nach einem Aperitif zur Begrüßung und einer kurzen theoretischen Einführung in den Umgang mit den Barwerkzeugen geht es hier direkt ans Shaken. In stilvoller Baratmosphäre werden unter Anleitung erfahrener BarkeeperInnen 10 Cocktails (u.a. Caipirinha, Mojito und der James-Bond-Martini) gemixt – und natürlich auch verkostet. Dazu gibt es interessante Geschichten über den Ursprung und die Herstellung der Cocktails, begleitet von kalten und warmen Antipasti. Zum Schluss erhalten Sie eine Teilnahmeurkunde, eine Kursmappe mit allen Rezepten und viel Hintergrundwissen und können an der Bar Ihren Wunschcocktail gratis genießen.

Ein Fall für zwei

Voll im Trend: Paare nehmen gemeinsam Abschied vom Junggesellenleben – mit originellen Wettkämpfen, spannenden Teamspielen oder einer Überraschungsparty.

Traditionell feiern Braut und Bräutigam getrennt voneinander den letzten Abend in der vorehelichen Freiheit. Manche Paare wünschen sich aber auch eine gemeinsame Feier, einen gemeinsamen Event. Auch hier gilt: Für beide Geschlechter ist alles erlaubt, was Spaß macht – und den anderen nicht versehentlich kränken könnte. Alternativ feiern Frauen und Männer erst mal unter sich und werden schließlich überrascht, wenn sich beide Partygesellschaften treffen und gemeinsam weiterfeiern. Das können Braut und Bräutigam vorher im Geheimen absprechen oder aber die Organisatoren des Abschieds aus dem Freundeskreis. Die müssen dann natürlich aufpassen, dass die Brautleute beim Treffen auch noch in vorzeigbarem Zustand sind. Auch für den gemeinsamen Teil gibt es eine Menge schöner Ideen.

Siebenkampf

Beim Hochzeits-Siebenkampf handelt es sich um einen Wettbewerb, bei dem Braut und Bräutigam verschiedene Disziplinen gegeneinander ausführen müssen. Die Ergebnisse werden von den Freunden mit einem Punkt für jede gewonnene Disziplin bewertet.

Zu Beginn verpassen Sie den Brautleuten erst einmal T-Shirts, die mit einem Foto der beiden bedruckt sind. Zusätzlich können Sie die Shirts auch noch mit einem passenden Spruch versehen. Das könnte in etwa so klingen: Shirt der Braut: „35 Jahre wollte ihn keine haben – soll ich ihn wirklich heiraten???" Shirt Bräutigam: „Darf ich diese Traumfrau wirklich heiraten???!" Bedruckte T-Shirts für das Paar finden Sie im Internet unter *www.wedding-shirt.de*. Dann beginnt der Wettkampf.

- Disziplin 1: Das Wettrennen. Dabei trägt sie allerdings hohe Stilettos – und er Taucherflossen.
- Disziplin 2: Das Psychoseminar. Braut und Bräutigam müssen getrennt voneinander Pärchen suchen, die ihnen Tipps für eine funktionierende Ehe in ein Buch schreiben.
- Disziplin 3: Das Fotoshooting. Beide müssen Polaroidbilder von Passanten machen und an diese verkaufen. Wer innerhalb von 15 Minuten mehr Geld eingenommen hat, ist der Gewinner.
- Disziplin 4: Begrifferaten. Das Paar muss schwierige Worte wie „Büffelhüfte" oder „platonische Liebe" pantomimisch vor Fremden darstellen. Wer in einer vorbestimmten Zeit mehr Begriffe so darstellen konnte, dass die Passanten sie erraten konnten, hat gewonnen.
- Disziplin 5: Der Preis ist heiß. Innerhalb von 15

Extra-Tipp: Berühmte Paare

Die Geschichte hält viele berühmte Paare bereit, die Sie für die Kostümierung inspirieren können.
- **Cäsar & Cleopatra:** Römer-Kostüme unter *www.buttinette-fasching.de* (ab ca. 40 Euro).
- **Wilma & Fred Feuerstein:** Urzeitkostüme ab ca. 60 Euro unter *www.1001kostueme.de*.
- **Minnie & Mickymaus:** Mauskostüme ab ca. 12 Euro unter *www.kauflux.de*.
- **Fred Astaire & Ginger Rogers:** Frack (ca. 25 Euro) und Zylinder (ca. 5 Euro) unter *www.buttinette-fasching.de*.
- **Bonnie & Clyde:** Ganovenkostüme ab ca. 30 Euro unter *www.fashionboot.de*.

Minuten müssen möglichst viele Glückskekse (alternativ Pflaumenschnaps) verkauft werden.
- Disziplin 6: Putztalent. Hierbei muss die Braut möglichst vielen Männern, der Bräutigam möglichst vielen Frauen die Schuhe putzen. Es gewinnt, wer am Ende der Runde mehr Schuhe zum Glänzen gebracht hat.
- Disziplin 7: Deutschland sucht den Superstar. Das Paar muss Liebeslieder singen. Danach gehen sie und er mit einem Hut durch die Menge und sammeln den Lohn für diese Mühe ein.

Am Ende des Wettkampfes berät sich die Jury nochmals. Der Partner mit der höchsten Punktezahl aus den sieben Teildisziplinen (alternativ der Gewinner der meisten Einzeldisziplinen) hat gewonnen und bekommt eine Siegerurkunde und einen Preis. Aber auch der Verlierer geht nicht leer aus – er bekommt das große Notfall-Hochzeitspaket. Dieses beinhaltet:
- Blasenpflaster – wenn man mal wegrennen will.
- Ohrstöpsel – falls man sich mal ärgert und lieber nichts mehr hören möchte.
- Nerven- und Beruhigungstee – wenn es mal wieder zu viel wird.
- Schokodrops – für süße Momente.
- Red Bull – wenn man mal ein bisschen Extra-Power in der Beziehung braucht.
- Wattebällchen zum Bewerfen – falls sie sich mal streiten sollten.

Die Talkshow

Besuchen Sie im Vorfeld des Junggesellenabschiedes den Bräutigam. Im Gepäck haben Sie eine Auflistung von etwa 20 Fragen, die der Bräutigam nun beantworten muss. Beispielsweise was seine Braut besonders an ihm mag oder eben nicht mag, das schönste gemeinsame Erlebnis oder womit er seine Liebste mal so richtig geärgert hat. Das ganze Interview wird mit einer Videokamera aufgezeichnet. Beim Junggesellenabschied stellen Sie nun der Braut vor versammelter Mannschaft die gleichen Fragen. Nachdem sie geantwortet hat, sehen Sie sich auf dem Video an, was der Bräu-

Filmtipps auf DVD

- **Very Bad Things:** Kyle (Christian Slater), der kurz vor der Hochzeit mit Laura (Cameron Diaz) steht, fährt nach Las Vegas, um noch einmal so richtig das Junggesellenleben zu genießen. Aus Spaß wird Ernst, als eine Stripperin zu Tode kommt. Splendid Entertainment, 2004.

- **Gelegenheit macht Liebe:** Nach seiner Junggesellenparty wacht Paul (Jason Lee) neben einer fremden Frau auf. In der Annahme, er habe seine Zukünftige (Selma Blair) betrogen, versucht er seinen Fehltritt zu verschleiern. MGM Home Entertainment, 2006.

- **Sideways:** Miles (Paul Giamatti) und Jack (Thomas Haden Church) sind alte College-Freunde. Das ungleiche Duo bricht zu Jacks Junggesellenabschied in die Winelands Kaliforniens auf, um kurz vor seiner Hochzeit noch einmal richtig auf die Pauke zu hauen. Twentieth Century Fox, 2005.

- **American Pie 3 – Jetzt wird geheiratet:** Mit allen Mitteln will Stifler die Hochzeit von Jim (Jason Biggs) und Michelle (Alyson Hannigan) verhindern. Die Junggesellenparty endet in einer Kleinstadt am Ende der Welt und lässt Jim beinahe zu spät zum Altar kommen. Universal, 2004.

- **Bachelor Party:** Rick (Tom Hanks) steht vor der Heirat mit Debbie (Tawny Kitaen). Am Abend vor der Hochzeit organisieren seine besten Freunde eine Junggesellenabschiedsparty, auf der Rick noch einmal die Sau rauslassen soll. Die Party artet in Chaos aus. 20th Century Fox, 2002.

Stuntman für einen Tag

Klappe! Und Action. Erfahrene Filmprofis verwandeln das Brautpaar in Actionhelden – und fördern damit die Teambildung in der Partnerschaft.

Erfahrene Profi-Stuntmen, die z.B. Katja Riemann, Heinz Hoenig, Til Schweiger, Götz George gedoubelt und gesichert haben, führen Sie in die Welt der Stunts und Spezialeffekte bei Film- & Fernsehproduktionen ein. Das Programm ist besonders für Teambildung innerhalb eines Unternehmens konzipiert – wenn das nicht wichtig in jeder Ehe ist! Im Vordergrund stehen dabei die genaue Kommunikation untereinander sowie das Vertrauen in das Handeln des Partners. Der Konsum von Alkohol und anderen berauschenden Mitteln ist vor und während der Veranstaltung natürlich ausgeschlossen. Die Workshops werden als Ganztags- oder als Halbtagsevents angeboten. Gruppengröße: ab 10 Personen. Preis: ab 99 Euro pro Person. Mehr Infos unter *www.stunttag.de*.

Spektakuläre Actionszenen

- **Spezialeffekte (Special effects / Make-up):** Berührungen im Gesicht bedeuten einen wahren Zugang zur Intimsphäre des anderen.
- **Carhit:** Sie sitzen bei einem Glas Rotwein in einem Straßencafé. Plötzlich kommt ein Polizeiauto um die Ecke und schießt direkt auf Sie zu ...
- **Fenstersturz:** Der richtige Umgang mit Höhenangst.
- **Sprung durch ein brennendes Fenster:** Hier muss das Paar Urängste überwinden.
- **Filmschlägerei:** Hier lernt das Paar, engen Körperkontakt auf eine andere Art und Weise zu haben.

Fenstersturz (Highfall): Was für ein Gefühl ist es, sich fallen zu lassen?

tigam geantwortet hat. Anhand einer Strichliste stellen Sie fest, wie groß die Übereinstimmung ist. Alternativ können auch die Braut und alle Gäste auf die Fragen antworten. Der Gast, der die meisten Antworten mit dem Bräutigam gemeinsam hat, hat gewonnen und gilt fortan als der beste Kenner des Brautpaars.

Sportliche Events

Beim gemeinsamen Abschied aus dem Junggesellenleben kann es auch sportlich zur Sache gehen – je nach Jahreszeit auch im Schnee. Diese Form eignet sich besonders für einen Kurzurlaub mit den besten Freunden oder der Familie. Hier unsere besten Vorschläge.

Ice-Challenge

Ideal für die kalte Jahreszeit: In zwei Teams treten die Braut (mit Freundinnen) und der Bräutigam (samt Freunden) in verschiedenen Herausforderungen auf Schnee und Eis gegeneinander an. Diese sind zum Beispiel: auf Teamskiern durch einen Slalomparcours, auf Schneeschuhen zum Schießstand (Bogen- oder Luftgewehrschießen), Lattlschießen, Eisstockschießen und Bearbeiten von Eisblöcken zur Eisskulptur. Ein solcher Event ist kreativ, sportlich, kommunikativ, lustig und actionreich! Paketpreis: 35 Euro pro Person. Mehr Infos unter *www.hirschfeld.de*.

Bodyflying

Das Brautpaar auf Wolke 7. Beim Bodyflying wird die Luftströmung, auf der ein Fallschirmspringer sonst in die Tiefe saust, von einem gigantischen, horizontal gelegten Propeller erzeugt. Der Luftstrom greift in den überdimensionalen Fliegeranzug und mit der richtigen Körperposition schweben die beiden langsam empor. Nach der theoretischen Einweisung begleitet der Fluglehrer das Brautpaar bei der ersten Flugsession. Dann haben sie noch in zwei weiteren Sessions unter der Obhut des Fluglehrers Gelegenheit, das Gelernte umzusetzen und sich frei wie Vögel (im Sturm) zu fühlen. Für das Bodyflying wird eine normale physische Verfassung vorausgesetzt. Guter Orientierungssinn und Geschicklichkeit sind von Vorteil, denn Sie werden das eine oder andere Mal aus ein paar Metern Höhe in ein weiches Luftkissen fallen. Das Körpergewicht sollte 130 kg nicht überschreiten. Das Erlebnis dauert ca. 1,5 Stunden. Die reine Flugzeit beträgt ca. 15 Minuten. Preis pro Person: 49 Euro. Mehr Infos und Buchungen unter *www.jochen-schweizer.de*.

Fun im Team

Ein Junggesellenabschied wird niemals allein gefeiert. Deshalb bietet es sich an, Teams zu bilden und gegeneinander anzutreten – am besten setzen sich die Gruppen aus Männern und Frauen zusammen. Hier unsere Vorschläge.

Stadtrallye

Die Männer und Frauen ziehen in zwei Teams los. Vorher wurden jeweils fünf wichtige Stationen ihres Lebens im heimatlichen Stadt- oder Ortsgebiet festgelegt, an denen sie/er dann Aufgaben zu erledigen hat. Beispielsweise der Besuch der alten Ballettschule, wo sie „Schwanensee" für ihre Freundinnen tanzen muss. Er klingelt bei seiner früheren Gitarrenlehrerin und bittet sie, gemeinsam mit ihm den Jungs ein kleines Ständchen zu spielen. An jeder Station bekommt sie ein Glas Sekt und er einen Schnaps. Die letzte Station, an der sich beide Teams wieder treffen, ist dann der Ort, mit dem das Paar romantische Erinnerungen verbindet. Hier müssen sich die zwei dann öffentlich eine Liebeserklärung machen.

Schnitzeljagd

Die Schaufenster-Schnitzeljagd findet in der Heimatstadt des Brautpaares statt. Dieser Event erfordert einige Vorbereitung durch die Trauzeugen. Die beiden treffen sich im

Junggesellenabschied *Für beide*

Vorfeld und legen das Ziel der Schnitzeljagd fest, zum Beispiel die Lieblingskneipe des Brautpaars. Die einzelnen Buchstaben (Straße und Hausnummer) der Zieladresse notieren Sie zweimal auf passenden Gegenständen (z.B. auf Bastelkarton, der in Herzform zugeschnitten wird oder auf aufgeblasene Herzluftballons). Wenn sich die Kneipe etwa in der Müllerstraße 17 befindet, benötigen Sie zweimal 13 Gegenstände zur Beschriftung. Im Anschluss machen sich die beiden Trauzeugen auf in die Stadt (am besten in die Fußgängerzone) und verteilen jeweils zwei Gegenstände mit demselben Buchstaben in den Schaufenstern von verschiedenen Geschäften. Nun gilt es noch die Inhaber der Geschäfte zu überzeugen, die „Schnitzel" in den Schaufenstern auszustellen. Die einzelnen Geschäfte notieren Sie in einem Stadtplan. Zum Abschluss überlegen Sie sich eine Frage, die Braut und Bräutigam einen Hinweis auf den ersten Laden geben soll.

Am Tag der Schnitzeljagd werden die Frauen (unter Leitung der Braut) und die Männer (unter der Obhut des Bräutigams) aufgeteilt. Der jeweilige Trauzeuge schließt sich als Betreuer der jeweiligen Gruppe an. Die beiden Teams starten gleichzeitig, bewaffnet jeweils mit einem Stadtplan und einem Stift. Auf die Rückseite der Stadtpläne haben die Trauzeugen vorher Kästchen für die Anzahl der Buchstaben und der Hausnummer eingetragen – diese gilt es nun systematisch auszufüllen.

Sobald ein „Schnitzel" gefunden wurde, muss Braut oder Bräutigam diesen aus dem jeweiligen Schaufenster auch mitnehmen – denn darauf befindet sich der Hinweis, wo der nächste Schnitzel liegt. Am Schluss könnte man zwar schon raten, wo das Ziel ist, allerdings lautet die Aufgabe: alle Gegenstände komplett am Ziel abliefern! Also: Schummeln gilt nicht. Sobald alle Hinweise gefunden wurden, müssen die Buchstaben zu dem richtigen Straßennamen und die Zahlen richtig zur Hausnummer zusammengesetzt werden. Danach läuft die Gruppe schnell zum Ziel und dann kann der Sieg in der Kneipe ordentlich gefeiert werden.

Tipp: Es müssen nicht immer nur Schaufenster sein. Sie können die Schnitzel auch in Bars, Kneipen und an anderen öffentlich zugänglichen Orten wie etwa einer Tankstelle hinterlegen.

Für Trauzeugen: Tipps für die Schnitzeljagd

- **Zeitbedarf:** Je nach Anzahl der verteilten Gegenstände, Entfernung der Geschäfte und der (evtl. getarnten) Position insgesamt zwischen zwei und drei Stunden Zeit einplanen.
- **Schwierigkeitsgrad:** Der Einfachheit halber sollten Sie Geschäfte und Orte auswählen, die dem Brautpaar bereits bekannt sind.
- **Hilfestellung:** Da Sie als Trauzeugen alle Verstecke kennen, können Sie natürlich Tipps geben, falls die Gruppe einmal keine Hinweise findet. Dies sollte aber nur im absoluten Notfall passieren, da es sonst den Spaß verringert.

Überraschungs-Party

Dieser Event eignet sich besonders für Paare, die sich mit Händen und Füßen sträuben, einen klassischen Junggesellenabschied zu feiern.

Für die Aktion müssen sich die beiden Trauzeugen, die den Junggesellenabschied planen, im Voraus gut absprechen. Der Bräutigam wird von seinem Trauzeugen informiert, wann er für die Party abgeholt wird. Zusätzlich machen Sie noch einige beunruhigende Andeutungen bezüglich seiner ausgefallenen Verkleidungen, der extrovertierten Stripperin und anderen gemeinen Aktionen, die für ihn geplant wurden.

Die Trauzeugin der Braut übernimmt den gleichen Part für die Braut. Erzählen Sie ihr von den peinlichen Artikeln, die sie verkaufen muss, und dass sie sich schon mal auf den schlimmsten Kater ihres Lebens mental vorbereiten soll. Kurz: Lassen Sie die beiden im Glauben, dass ihr Junggesellenabschied ganz schrecklich wird.

Am Tag der Party werden Braut und Bräutigam getrennt voneinander abgeholt. Verbinden Sie ihnen die Augen und setzen Sie sie in ein Auto. Kurz vor dem Ziel setzen Sie ihnen Kopfhörer auf und beschallen Sie sie mit lauter Musik (beispielsweise mit einer Endlosschleife von „Going to the chapel"), damit kein Verdacht aufkommt. Kurz bevor sie ankommen, herrscht absolutes Sprechverbot für alle Beteiligten, denn Braut und Bräutigam sollen ja nichts davon mitbekommen, dass der Partner oder weitere Freunde auch an den Ort des Geschehens geführt werden.

Führen Sie die beiden zu einem romantischen Grillplatz – und dann ist die Überraschung perfekt. Dort angekommen, befreien Sie die beiden von Augenbinde und Kopfhörer und empfangen sie mit Fackeln, angefeuerten Grills, jeder Menge Fleisch und Salaten und vielen Freunden.

Wenn Sie möchten, können Sie das Ganze auch mit einer Übernachtung in der freien Natur verbinden. Wenn Sie im Wald übernachten wollen, müssen Sie dazu aber vorab die Erlaubnis der Forstverwaltung bzw. die des Waldbesitzers einholen. Dass Sie sich so verhalten, dass während der Feier der Wald nicht gefährdet, beschädigt oder verunreinigt ist, versteht sich von selbst! Dekorieren Sie den Grillplatz und bereiten Sie Schlafsäcke vor. Vielleicht kennen Sie auch jemanden, der am Lagerfeuer ganz romantisch Gitarre spielen kann. Und dann kann das Sternenfirmament bestaunt werden. Versuchen Sie die Sternenbilder bekannter Sterne zu entdecken. Als weitere idyllische Locations für diesen Event bieten sich Fluss- oder auch Seeufer an.

Die schönsten Liebesduette

All you need is love: Fast jedes Paar hat sein ganz persönliches Liebeslied – manchmal sogar ein Liebesduett. Eine CD mit diesen Liedern ist nicht nur ein persönliches Geschenk, sondern auch die perfekte Hintergrundmusik beim gemeinsamen Junggesellenabschied. Der krönende Abschluss ist es, wenn das Paar gemeinsam in der Karaokebar sein Liebeslied singt.

You Are the One That I Want!
Hier eine Übersicht über klassische Liebesduette:
- **Joe Cocker & Jennifer Warnes:** Up Where We Belong
- **Jennifer Warnes & Bill Medley:** Time of My Life
- **Nat King Cole & Natalie Cole:** Unforgettable
- **Olivia Newton John & John Travolta:** You Are the One That I Want
- **Johnny Cash & June Carter:** It Ain't Me
- **Nicole Kidman & Ewan McGregor:** Come What May
- **Anastacia & Eros Ramazzotti:** I belong to you
- **Rod Stewart & Queen Latifah:** As Time Goes By
- **Kate Bush & Peter Gabriel:** Don't Give Up
- **Kelly Rowland & Nelly:** Dilemma
- **Nena & Duncan Townsend:** Caravan Of Love
- **Tina Turner & Bryan Adams:** It's Only Love
- **Jeanette & Ronan Keating:** We've Got Tonight
- **Nicole Kidman & Robbie Williams:** Somethin' Stupid
- **Norah Jones & Ray Charles:** Here We Go Again
- **Annette Humpe & Adel Tawil:** Du erinnerst mich an Liebe

Für die Freunde des Brautpaares ist der Polterabend eine entspannte Veranstaltung: Porzellan zerdeppern, Spaß haben, fertig. Doch der perfekte Poltergast bietet zudem seine Hilfe an. Ganz gleich, ob es um organisatorische Fragen, Essen & Trinken, Deko-Ideen, Musik oder Showeinlagen geht: Die Gastgeber sind mit Sicherheit dankbar für Freunde, die ihnen mit Rat und Tat zur Seite stehen. Nur fegen muss das Brautpaar allein, so beweist es seine Ehetauglichkeit.

2 POLTERABEND

Organisation	Seite 38
Bezaubernde Bräuche	Seite 46
Spiele & Aktionen	Seite 50
Kleine Geschenke	Seite 60

Es muss krachen!

Der Polterabend ist alles andere als eine formelle Veranstaltung. Gelungene Polterabende wirken wie spontane Partys unter Freunden – aber nur, wenn die Vorbereitung stimmt.

„Die Ehe beginnt mit dem Polterabend, und diese Tradition wird einfach fortgesetzt", sagte der italienische Komiker Roberto Begnini („Das Leben ist schön") schon einmal sehr weise. Der Polterabend, älter als die eigentliche christliche Hochzeitszeremonie, steht ähnlich wie der Junggesellenabschied für den Abschied vom Singledasein. „Je mehr Pölte, je mehr Glück", heißt eine alte Volksweisheit. Das Poltern mit viel Lärm und Geschrei soll die bösen Geister vertreiben, die das junge Glück zerstören wollen.

Früher wurde am Abend vor der Hochzeit gepoltert, getrunken und die Gesellschaft traf letzte Vorbereitungen für die Feier. Heute glaubt man nicht mehr an böse Geister, sondern veranstaltet das Poltern, weil es einfach Spaß macht und die Freunde dem Brautpaar damit viel Glück wünschen wollen. Anders als beim Junggesellenabschied feiert das Paar gemeinsam mindestens eine Woche vor der Hochzeit – auch unter Anwesenheit von Verwandten.

Freunde und Familie unterhalten das Brautpaar und die übrigen Gäste mit Sketchen, Ansprachen, Sprüchen, die natürlich auf das Paar anspielen. Selbstverständlich sollte man dabei nicht übertreiben, beispielsweise nicht über frühere Bindungen der Verlobten lästern.

Eigentlich organisiert das Brautpaar diese Feier selbst. Manchmal aber plant das Brautpaar, etwa aus finanziellen Gründen, keinen Polterabend oder ist schon zu sehr mit den Hochzeitsvorbereitungen beschäftigt. Da ist es für Freunde, Verwandte und Trauzeugen vielleicht eine schöne Idee, für das Brautpaar einen Polterabend als Überraschung zu organisieren.

Extra-Tipp: Gut zu wissen

✗ **Toilette:** Mieten Sie einen Toilettenwagen, wenn Sie viele Gäste erwarten. *www.boxi.de*, Preis ca. Wochenende ab 95 Euro.

✗ **Geschirrmobil:** Das Geschirrmobil wird nach Ihren Wünschen ausgestattet und Sie können das Geschirr direkt in der Spülmaschine waschen. *www.geschirr-mobil.de*.

✗ **Biertische:** So kommen die Gäste miteinander besser ins Gespräch und die Atmosphäre ist ein wenig aufgelockert. Zu mieten im Getränkemarkt.

✗ **Nachbarn:** Egal, was Sie auch planen – warnen Sie unbedingt die Nachbarn vor!

Einladung oder nicht?

Wie gefeiert wird, ist abhängig von der Zahl der Personen, die erwartet werden. Da die Trauzeugen meist eine komplette Hochzeitsgästeliste haben, ist es ratsam, anhand dieser im ersten Schritt die Zahl der Gäste für den Polterabend zu überschlagen. Normalerweise dürften vor allem die Freunde und Verwandten aus der näheren Umgebung dabei sein – die weiter entfernt wohnenden werden wohl erst zur Hochzeit kommen.

Normalerweise wird zum Polterabend nicht schriftlich und formell eingeladen. Bei einem Überraschungs-Polterabend empfiehlt es sich jedoch, Einladungen zu verteilen, damit das Fest

Poltern mit Motto

Ob Strandparty, 70er-Fete oder Bayerischer Abend: Mit Dekorationen und Verkleidungen rund um ein bestimmtes Thema macht das Poltern doppelt Spaß.

Überlegen Sie sich ein Thema oder Motto für die Feier: Bayerischer Abend, Die Sechzigerjahre, Rummelplatzatmosphäre, Aus aller Herren Länder, Spanische Nacht, Wie im alten Rom, Fantasiereise, Rockerparty, Cocktailparty oder Love, Peace and Rock'n'Roll usw. Je nach Motto ergeben sich Ideen für die Dekoration und Aktivitäten fast wie von selbst. In vielen Internet-Versandhandlungen, beispielsweise unter *www.party-extra.de*, finden Sie länderspezifische Dekorationsartikel wie Tischdecken, Bierdeckel, Servietten, Girlanden usw. Hier zwei Beispiele für Mottofeten.

Die wilden Siebzigerjahre

Der weiße Anzug wie aus „Saturday Night Fever", Anklebe-Koteletten und Hochfrisuren! Getanzt wird zu Gloria Gaynor, Bee Gees und Village People. Lavalampen und Discokugeln machen eine tolle Deko. Dazu das perfekte Siebzigerjahre-Essen: Käseigel, Party-Buletten, Krabbencocktail, Tartarecken und garnierte Eierhälften. Spielen Sie Scharade oder mieten Sie eine Karaoke-Maschine mit 70er-Jahre-Songs.

Strandparty

Dekoriert wird mit Muscheln, Sand, Plastikflamingos und Palmen. Die Wand wird mit einer Dekofolie verkleidet. Dazu servieren Sie tropische Getränke, Fisch, süße Kartoffeln, Ananas, Reis. Reggae-Musik oder Sommerhits sorgen für eine ausgelassene Stimmung. Ein Limbostock sorgt für Partyspaß.

Tolle Dekofolien: Gibt es unter www.party-extra.de für ca. 12 Euro (1,20 x 15 Meter).

Polter-Locations mit besonderem Flair

Es muss nicht immer die eigene Garage sein – tolle Orte für den perfekten Polterabend:
- **Hamburg – Scheune zur Hittfelder Mühle:** Das mehr als 100 Jahre alte Gebäude wurde vor Jahren auf einem Bauernhof in der Nähe von Buxtehude abgerissen und Stein für Stein wiederaufgebaut. Adresse: Weg zur Mühle 10 b, 21218 Seevetal/Hittfeld. www.hittfelder-scheune.de.
- **Bayern – Feststadel Hotel- und Landgasthof Hirsch:** Der Feststadel bietet für Veranstaltungen bis zu 120 Personen Platz. Adresse: Dorfstraße 4, 89233 Neu-Ulm/Finningen. www.hirsch-nu.de.
- **Baden-Württemberg – Heuboden:** Hotelrestaurant Kapelle: Tolle Lage mit Blick auf Bodensee und Schweizer Alpen. Adresse: Zur Kapelle 4, 78315 Markelfingen. www.hotel-kapelle.com.
- **Nordrhein-Westfalen – Das Gastliche Dorf:** Original restaurierte Bauernhöfe aus dem 16. und 18. Jahrhundert. Adresse: Lippstädter Straße 88, 33129 Delbrück. www.das-gastliche-dorf.de.
- **Sachsen – Braugut Hartmannsdorf:** Nostalgisches Ambiente in denkmalgeschützten Gebäuden. Adresse: Chemnitzer Straße 2, 09232 Hartmannsdorf. www.braugut.de.
- **Schleswig-Holstein – Gut Helmstorf:** Der malerische Kuhstall aus dem Jahre 1725 eignet sich hervorragend für Polterabende. Adresse: 24321 Helmstorf. www.helmstorf.de.

© Gut Helmstorf

nicht außer Kontrolle gerät. Für die Einladungen können Sie beispielsweise einen alten Teller oder eine Tasse verwenden. Mit einem wasserfesten Stift schreiben Sie die Eckdaten der Party (Wann?, Wo?, Warum?) einfach auf das Geschirr.

Wo wird gefeiert?

Die Tradition besagt, dass eigentlich bei den Eltern der Braut gepoltert wird. Falls Sie sich für diese Location entscheiden, müssen Sie jedoch sicher sein, dass die Braut nichts von den Vorbereitungen mitbekommt.

Gartenparty

Besonders im Sommer lädt ein Garten zum Poltern ein. Wer im Garten poltert, kann sich z.B. ein Partyzelt bei einem Zeltverleih mieten oder einen preisgünstigen Plastikpavillon im Baumarkt kaufen. Biertische und Bierbänke können Sie bei einem Getränkehandel oder Partyservice mieten. Sorgen Sie auf alle Fälle dafür, dass bei Regen die Poltergesellschaft nicht mangels Unterstellmöglichkeiten fluchtartig die Party verlassen muss.

Garagenparty

Wenn eine Garage oder Scheune zur Verfügung steht, bietet sich diese natürlich an. Sie können alles in Ruhe herrichten, sind wetterunabhängig und können das Aufräumen auch ein paar Stunden aufschieben, ohne dass sich jemand daran stört. Bei manchen Bauern oder Gaststätten kann man auch Scheunen mieten.

Raum anmieten

Sie können die Location für den Polterabend auch mieten. Hier bieten sich der Saal der Kirchengemeinde, Räume der freiwilligen Feuerwehr, der Bürgersaal oder Clubheime an. Mietpreis und Ausstattung für diese Locations sind deutschlandweit sehr unterschiedlich. Die Preise schwanken zwischen 50 bis 250 Euro. Die meisten dieser Räumlichkeiten sind auf solche Feste eingerichtet, vieles ist vorhanden und Sie können mit Dekoration auch eine gemütliche Atmosphäre schaffen. Schauen Sie sich den Raum aber auf jeden Fall vorher einmal an. Manchmal laden öffentlich genutzte Räumlichkeiten nicht unbedingt zum Feiern ein. Rechnen Sie natürlich auch damit, dass Mietkosten, Endreinigung, Versicherung usw. auf Sie zukommen.

Deko-Ideen

Wer stilvoll poltern will, braucht eine passende Deko. Denn in einer ungeschmückten Garage oder Scheune kommt ebenso wenig Stimmung auf wie in einem Gemeindesaal im tristen Sechzigerjahre-Look. Gut, dass wir da einige Ideen für Sie parat haben:

Tischdekoration

- Dekorieren Sie die Tische mit Stoffmeterware als Tischdecken. Je nach Saison verteilen Sie auf dem Tisch kleine Äpfel, Birnen, Kürbisse, Zitronen, Limetten oder kleine Äste. Stellen Sie Blumen in schönen Weinflaschen auf den Tisch. Teelichter und Kerzen dürfen auch nicht fehlen.
- Wenn Sie in einer Scheune feiern, dann dekorieren Sie diese mit Strohballen oder Ähren, auf die Tische stellen Sie kleine Kübel, Eimer oder alte Milchkannen mit Sonnenblumen. Sonnenblumen können Sie von Juli bis ca. September günstig selbst auf den Feldern schneiden.
- Falls der Raum mit einer grellen Neonbeleuchtung ausgestattet ist, können Sie die Neonröhren mit Krepppapier abdecken. Für die alternative Beleuchtung kann man auch sehr gut farbige Lampen oder Lichterketten einsetzen. Eine Herz-Lichterkette mit 20 roten Leuchtherzen finden Sie unter www.alles-herz.com. Preis: ca. 8 Euro.

Gartendekoration

Wenn Sie im Garten feiern, dann machen sich Fackeln sehr gut. Diese können Sie entweder direkt in die Erde stecken oder aber kleine Zinkeimer mit Sand füllen, den Sand nass machen, damit er schön schwer ist und die Fackeln gut darin

Die Polterhochzeit

Die Polterhochzeit ist eine Mischung aus Polterabend und der eigentlichen Hochzeit. Hierbei kommen die Gäste aber nicht zu einem extra Termin zum Poltern vorbei, sondern am Tage der Hochzeit. Der Vorteil einer Polterhochzeit ist der, dass man nicht zweimal alle Gäste versorgen muss und trotzdem nicht auf das Poltern verzichten muss.

Der Ablauf

Die Gäste dürfen zum Abendessen ruhig in festlicher Kleidung erscheinen, aber die Party an sich ist meist etwas lockerer gehalten. Das Poltern kann auch als alternative Showeinlage gewählt werden, wenn das Brautpaar auf ein Programm oder Spiele verzichten möchte. Durch das Poltern wird die Feier dann etwas aufgelockert.

- **Variante 1:** Zum Essen im Saal lädt man am Abend Verwandte und die besten Freunde ein. In kleiner gemütlicher Runde kann man dann gepflegt zusammen speisen. Anschließend – also ab etwa 21:30 Uhr – bittet man den Rest mit zum Feste.
- **Variante 2:** Mittagessen und Kaffeetrinken finden im engeren Verwandtenkreis statt, während die zahlreichen Poltergäste dann abends kommen. Dies hat den Vorteil, dass man mit einem kleineren Saal auskommt, da der meiste Platz benötigt wird, wenn die Gesellschaft beim Essen an den Tischen sitzt. Später werden die Tische weggeräumt, so dass mehr Gäste Platz finden. Es sollte allerdings Platz zum Poltern da sein und das kaputte Geschirr sollte gut entsorgt werden können.

© Holger Buse – FOTOLIA

feststecken. Damit man den Sand nicht sieht, kann man Efeu oder Blätter darüber dekorieren. Zinkeimer finden Sie ab ca. 2 Euro unter www.dekohit.de. 60 cm lange Bambusfackeln gibt es ab 1,95 Euro bei www.freizeitwelt.de.

An den Sträuchern können Sie Lampions aufhängen. Eine große Auswahl an Lampions finden Sie unter www.rabeversand.de. Eine hübsche Idee sind auch Ballonsträuße – verteilt in Garten und Hof. Dazu füllen Sie bunte Ballons mit Ballongas und binden sie in einzelnen Gruppen zu jeweils 5 bis 6 Stück mit dem einen Ende einer ca. 1,5 m langen Schnur zusammen. Das andere Ende wird um einen Stein gewickelt.

> **Extra-Tipp: Marktwagen**
>
> Grillhähnchen, Grillhaxen, Wurstbude, Crêpes, Pizza – fragen Sie den Markthändler, ob er eine Abendschicht einlegen kann. Oder mieten Sie sich einen Marktwagen, wenn Sie das Essen selbst zubereiten und toll präsentieren wollen. Marktwagen mieten unter www.topevent1000.de, Preis: ca. 80 Euro pro Tag.
> ✘ **Waffelstand:** Tolle Rezepte für Waffeln finden Sie unter www.chefkoch.de.
> ✘ **Dönerstand:** Einen Gyros-Grill können Sie unter www.grillverleih.de für 25 Euro pro Tag mieten. Auf Wunsch wird das fertig gewürzte Fleisch in beliebiger Menge mitangeliefert.

Musik und mehr

Musik darf am Polterabend natürlich nicht fehlen. Denken Sie daran: Eine falsche Musikauswahl kann den Abend ganz schön vermiesen.

iPod als Discjockey

Einen Alleinunterhalter oder eine Band zu engagieren ist nicht gerade kostengünstig. Vielleicht befindet sich unter den Gästen ein Bandmitglied oder DJ. Fragen Sie nach, ob diese zur musikalischen Untermalung des Abends beitragen wollen. Oder erkundigen Sie sich unauffällig nach dem Musikgeschmack des Brautpaares. Vielleicht kennen Sie einen DJ, der bereit ist, einige Sampler in den passenden Musikrichtungen auf CD zu brennen. Dann müssen Sie nur noch für eine gute Anlage sorgen. Oder Sie stellen selbst eine MP3-Auswahl zusammen und spielen diese dann auf der Feier mit einem iPod oder Notebook ab, die Sie mit einer Stereoanlage verbinden. Unter www.itunes.de finden Sie mehr als vier Millionen Songs, unter denen Sie wählen können.

Tipp: Statt die Musikstücke einzeln auszuwählen oder aber den Zufall DJ spielen

zu lassen, sollten Sie lieber vorher ein paar Playlisten erstellen – eine beispielsweise mit den Songs zum Abendessen, eine mit gemäßigteren Songs und dann natürlich die Partyliste mit den echten Krachern.

Witzige Schnappschüsse

Bitten Sie Freunde und Verwandte darum, möglichst viele Bilder mit ihren Digitalkameras und Handys zu machen. Dabei zählt nicht die Perfektion. Vom Polterabend macht man am besten viele witzige Schnappschüsse, die man dann schon am nächsten Tag präsentieren kann.

Legere Kleidung

Hier gilt am ehesten das Motto: Ziehen Sie sich so an, wie es Ihnen gefällt. Die meisten Gäste bevorzugen legere Kleidung. Das Hochzeitspaar sollte ebenfalls nicht allzu sehr von diesem Standard abweichen. Jeans und T-Shirt reichen locker, formell wird's erst bei der Hochzeit.

Essen und Trinken

An diese Dinge sollten Sie in jedem Fall bei der Vorbereitung des Polterabends denken: genügend Besteck, Servietten, Müllbeutel, Behälter für Speisereste, Spülmittel, Handtücher, Flaschenöffner, Putzlappen und Eimer.

Partyservice

Es ist nicht gerade die günstigste Variante, aber die Cateringfirmen liefern auf Wunsch nicht nur Essen, sondern auch Geschirr und sie nehmen dies ungewaschen auch wieder mit. Ein rustikales warmes Polterabend-Buffet kostet ab 10 Euro pro Person (etwa unter www.hoheisels-gastronomie.de). Eine kalte Platte (Antipasti, Käse, Fisch, Aufschnitt oder Gemüse) für 30 Personen kostet im Schnitt ca. 115 Euro (beispielsweise unter www.oliveto-partyservice.de). Canapés bekommen Sie im Schnitt für 1,50 bis 2 Euro pro Stück.
Alternativ dazu können Sie im Lieblingsrestaurant des Brautpaares nachfragen, ob man Ihnen etwas zusammenstellen kann. Vorspeisenplatten, Salatteller, Fleisch- oder Fischplatten, alles ist denkbar. Das Brot können Sie direkt beim Bäcker bestellen. Auch beim Metzger können Sie aus einer großen Auswahl warmer oder kalter Speisen auswählen, die dann auf Wunsch gebracht und verteilt werden. Denken Sie auch hier zusätzlich an genügend Brot und eventuell weitere Salate.

Jeder bringt etwas mit

Bitten Sie in der Einladung oder auf Nachfrage der Gäste um einen Beitrag zum Buffet – schließlich wird die Hochzeit schon genug kosten. Machen Sie eine Liste, was Sie brauchen, und sprechen Sie mit den Gästen ab, wer was mitbringt. Hier einige Vorschläge für Klassiker, die schnell gemacht sind und viele Gäste satt machen:
- Gulasch aus dem Riesentopf
- Chili con Carne
- Würstchen oder Leberkäse mit Kartoffelsalat
- Schmalzbrote oder Mettbrötchen mit Zwiebeln
- Butterkuchen

Die Getränkeauswahl

Das Angebot kann Bier, Wein, Sekt, Bowle, Säfte, Limonaden, Mineralwasser, Tee und Kaffee um-

Buffet selber machen

Mal was anderes als nur Nudel- und Kartoffelsalat? Unter www.marions-kochbuch.de finden Sie viele tolle und außergewöhnliche Partyrezepte für Fingerfood und Antipasti. Und Selbermachen spart auch bei der Verpflegung viel Geld. Hier zwei Highlights, die jeden Polterabend aufpeppen.

Bruschetta mit Tomate
Für 6 Portionen benötigen Sie:
- 500 g Ciabattabrot
- 600 g Fleischtomaten
- 40 g Lauchzwiebeln
- 1 EL Olivenöl
- Oregano, Basilikum, Pfeffer, Salz, Knoblauch

Ciabatta in Scheiben schneiden und auf dem Grill hellbraun rösten. Tomaten schälen und fein würfeln. Lauchzwiebeln in feine Ringe schneiden und mit den Tomaten vermischen. Mit Oregano, Basilikum, Pfeffer und Salz würzen. Die warmen Brotscheiben mit einer halbierten Knoblauchzehe abreiben und mit wenig Olivenöl bestreichen. Tomatenmischung dünn auf die Ciabattascheiben verteilen.

Fruchtige Erdbeerbowle
Für 6 Gläser benötigen Sie:
- 500 g Erdbeeren
- 4 cl Weinbrand
- 1 l Weißwein und 0,75 l Sekt

Frische Erdbeeren abspülen, Blätter entfernen und Erdbeeren abtropfen lassen. Weinbrand zufügen und Erdbeeren kurz ziehen lassen. Gekühlten Weißwein zugießen. Kurz vor dem Servieren mit gut gekühltem, möglichst trockenem Sekt auffüllen.

© David Smith – FOTOLIA

fassen. Kaufen Sie die Getränke auf Kommission und geben Sie die übrig gebliebenen einfach wieder beim Getränkehändler zurück. Organisieren Sie in jedem Fall genügend Wasser, vor allem an warmen Sommertagen.

Schnäpse eignen sich zur Begrüßung und werden gern als Zwischenrunden konsumiert. Hier kommt auch die Korn-Frau zum Zuge. Dabei handelt es sich um die Mutter der Braut oder des Bräutigams, die zu etwas fortgeschrittener Stunde mit vielen Schnapsgläsern und einer Flasche Korn herumgeht. Schön ist auch, wenn sich beide Mütter zusammentun.

Die nötigen Gläser und weitere Utensilien wie Zapfbesteck, Kühlanlage etc. erhalten Sie fast immer bei Ihrem Getränkelieferanten. Bestellen Sie in der Sommerzeit auf jeden Fall frühzeitig, da Zapfbestecke etc. meist nur begrenzt vorhanden und entsprechend schnell ausgebucht sind.

Kleine Dinge, die man oft vergisst

- **Beleuchtung:** Ein bisschen Flackerlicht zum Tanzen ist ein Muss – fragen Sie den DJ oder Freunde, ob sie eine Lichtorgel etc. besitzen.
- **Tanzfläche:** Planen Sie unbedingt eine freie Fläche zum Poltern, Tanzen und für Spiele ein.
- **Poltern:** Achten Sie darauf, dass nichts herumsteht, was kaputtgehen könnte. Stellen Sie einen Behälter für die Scherben bereit und erkundigen Sie sich, wo der Inhalt später entsorgt werden kann.
- **Heizung:** Denken Sie daran, frühzeitig die Heizung anzuschalten.

Katerfrühstück

Der Polterabend ist ein fröhliches und meistens auch ein feuchtfröhliches Fest. Bis zum Morgengrauen wird gefeiert – die Spuren davon sind am nächsten Tag unübersehbar in das blasse Gesicht geschrieben: Hier ein paar Tipps, wie Sie einem Kater vorbeugen können und wie Sie am nächsten Tag wieder so richtig in Schwung kommen.

- Durch eine möglichst fettige Nahrungsgrundlage können Sie Ihren Magen vor dem scharfen Alkohol schützen. Dessen Wirkung wird gedämmt und der Promillewert in verträglicheren Dosen ins Blut abgegeben. Deshalb ist es besonders wichtig, solche Speisen beim Polterabend anzubieten.
- Trinken Sie Wasser – vor, während und nach der Party, das verdünnt die Alkoholkonzentration.
- Durch Alkohol scheidet der Körper vermehrt Flüssigkeit und Mineralstoffe, vor allem Salz, aus. Knabbern Sie deshalb zwischendurch Erdnüsse, Chips, Oliven oder andere fett- und salzreiche Snacks. Für alle, die es gesünder mögen: ein bis zwei Prisen Salz auf der Tomate oder dem Ei vom Tresen reichen aus, um die Salzverluste frühzeitig auszugleichen.
- Bier, Wein, Sekt: Trinken Sie nicht zu viel durcheinander. Süße Drinks haben übrigens ein besonders hohes Katerpotenzial.
- Trinken Sie, bevor Sie sich schlafen legen, unbedingt ein großes Glas Wasser, am besten mit einer aufgelösten Aspirin angereichert.
- Versuchen Sie, relativ zeitig aufzustehen, das belebt den Kreislauf und weckt die Sinne.
- Verwöhnen Sie sich mit einem ausgiebigen Frühstück: Rühreier mit Speck, Vollkornbrot, Müsli und viel frisches Obst regulieren den Salz- und Mineralhaushalt. Vorsicht beim Nutella- oder Marmeladenbrötchen: Zucker verschlimmert den Kater zusätzlich.
- Wenn Sie an den Folgen einer durchzechten Nacht leiden, wird es Ihnen mit der Hang-Over-Box bestimmt gleich viel besser gehen. Einfach mit kaltem Wasser oder Eis füllen und auf die lädierte Körperstelle legen. Preis: ca. 10 Euro. *www.docpresent.de*.

Organisation *Polterabend* | **45**

Kopiervorlage

Checkliste für den Polterabend

Wann wird gefeiert?	
Wo wird gefeiert?	
Mit wie vielen Gästen soll gefeiert werden?	
Wer übernimmt die Einladungen?	
Sind genug Sitzgelegenheiten und Tische vorhanden?	
Welche Dekoration wird gewünscht?	
Wer übernimmt die Dekoration?	
Was soll es zu essen geben?	
Wer bringt welches Essen mit?	
Wer kümmert sich um einen Mitternachtssnack?	
Welche Getränke werden angeboten?	
Wer kümmert sich um die Getränke?	
Welche Musik soll es geben?	
Wer kümmert sich um die Musik und die Musikanlage?	
Wer kümmert sich um die Beleuchtung?	
Wer fotografiert?	
Gibt es eine Tanzfläche?	
Sind gefährdete Gegenstände außer Reichweite gebracht?	
Wie werden die Scherben entsorgt?	
Wer übernimmt die Aufräumarbeiten?	
Wer muss übernachten?	

Vom Poltern & Kehren

Fast überall wird beim Poltern mit viel Krach Porzellan zerschmettert. Doch die Vielzahl der Bräuche, die oft Jahrhunderte zurückreichen, ist viel größer. Ein spannender Ausflug.

Grundlage für den Brauch des Polterns ist, dass man früher glaubte, das Hochzeitspaar sei bis zur Hochzeit von bösen Geistern bedroht, und diese galt es an diesem Abend durch lautstarkes Zerschmettern von altem Porzellan für immer zu vertreiben. Früher vermummten sich sogar die Polterer, um von den Geistern nicht erkannt zu werden.

Alle Gäste schleppen also körbeweise Porzellan (auch Steingut, Blumentöpfe oder Keramikartikel wie Fliesen, Waschbecken und Toilettenschüsseln) zur Feier mit und zerdeppern diese vor dem Brautpaar. Durch das gemeinsame Zusammenfegen der Scherben zeigen Braut und Bräutigam, dass sie auch in Zukunft gut zusammenarbeiten werden. Je größer der Haufen Scherben, desto größer das Glück in der Ehe!

Lange Tradition

Spannend sind aber auch die zahlreichen, oftmals nur regional verbreiteten Bräuche, die am Polterabend zelebriert werden. Hier eine Auswahl.

Hühnerabend & Heanatanz

Früher und in manchen Gegenden auch heute noch wurde der Polterabend „Hühnerabend" genannt. Die Brautleute erhielten jede Menge Federvieh geschenkt, das Geschnatter der Tiere vertrieb die Geister und zudem sorgten die Hühner dann für eine kräftige Hochzeitssuppe. Der Heanatanz (= Hühnertanz) stammt ursprünglich aus Österreich und bedeutete, dass alle Hühner der umliegenden Bauernhöfe in die Stube der Brauteltern gelockt wurden. Da die Hühner als Fruchtbarkeitssymbol galten, wünschte man dem Brautpaar durch diese Geste viele Nachkommen.

Kranz binden

In Norddeutschland schmücken auch heute noch Nachbarn und Verwandte am Abend vor der Hochzeit den Hauseingang des Paares oder der Gaststätte mit liebevoll gebundenen Kränzen. Der Kranz wird selbst gefertigt oder gekauft und mit weißen (Papier-)Blumen dekoriert. Das Anbringen des Kranzes ist Aufgabe der männlichen Nachbarn. Nach dem Anbringen werden die Nachbarn zum Umtrunk eingeladen. Oft wird der Kranz zur Polterabend-Feier mitgenommen und dort an die Tür gebunden. Zum Ende wird ein Kranztanz getanzt. Dabei wird der Kranz von der Tür entfernt und ein Meer von Teelichtern darum dekoriert. Danach Licht aus und zu einem romantischen Lied tanzen!

Extra-Tipp: Poltertabus

Der Polterabend sollte für das Brautpaar ein vergnügliches Fest sein. Übertreiben Sie deshalb nicht mit dem Poltermaterial. Am besten ist immer noch Porzellan. Hier eine kleine Liste, was Sie auf keinen Fall werfen sollten.

- ✗ Bauschutt
- ✗ Papierschnipsel
- ✗ Müll
- ✗ Styroporflips
- ✗ Kronkorken
- ✗ Toilettenpapier
- ✗ Glas
- ✗ Spiegel

Wer fegt?

Im Norddeutschen ist es Brauch, dass der Bräutigam am nächsten Morgen die Scherben wegfegt. Es soll für ihn bedeuten, dass er während der Ehe nicht zum letzten Mal zum Besen gegriffen hat. In anderen Orten bedeutet es, dass er auch in der Zukunft nicht das „Eheruder" aus der Hand gibt. Heute jedoch greift das Brautpaar um des lieben Ehefriedens willen lieber gemeinsam zu Schaufel und Besen.

Kindersturm

Früher war es in vielen Gegenden üblich, dass die Nachbarskinder auf dem Polterabend für viel Lärm und Gepolter sorgten – und nicht nur die Freunde des Brautpaares. Sie kamen in einem großen Haufen angerannt und hatten natürlich eine Menge Spaß bei ihrem Werk. Zum Schluss wurde ihnen ein Stück Kuchen oder Naschwerk als Belohnung überreicht.

Schlamassel

So nannte man den Polterabend in Hessen. Junge Burschen gingen mit Peitschen und Gießkannen durch die Straßen und mussten einen Riesenlärm veranstalten, der zukünftige Missgeschicke vertreiben sollte. Man kann sich denken, dass es zumeist so kam, wie es kommen musste: Der Schlamassel endete in einem großen Trinkgelage.

Baby in Windeln

In Süddeutschland musste der Bräutigam eine ganz besondere Probe bestehen: Am Polterabend wurde ihm von einem jungen Mädchen ein ausgestopftes Wickelkind vor die Füße gelegt. Wenn der Bräutigam errötete, waren sich die Leute sicher, dass er eine heimliche Liebschaft oder sogar uneheliche Kinder hatte.

Folter statt Polter

In Österreich kannte man noch rauere Traditionen: Der Bräutigam wurde am Polterabend an einer Leiter oder einem Leiterwagen angebunden und von Wirtschaft zu Wirtschaft gefahren. Dort musste er dann für alle seine Freunde die Zeche bezahlen. Manchmal wurde dem wehrlosen Bräutigam auch Schnaps oder Bier eingeflößt. Fast noch gemeiner ist es, den Bräutigam in eine Kiste zu stecken und ihn dann zur Wirtschaft zu transportieren. Auch in diesem Fall musste er eine Menge Alkohol trinken und zusätzlich wurde ihm in der engen Kiste oft auch noch schwindelig. Diese Tradition ist also mehr eine Folter für den Bräutigam und für heutige Polterabende nicht mehr besonders nachahmenswert!

Myrtenkranz

Der Myrtenkranz galt mit seinen immergrünen Blättern als Symbol von Segen, Lebenskraft und Jungfräulichkeit – nur die unbescholtene Braut durfte ihn tragen. Früher wurde der Braut genau um Mitternacht ein Myrtenkranz oder Schleier überreicht. Ihre besten Freundinnen hatten hierfür extra Geld gespart. Der Bräutigam erhielt im Gegenzug ebenso feierlich einen Myrten-Anstecker für das Revers seines Anzugs.

Extra-Tipp: Hier finden Sie günstiges Poltergeschirr

Weil das gute Service im Schrank bleiben soll:
- **Kaufhäuser:** In der Porzellanabteilung von Karstadt & Co fallen oft Reste an. Nachfragen!
- **Flohmärkte:** Eine Übersicht über Flohmärkte finden Sie unter *www.flohmarkt.de*.
- **Haushaltsauflösungen:** Passende Kleinanzeigen finden Sie unter *www.markt.de*.
- **Ikea:** Hier finden Sie Tassen schon ab 0,39 Euro pro Stück. *www.ikea.de*.
- **Ebay:** Ein Besuch im weltweit größten Online-Marktplatz lohnt immer. *www.ebay.de*.

© gogi08, Luigi Diamanti – FOTOLIA

Storch und Kinderwagen

Heute gibt es scherzhafte Schmuckformen, die bereits am Polterabend das Hochzeitshaus zieren. Eine Wäscheleine mit Babykleidung über dem Hauseingang oder ein Storch und ein Kinderwagen auf dem Dach des jungen Paares spielen auf die künftige Nachkommenschaft an. Für die Dekoration der Party finden Sie im Internet einen hübschen Klapperstorch aus Holz – ca. 60 cm groß – für ca. 37,00 Euro unter *www.pettys-holzparadies.de*.

Kellentanz

Einer der Höhepunkte des Polterabends war der Kellentanz. Dabei bewaffneten sich die Gäste mit Töpfen und Deckeln und marschierten lärmend durch die Wohnung des Brautpaares. Dies sollte die bösen Geister vertreiben.

Trostpuppe

Zerbrochene Verhältnisse des heiratenden Paares wurden in einigen Regionen durch Trostpuppen und Spottgedichte von der Dorfjugend offenkundig gemacht. Vor dem Haus einer ehemaligen Liebschaft des Bräutigams oder der Braut hissten die Junggesellen in der Nacht vor der Trauung eine Strohfigur an einem Mast. Kaafspuren (so nannte man die Spuren aus Spreu oder Kalk) führten von der Puppe zur Haustür der verlassenen Liebschaft oder verbanden die Häuser einstiger Liebespaare. Mit Rügebräuchen dieser Art bestrafte die Dorfgemeinschaft von der Norm abweichendes Verhalten.

Eselshochzeit

Mancherorts wird ein geiziger Bräutigam, der die eigentlich übliche Ablöse an den Junggesellenverein nicht zahlt, von der Dorfjustiz mit einer Eselshochzeit bestraft. Dabei ahmt die Dorfjugend den Ablauf einer standesamtlichen Trauung und Elemente einer dörflichen Hochzeit nach. Die Junggesellen verkörpern alle an der Hochzeitszeremonie beteiligten Personen. Das als Esel verkleidete „Paar" gibt sich anstelle des Jawortes ein laut jammerndes „Iah".

Brot und Salz

Nach der Trauung wird dem Brautpaar durch Verwandte oder Freunde eine Scheibe trockenes Brot gereicht, welches mit Salz bestreut ist. Dazu gibt es ein Glas Wasser. Das Paar muss sich beides teilen. Die Braut wirft später das Glas über ihren Kopf nach hinten und es sollte zerschellen. Der tiefere Sinn, der dahintersteht: Brot und Wasser sollte man sich im gemeinsamen Leben teilen und die Scherben, die Glück bringen sollen, dürfen auch nicht fehlen.

Brot und Salz können auch vor der Kirche gereicht werden. Allerdings stellt sich die Frage, ob die Geschichte mit dem Glas und den Scherben an diesem Platz unbedingt gut aufgehoben ist: Der Wohlstand in diesem Hause möge nie ausgehen! Das ist eigentlich der Grundgedanke dieses schönen Rituals.

Andere Länder, andere Sitten

Ungarn: Einen Polterabend gibt es hier nicht. Porzellan wird dennoch zerschlagen, und zwar gegen Ende der Hochzeitsfeier.

Tschechien: Der Polterabend findet etwa eine Woche vor der Hochzeit statt. Zur Feier treffen sich Brautpaar, Freunde und Familien des Brautpaars in einer Dorfkneipe oder einem Weinkeller. Die Mutter des Bräutigams bringt selbst gemachtes Gulasch. Man trinkt Bier und Sliwowitz. Die Frauen singen fröhliche Lieder, begleitet von einem Ziehharmonika-Musiker. Die Männer schweigen und genießen diese Vorstellung.

Ganz schön garstig

Der hinterhältige Gast gibt sich nicht damit zufrieden, dass das Brautpaar den riesigen Scherbenhaufen ganz allein beseitigen muss. So macht er ihm das Leben extra schwer:

Besen-Attacken

• Der Besensäger: Er versucht, das Scherbenfegen zu erschweren, und sägt den Besen auf halber Höhe des Stiels an. Wenn es knackt, muss das Brautpaar in gebückter Haltung weiterkehren.
• Gelenkbesen: Der Besen wird im Voraus auseinandergesägt und dann mit einem flexiblen Gelenk wieder zusammengeschraubt.
• Der Container-Umkipper: Das Paar hat es fast geschafft, nur noch ein paar vereinzelte Stückchen – und der Hof ist scherbenfrei. Jetzt kommt der besagte Zeitgenosse und kippt den Glascontainer einfach um. Und dann geht's wohl oder übel von vorne los. Manch schlaue Brautpaare haben einen Container mit Deckel zum Absperren, damit er nach dem Kehren nicht wieder ausgeleert werden kann. Noch schlauere Gäste haben allerdings ein Schloss dabei und machen den Container während des Kehrens dicht, damit das Paar die Scherben erst gar nicht reinbekommt.
• Der Hindernisläufer: Er verirrt sich in dem Scherbenhaufen und verteilt wieder alles, was soeben sauber zusammengekehrt wurde.
• Der Besendieb: Er stibitzt dem Brautpaar einfach den Besen. Schlaue Paare haben allerdings immer einen Ersatzbesen zur Hand.
• Der Überraschungseffekt: Man lässt das Paar kehren, und wenn die beiden nach getaner Arbeit erschöpft einen Drink genehmigen wollen, dann zaubert man noch mal zwei Teller hervor.

Das zerbrochene Geschenk

Verpacken Sie das Geschirr zum Poltern wie ein riesengroßes Geschenk. Beim Überreichen an das Brautpaar lassen Sie es dann so fallen, dass die beiden denken, sie sind zu ungeschickt gewesen. Der Schreck wird riesengroß sein.

Hosen-Verbrennung

Der Polterabend endet mit dem Verbrennen und der feierlichen Bestattung der Hose des Bräutigams. Dieser Brauch soll dazu dienen, dass er später nicht fremdgeht. Sagen Sie dem Bräutigam aber fairerweise vorab, dass er an dem Abend eine alte Hose tragen oder eine Ersatzhose mitbringen soll.

Die Teilnehmer des Rituals

• **Verkleidete Mönche:** Sie führen eine kleine feierliche Prozession aus Gästen des Polterabends mit leisem Gemurmel an.
• **Eine mutige Frau:** Sie darf den Bräutigam als Letzte berühren, um ihm die Hose auszuziehen. Idealerweise kommt hierfür eine nahe Verwandte des Bräutigams in Frage.
• **Ein kleines Lagerfeuer:** In dem ebenjene Hose verbrannt wird, was den neuen Lebensabschnitt für den Mann einläutet, der fortan nur noch seine Frau anfassen darf. Reichen Sie ihm dann das Streichholz zum Verbrennen der Junggesellenhose.
Die Männer ziehen der Braut übrigens den BH (!) aus, der ebenfalls verbrannt wird. Ihre Schuhe werden zudem an die nächste Wand genagelt, damit sie in der Ehe auch nicht weglaufen kann.
• **Ein kleines Erdloch:** Die Überreste von BH und Hose werden zusammen mit einer Flasche Schnaps vergraben. Nach genau einem Jahr ziehen die Beteiligten wieder los, graben die Flasche aus und trinken sie gemeinsam aus.

© Antoine Gervereau – FOTOLIA

Spiele und Aktionen

Wer wird Millionär? Wer soll dein Herzblatt sein? Wer küsst den Froschkönig?
Lustige Spiele garantieren einen fröhlichen und ausgelassenen Polterabend.

Einfach nur so zusammenzusitzen und zu trinken, das mag ja an anderen Abenden genügen. Am Polterabend reicht das nicht. Richtig lustig wird es mit vergnüglichen Spielen, die die Stimmung zum Kochen bringen und vielleicht die erste Verkrampftheit des gemischten Publikums lösen. Hier eine Auswahl.

Spiele mit allen Gästen

Zwar steht das Brautpaar im Mittelpunkt, doch sind Spiele aller Polterabend-Teilnehmer zusammen besser, als einfach nur Zuschauer zu sein.

Das Päckchenspiel

Dieses Spiel eignet sich sehr gut, damit die Gäste sich untereinander besser kennen lernen. Verpacken Sie ein Paket mit beliebigem Inhalt. Beispielsweise können Sie alles verpacken, was man für einen romantischen Abend in der Badewanne braucht: Badeperlen, Schwamm, eine Badeente, eine Flasche Sekt und viele Kerzen.

Zum Paket gehört ein Begleitschreiben, das ein Moderator laut vorliest, während das Paket von Gast zu Gast wandert. Erst zum Schluss erreicht es das Brautpaar. Hier Textvorschläge:

- Lieber XX (erster Gast), bist Du im Leben auch oft sehr schlau, gib das Päckchen zum Öffnen lieber der am nächsten neben Dir sitzenden Frau.
- Nun ist das Päckchen in Deinen Händen, Du darfst es aber nicht drehen und wenden, denn es gehört leider nicht Dir! Gib es dem Herrn, der am weitesten sitzt von Dir.
- Schau es an und zeige Schneid, gib das Päckchen der Frau mit dem schönsten Kleid.
- Dein Kleid ist sehr hübsch und auch sehr fein, aber das Päckchen ist auch nicht Dein. Gib es jedoch nicht Deiner Base, sondern dem Herrn mit der größten Nase.
- Die größte Nase hast Du sicher nicht, denn gemessen hat die Dame nicht. Damit Du durch das Päckchen hast keinen Schaden, gib es der Frau mit den schönsten Waden.
- Du hast wirklich hübsche Waden und schöne Beine hast Du auch, drum gib das Päckchen dem Mann mit dem größten Bauch.
- Billig war Dein Bäuchlein sicherlich nicht, darum stell Dich ruhig mal ins Licht, und dann gib das Päckchen weiter auf Tour, und bring es der Frau mit der schönsten Frisur.
- Wenn Du auch bist sehr bescheiden, um Deine Frisur kann man Dich wirklich beneiden. Doch das Päckchen ist immer noch nicht am Platze, bring es dem Herrn mit der größten Glatze.
- Die Glatze ist eine große Ehr, sie kommt sicher vom vielen Denken her. Aber heute lass das Denken sein und bring das Päckchen dem Mägdelein mit den schönsten und feurigsten Äugelein.
- Feurige und schöne Augen sind wirklich ein Genuss, gib zum Dank dem Herrn mit der Glatze einen kräftigen Kuss. Doch leider muss das Päckchen immer noch wandern, gib es dem größten Herrn von allen andern.
- Bist Du der Größte oder nur der Längste? Dann wäre es wohl ein Fall von „Denks-

te". Doch nun wird es dem Brautpaar bald zu viel, drum bringe ihnen rasch das Päckchen und beende das Spiel.
- Nun liebes Brautpaar, jetzt dürft Ihr es behalten und über den Inhalt ganz alleine walten. Was wird es wohl sein? Der Inhalt ist für Euch allein! Nachdem das Päckchen ausgepackt wurde, legen Sie das Lieblingsliebeslied des Brautpaars auf und das Paar tanzt gemeinsam vor allen Gästen. Falls Sie das Lieblingslied nicht kennen, bietet sich „Liebe ist so wie du bist" von Nena für einen romantischen Tanz an.

Polter sucht Geist

In diesem Spiel geht es darum, die Gäste zum Tanzen zu bringen, und zwar nicht nur mit dem eigenen Partner. Sie müssen jedoch ein bisschen Zeit in die Vorbereitung investieren und pro Gästepaar zwei Zettel mit passenden Begriffen vorbereiten, beispielsweise folgende:
- Polter und Geist
- Ehe und Ring
- Scherben und Haufen
- Ja und Wort
- Flitter und Wochen
- Standes und Amt
- Ehe und Hafen

Jeder Gast erhält einen Zettel und wird auf die Tanzfläche gebeten. Nun geht es darum, durch Abklatschen den richtigen Tanzpartner mit dem passenden Begriff zu finden. Immer wenn die Musik stoppt, darf abgeklatscht werden. Verloren hat, wer bis zum Schluss der Tanzrunde nicht den passenden Partner gefunden hat.

Das verflixte siebte Jahr

Was ist in sieben Jahren? Mal schauen, was die Poltergäste für gute Tipps geben. Nehmen Sie eine Holzkiste, ein paar gute Flaschen lagerfähigen Rotwein, ein kleines schönes Buch mit weißen Seiten und Stifte.
Lassen Sie während der Feier alle Ehepaare mit mindestens sieben Jahren Erfahrung Tipps, Ratschläge oder Geschichten in das Buch schreiben.

Polterabend-Feuerwerk wie an Silvester

Unter dem Jahr dürfen Privatpersonen nur Feuerwerkskörper abbrennen, die lange nicht so spektakulär sind wie die meisten Silvesterraketen. Für besondere Anlässe, wie Hochzeiten, ist es jedoch möglich, eine Ausnahmegenehmigung zu beantragen. Der Antrag muss mehrere Wochen vor dem Termin beim Ordnungsamt eingereicht werden. Sollte es knapp werden, sind die meisten Ämter durchaus kooperativ. Ein Anruf oder persönliches Erscheinen, neben der Abgabe des Antrages, sind von Vorteil. Den Vordruck für einen Antrag können Sie sich unter www.pyroweb.de downloaden.

Das Piccolo-Programm

Unter www.pyroweb.de können Sie viele Boden- und Höhenfeuerwerke kaufen. Bei der Auswahl des richtigen Feuerwerks hilft Ihnen der „Feuerwerk-Assistent". Das Piccolo-Programm für ca. 100 Euro ist beispielsweise ein kleiner Feuertraum mit 564 Effekten. Dauer: ca. 5 Minuten.
- 3 große Silbervulkane
- 180 Silberkometen
- 64 Farbfeuersäulen
- 32 Blitzknallsalven mit Farbfunkenbuketts
- 10 riesige kreisrunde Profieffekte
- 300 Farbfeuersterne mit Crackling-Variation
- 25 Colorbuketts
- 50 traumhaft schöne Goldweiden

Schnee statt Scherben

Große Überraschung: Statt einen Haufen Geschirr bringen Sie dem Brautpaar doch einfach einen Berg Schnee mit. Das geht auch bei 30 Grad im Schatten.

Wie wäre es mal mit einer anderen Art von Poltern? Sie bereiten das Brautpaar darauf vor, dass gleich ein Lkw voller Geschirr kommen wird, und verbinden den beiden die Augen. Dann erscheint mit lautem Hupen der Laster. Das Paar hört, wie die Lädefläche hochgeht und – steht bis zu den Knien im Schnee.

Schnee kaufen

Unglaublich, aber wahr: Schnee kann man tatsächlich kaufen! Egal, ob Sie eine Badewanne voll Schnee benötigen oder einen ganzen Garten in Weiß hüllen wollen. Der Schnee stammt aus Skihallen. Er wird von dort aus verladen und direkt zu Ihnen nach Hause gefahren. Für eine Badewanne voll Schnee benötigen Sie maximal einen halben Kubikmeter. Der Preis pro Kubikmeter liegt etwa bei 40 Euro.
- **alpincenter** 46238 Bottrop, www.alpincenter.com,
- **Jever Skihalle** 41472 Neuss, www.allrounder.de,
- **Snowtropolis** 01968 Hörlitz, www.snowtropolis.de,
- **Snow Funpark** 19243 Wittenburg, www.snowfunpark.com,
- **Snow Dome:** 29646 Bispingen, www.snow-dome.de.

Schneemaschine mieten

Alternativ kann man Schneemaschinen auch mieten und so seinen Bedarf an Schnee vor Ort produzieren. Das geht zum Beispiel unter www.eventeffects.de. Die Maschinen besitzen einen 5-Liter-Tank. Damit werden im Dauerbetrieb Schneeflocken produziert. Mietpreis pro Event: ca. 70 Euro (inklusive 5 Liter Fluid).

Riesenspaß: **Eine Schneeballschlacht mitten im Garten, und das im Hochsommer!**

Ist alles in der Kiste verstaut, wird diese mit einem Schloss verriegelt und erst am siebten Hochzeitstag wieder geöffnet.

Dingsda

Dieses Spiel ist der gleichnamigen Fernsehshow nachempfunden und bindet die kleinen Gäste des Polterabends mit ein. Jeweils drei Kinderpaare erklären dem Brautpaar und den Gästen verschiedene Begriffe. Die haben natürlich alle mit dem Thema Hochzeit zu tun, wie beispielsweise Brautstrauß, Ehering, Standesamt, Hochzeitskutsche, Blumenkinder. Die Aufgabe des Publikums ist, diese richtig zu erraten!

Das Nudelholzspiel

Alle Männer der Poltergesellschaft stellen sich nebeneinander auf eine Seite. Auf der anderen Seite stellen sich alle Frauen nebeneinander auf. Nach Möglichkeit sollten sich gleich viele Frauen wie Männer gegenüberstehen. Danach nimmt der erste Mann ein Nudelholz zwischen die Beine und so muss er nun zur ersten Frau in der Reihe wackeln und ihr das Nudelholz zwischen die Knie bugsieren – ohne Handberührung! Die Frau, die das Holz übernommen hat, gibt es dem nächsten Mann weiter. So geht's dann weiter bis zur letzten Frau. Dazu spielt Musik. Wer das Nudelholz verliert, der tanzt im Anschluss gemeinsam mit seinem Gegenüber.

Die Aussteuer

Der frühere Brauch des „Brauteinkaufens" stammt ursprünglich aus der Schweiz. Bei der modernen Variante verteilen Sie an alle Poltergäste Zettel mit folgendem Inhalt: „Da Braut und Bräutigam mit der Vorbereitung ihrer Hochzeit viel Stress haben, möchten wir dafür sorgen, dass es ihnen im Haushalt an nichts fehlt. Deshalb bitten wir Euch, Folgendes mit ein paar netten Grüßen per Post an die Adresse des Brautpaares zu schicken."

Nun wird ein Gegenstand genannt, den man im Haushalt immer braucht. Hier einige Ideen: Nudeln, Düngestäbchen, Teelichter, Nähgarn, Magnesiumtabletten, Nüsse, Paradies-Creme, Briefumschläge, Tempos, Kerzen, Kaffee-Filtertüten, Spültücher, Streichhölzer, Hansaplast, Oregano, Kamillentee, Reis, Puderzucker, Nutella, Backpulver, Knoblauchsalz, Vanillezucker, Tütchensuppen, Gummibärchen, Mausefalle, Tomatenmark ... Jeder Gast soll zu seinem bestimmten Termin mit dem Absender „Verein für bedürftige Brautpaare" ein möglichst großes Päckchen an das Brautpaar schicken. So erhält das Paar fast täglich Post oder muss Pakete holen. Oft bekommt das Brautpaar so bis zu zwei Monate lang täglich Päckchen.

Die Märchenhochzeit

Geben Sie dem Motto „Märchenhochzeit" eine ganz neue – oder seine eigentliche – Bedeutung! In Anlehnung an die Gebrüder Grimm muss das Paar einige Aufgaben lösen, schließlich wollen sie ja auch eine märchenhafte Hochzeit feiern und das muss erst mal redlich verdient werden.

- Märchen-Raten – Rumpelstilzchen: Bereiten Sie auf einem Blatt Papier einen Begriff vor, indem Sie den Namen des Märchens in die einzelnen Positionen der 26 Buchstaben im Alphabet umrechnen. In unserem Fall: 18 – 21 – 13 – 16 – 5 – 12 – 19 – 20 – 9 – 12 – 26 – 3 – 8 – 5 – 14. Das Brautpaar muss das Rätsel nun lösen, und sobald das Märchen erraten ist, wird der Bräutigam selbst zum Rumpelstilzchen gemacht. Mit Filzhut bewaffnet, tanzt er um ein Lagerfeuer (im Notfall auch einen Grill) herum und sagt dabei immerzu sein Sprüchlein auf: „Heute back ich, morgen brau ich und übermorgen hol ich der Königin ihr Kind." Die Braut muss währenddessen die entsprechenden Utensilien besorgen: ein Brot, ein Glas Bier und eine Puppe von der Königin (dargestellt von der Schwiegermutter).
- Zwergen-Polonaise – Schneewittchen: Bereiten Sie ein Blatt vor, auf dem in der falschen Buchsta-

ben-Reihenfolge der Begriff steht, etwa „ewsnehctenthci". Sobald das Märchen erraten wurde, muss das Paar sieben Zwerge organisieren, die mit Zipfelmütze und (Watte-)Bärten ausgestattet werden. Jeder Zwerg muss einen Satz aufsagen, was Schneewittchen mit seinem Bett, Tellerchen etc. gemacht hat. Danach bilden die sieben eine Polonaise und singen den Zwergenmarsch: „He, Zwerge, he, Zwerge, he, Zwerge, ho. He, Zwerge, he, Zwerge, go, go, go! He, Zwerge, he Zwerge, he, Zwerge, ho! He Zwerge, he, Zwerge: go, go, go!"

• Traumprinz finden – Der Froschkönig: Geben Sie einem beliebigen Gast ein leeres Blatt Papier und flüstern Sie ihm das Märchen ins Ohr. Der Gast muss versuchen, das Märchen zu malen, so dass das Brautpaar es errät. Anschließend muss die Braut mit einem Ball in einen Eimer Wasser zielen. Sobald sie getroffen hat, werden ihr die Augen verbunden. Nun suchen Sie ca. zehn männliche Gäste aus, die sich nebeneinander vor die Braut stellen, denn die Königstocher muss ja erst herausfinden, welcher Frosch ihr wahrer König ist. Dies versucht sie, zuerst durch das Abtasten der Ohren der zehn Anwärter herauszufinden. Falls dies noch nicht geklappt hat, müssen die zehn Königsanwärter hintereinander noch laut quaken. Sobald die Braut ihren König identifiziert hat, kann sie ihn mit einem Kuss erlösen.

Die Märchenstunde lässt sich mit den verschiedensten Märchen variieren. Falls Sie auf der Suche nach einem schönen Märchen sind, versuchen Sie es hier: *www.internet-maerchen.de*.

Geld und Freundschaft

Für dieses Spiel benötigen Sie nur einen Hut, der anhand eines Gedichtes quer durch die Polterabendgäste wandert. Während des Gedichtes freut sich das Brautpaar schon auf ein schönes zusätzliches Hochzeitsbudget, doch am Ende bleibt nur ein Cent im Hut. Achten Sie darauf, dass auch die Gäste das Geld wieder herausnehmen, die es vorher hineingelegt haben. Sie können auch Wörter des Gedichtes austauschen oder ein eigenes Gedicht erstellen.

Tipp: Mithilfe einer Reimemaschine können Sie ganz einfach eigene Gedichte, Reime und Verse schreiben. *www.reimemaschine.de*.

• + 1 Cent: Angereist aus nah und fern, kamen wir sehr gern hierher. Wir wollen diesen Cent Euch geben und kräftig einen darauf heben.

• + 10 Cent: Ein Cent macht noch nicht so viel her, 10 Cents dafür umso mehr.

• + 50 Cent: Nach so viel Jahren Lebenszeit seid Ihr endlich auch zu zweit. Dazu braucht Ihr Geld und Glück, drum geben wir dies 50-Cent-Stück.

• + 1 Euro: Für das Brautpaar geben wir gern und viel, deshalb kommt dieser Euro mit ins Spiel.

• + 5 Euro: Eine Hochzeit, das weiß jedermann, manchmal auch recht teuer werden kann. Es kommen Freunde und Verwandte und auch noch ganz andere Bekannte. So geben wir einen Heiermann, damit jeder kräftig feiern kann.

• + 10 Euro: Ja selbst die kleinste Gaukelei verschlingt viel Geld so nebenbei. Das Sektglas soll gefüllt sein, drum geben wir einen Zehner rein.

• + 50 Euro: Gewänder, Fuhrpark, große Reisen, das wird künftig viel Geld verschleißen. Darum wollen wir heute nicht eigennützig sein und werfen diesen 50-Euro-Schein hinein.

• + 100 Euro: Flitterwochen müssen sein, doch reißen sie ein Loch in den Beutel rein. Deshalb muss ein Hunnie her, damit fällt das Reisen nicht so schwer.

• – 100 Euro: Doch auch wir wolln in die Ferne und reisen tun wir auch ganz gerne. Im Lotto haben wir aber leider nicht gewonnen, drum wird der Hunnie wieder rausgenommen.

• – 50 Euro: Und auch wir wollen uns mal was leisten können und uns richtig schön was gönnen. Wir wollen uns gar nicht mit Euch hauen, sondern deshalb einfach nur den Fuffi klaun.

• – 10 Euro: Auch wir wolln mal nach Höherem streben und gehen gern einen heben. Drum neh-

Der Polter-Rummelplatz

Ein Kinderkarussell, eine Popcorn-Maschine, eine Peperoni zum Reiten: Mit ungewöhnlichen Attraktionen wird der Polterabend zum unvergesslichen Event.

- **Wettnageln:** Hier ist Treffsicherheit gefragt! Die Gäste müssen einen Nagel mit so wenig Schlägen wie möglich in den Balken versenken. Sie brauchen dazu einen Balken, einen Hammer und viele große Nägel.
- **Wurfbude:** Wer alle Dosen auf einmal umschießt, hat gewonnen. Sie brauchen dazu einen Tisch, der vor einer Wand steht, zehn Dosen und einige Tennis- oder Softbälle zum Werfen.
- **Hüpfburg:** Lokomotive, Zirkuszelt, Beachparty, Fußball, Feuerwehr, Schloss – das alles gibt's zum Hüpfen, Spielen und Spaßhaben. Mietpreis: ab 75 Euro. www.fun-aktion.de.
- **Aufblasbares Fußballtor:** Für professionellen Kicker-Spaß. Zu kaufen unter www.sport-hobby-freizeit.de. Preis: ca. 19 Euro.
- **Popcorn-Maschine:** Inklusive Zutaten und Tüten für 300 Personen zu mieten: ab 115 Euro pro Tag. www.royalforevents-gmbh.de.
- **Seifenblasenmaschine:** Bunt schillernde Seifenblasen regnen auf die Gäste herab. Mietpreis: ab 14 Euro. www.karaokeladen.de.
- **Nostalgie-Karussell:** Mit drei Plätzen. Auch mit Münzbetrieb bedienbar. Mietpreis: ca. 250 Euro, zu mieten bei www.ertl-karussell-land.de.
- **Pep-Riding:** Nicht ganz billig, aber ein echtes Highlight. Die Alternative zum Bullriding. Wer auf heiße Sachen steht, sollte den Ritt auf der Peperoni nicht verpassen. Mietpreis: ca. 590 Euro. www.royalforevents-gmbh.de.

Hüpfburgen: Zu mieten in verschiedenen Ausführungen unter www.fun-aktion.de.

men wir uns diesen Schein, den wir eben gaben in den Hut hinein.
- – 5 Euro: Wir haben uns mal umgeschaut, (Name Bräutigam), Du hast Wohnung, Auto, Braut. Uns aber fehlt es noch daran, drum nehmen wir den Heiermann.
- – 1 Euro: Ich bin auch kein Kümmerling und nehm mir meinen Silberling.
- – 50 Cent: Nicht kaufen kann man Liebe und Glück, drum nehmen wir die 50 Cent zurück.
- – 10 Cent: Mit 10 Cents gibts nichts zu kaufen, da brauchen wir uns gar nicht darum raufen.
- – 1 Cent: Und wer den Groschen nicht ehrt, ist des Cents sowieso nicht wert.
- Doch wir wollen mal nicht so sein und tun einen Cent fürs Glück wieder herein. Nun ist der Hut fast wieder leer, doch unsere Freundschaft zählt ja auch viel mehr. Denn die kann man auch für viel Geld nicht kaufen und sie soll auch weiterhin so reibungslos verlaufen. Drum lasst uns auf unsere Freundschaft trinken und danach im Liebesglück versinken. Zum Abschluss fehlt dann nur noch eins: Unser Brautpaar lebe hoch!

Spiele mit dem Brautpaar

Nach den Lockerungsspielen mit allen Gästen richtet sich das Augenmerk wieder auf die eigentlichen Hauptpersonen: Braut und Bräutigam bekommen ihren ganz persönlichen Auftritt auf der Showbühne. Und zwar so:

Wer wird Millionär?

Das beliebte Fernsehquiz können Sie auch auf dem Polterabend spielen. Natürlich kommen alle Fragen aus dem Themenbereich Liebe und Ehe. Die Fragen mit den vier Antwortmöglichkeiten notieren Sie auf einzelnen Flipchartblättern. Einen Flipchart-Block mit 20 Blättern gibt es bei www.lms.de für ca. 5,40 Euro. Die einzelnen Joker können Sie aus Pappe basteln. Sie benötigen einen 50/50-Joker (zwei falsche Antworten weggenommen), einen Telefonjoker (der Kandidat darf einen der Gäste befragen) und den Publikumsjoker (die Gäste stimmen per Handzeichen ab). Wie im richtigen Spiel darf jeder Joker nur einmal verwendet werden. Der Kandidat ist natürlich entweder das Brautpaar gemeinsam oder Braut und Bräutigam einzeln.

Hier einige Vorschläge für Fragen. Die richtige Antwort finden Sie in der Klammer:
- Frage 1 (50 Euro): Was darf beim Polterabend nie zertrümmert werden? a) Waschbecken b) Spiegel c) Teller d) Tassen (Richtige Antwort: b)
- Frage 2 (100 Euro): Was bindet man als Glücksbringer an das Brautauto? a) Luftschlangen b) Sandsäcke c) leere Konservenbüchsen d) leere Sektflaschen (Richtige Antwort: c)
- Frage 3 (200 Euro): Welche Blume ist das Symbol der Liebe? a) Rose b) Vergissmeinnicht b) Lilie d) Sonnenblume (Richtige Antwort: a)
- Frage 4 (300 Euro): Welche Aufgabe haben Brautjungfern? a) Bräutigam verführen b) Taschentuch bereithalten c) Geister ablenken d) Brautkleid nähen (Richtige Antwort: c)
- Frage 5 (500 Euro): Kann man in Deutschland kirchlich heiraten, ohne standesamtlich verheiratet zu sein? a) ja b) nein c) ist egal d) die Reihenfolge ist egal (Richtige Antwort: a)
- Frage 6 (1000 Euro): Nach wie vielen Jahren wird die Porzellanhochzeit gefeiert? a) 2 Jahre b) 10 Jahre c) 20 Jahre d) 50 Jahre (Richtige Antwort: c)
- Frage 7 (2000 Euro): Welcher der folgenden Sätze bedeutet nicht: „Ich liebe dich"? a) Como te jamas, b) Je t'aime, c) Ti amo, d) I love you. (Richtige Antwort: a)
- Frage 8 (4000 Euro): Wie heißt das Liebespaar im Film „Vom Winde verweht"? a) Melanie & Ashley c) Ilsa & Rick c) Scarlett & Rhett d) Melanie & Rhett (Richtige Antwort: c)

Schöne Spiele für Kinder

Am Polterabend nehmen meist auch Kinder teil. Da ist es gut zu wissen, wie man die kleinen Gäste mit Spieleinlagen beschäftigen kann.

Wollewickeln: Wickeln Sie kleine Süßigkeiten in einen großen Wollknäuel ein. Dieser wird in eine Glasschüssel gelegt. Dann wird reihum gewürfelt. Wer eine 6 hat, muss sich Mütze, Schal und Handschuhe anziehen und darf anfangen, die heraushängende Wolle aufzuwickeln. Das, was herausfällt, bekommt das Kind. Die anderen müssen weiterwürfeln. Bei der nächsten 6 kommt der nächste Spieler dran.

Pappdeckel-Wettlauf: Zwei Kinder stehen mit zwei Pappdeckeln an der Startlinie. Beim Startsignal muss erst der eine Deckel auf die Erde gelegt werden und der Spieler stellt ein Bein darauf. Nun ist der zweite Deckel dran und im Wechsel muss der Spieler nach hinten greifen, um den anderen Deckel zu holen und so wieder mit dem anderen Bein daraufzustehen.

Topfschlagen: Ein Topf wird im Zimmer versteckt, darunter liegt eine süße Kleinigkeit. Einem Kind werden die Augen verbunden und es bekommt einen Kochlöffel in die Hand. Dann muss das Kind den Topf suchen. Wenn es den Topf findet, muss das Kind mit dem Löffel auf den Topf schlagen. Die anderen Kinder feuern es an und dirigieren mit „heiß" oder „kalt" seinen Weg durchs Zimmer.

Luftballontanz: Die Kinder stehen sich paarweise mit dem Gesicht gegenüber. Zwischen ihre Bäuche klemmen Sie einen Luftballon. Nun müssen die Kinder zusammen tanzen, ohne den Ballon zu verlieren. Gewonnen hat das Kinderpaar, welches den Ballon am längsten zwischen den Bäuchen halten konnte.

Wattepusten: Setzen Sie die Kinder an einen Tisch mit einer möglichst glatten Oberfläche. In die Mitte des Tisches legen Sie ein Wattebällchen. Die Kinder müssen das Wattebällchen in die Richtung der anderen Kinder pusten und gleichzeitig darauf achten, dass es nicht auf den Boden fällt. Wem es doch runterfällt, der muss ein Pfand abgeben!

Luftballonkorb: Jedes Kind bekommt einen aufgeblasenen Luftballon und einen Kochlöffel. In der Mitte des Raumes steht ein Korb. Nun muss jeder versuchen, seinen Ballon mithilfe des Kochlöffels in den Korb zu bekommen, und gleichzeitig die anderen daran hindern, ihren Ballon reinzubekommen.

- Frage 9 (8000 Euro): Wann haben Prinz Charles und Camilla Parker Bowles geheiratet? a) 1889 b) 1960 c) gar nicht d) 2005 (Richtige Antwort: d)
- Frage 10 (16 000 Euro): Aus welcher Wagner-Oper stammt der „Hochzeitsmarsch"? a) Tristan und Isolde b) Lohengrin c) Der Fliegende Holländer d) Das Liebesverbot (Richtige Antwort: b)
- Frage 11 (32 000 Euro): Welcher Edelstein im Ehering steht für die Unzerstörbarkeit der Liebe? a) Aquamarin b) Diamant c) Rubin d) Perlen (Richtige Antwort: b)
- Frage 12 (64 000 Euro): Was bedeutet der Begriff „Honeymoon"? a) Flitterwochen b) Hochzeitsnacht c) Geburt des ersten Kindes d) Tag des Kennenlernens (Richtige Antwort: a)
- Frage 13 (125 000 Euro): Wo steht der höchste Kirchturm der Welt? a) Rom b) Paris c) Sankt Petersburg d) Ulm (Richtige Antwort: d)
- Frage 14 (500 000 Euro): Wie oft schlägt das menschliche Herz durchschnittlich am Tag? a) 1000 Mal b) 10 000 Mal c) 100 000 Mal d) 1 Million Mal (Richtige Antwort: c)
- Frage 15 (1 Mio. Euro): Woher kommt der Valentinstag? a) Vom engl. Wort „valentine" b) Von der heiligen Valentina c) Vom Bischof Valentin, der heimlich Paare traute d) Von den Volksfest-Lebkuchenherzen (Richtige Antwort: c)

Spiele ohne Grenzen

Bei diesem Spiel muss die Braut mit ihrer weiblichen Mannschaft gegen den Bräutigam mit seiner männlichen Mannschaft bei diversen Geschicklichkeitsspielen antreten. Zuerst wählen Braut und Bräutigam jeweils drei weitere Teammitglieder aus. Dann treten die Teams in verschiedenen Disziplinen gegeneinander an. Wer kann am schnellsten:
- einen Nagel in einen Holzbalken schlagen?
- einem Gast eine Krawatte umbinden?
- eine Bierflasche mit dem Feuerzeug öffnen?
- einen Knopf annähen?
- ein Hemd schön zusammenlegen?
- die längste Apfelschale am Stück abschälen?

Das Publikum entscheidet jeweils durch Klatschen über den Sieger der Disziplinen.

Extra-Aktionen

Videos, Ballons oder ein Lkw: Diese Extras sind das Salz in der Suppe. Hier einige überraschende Aktionen, an die sich das Brautpaar und die Polterabendgäste sicher noch lange erinnern.

Junggesellen-Review

Haben Sie mit Braut und Bräutigam einen tollen Junggesellenabschied erlebt? Dann gibt es bestimmt jede Menge Fotomaterial und Geschichten dazu. Erstellen Sie eine Diashow oder eine Powerpoint-Präsentation mit den schönsten Aufnahmen. Dazu wird die passende Musik unterlegt und spitze Kommentare als Text eingeblendet. Achten Sie darauf, dass die Show nicht länger als etwa zehn Minuten ist, sonst kann es für die Gäste zu langatmig und ermüdend werden.

Luftballons steigen lassen

Obwohl bei Umweltschützern und Bauern aufgrund der nicht von der Hand zu weisenden Umweltverschmutzung inzwischen stark in Verruf geraten, werden nach wie vor gern Luftballons mit einer Karte in den Himmel geschickt. Auf der Karte wird ein kurzer Spruch vermerkt („Heute feiern X und Y ihren Polterabend und würden sich freuen, wenn Sie einen kurzen Gruß an das Brautpaar schicken könnten. Die Adresse lautet: XYZ"). Dann erhält jeder Gast einen Ballon und

schreibt seinen Namen auf das Kärtchen. Der Luftballon, der die weiteste Strecke zurückgelegt hat, kann zu einem späteren Zeitpunkt mit einem kleinen Geschenk prämiert werden.

Video-Botschaften

Die Vorbereitung ist simpel: Sie benötigen eine Videokamera und drei Fotos: Auf dem einen Foto ist ein Mann abgebildet, der seine besten Jahre schon überschritten hat oder ein sehr außergewöhnliches Äußeres besitzt (z.B. Hugh Hefner, Flavio Briatore, Prinz Frédéric von Anhalt, Marilyn Manson, Meat Loaf). Das zweite Bild zeigt ein Sexsymbol, z.B. Brad Pitt, George Clooney, Orlando Bloom, Zac Efron oder Hugh Jackman. Auf dem dritten Foto ist die Braut abgebildet, natürlich wählen Sie ein Bild aus, auf dem sie besonders attraktiv aussieht.

Mit den Bildern und einer Videokamera besuchen Sie einige Cafés in der Innenstadt. Zeigen Sie den Besuchern das Foto des extravaganten Typen (das Bild darf auf dem Videofilm nicht zu sehen sein!) und der Braut (das Bild sollten Sie in dem Film zeigen). Nun befragen Sie die Gäste und filmen deren Reaktion:
- Unsere Freundin will diesen Mann heiraten, glauben Sie, dass die Ehe Chancen hat?
- Wie würden Sie den Bräutigam beschreiben?
- Was liebt die Braut wohl an diesem Mann?
- Und was wird er an ihr besonders mögen?
- Welche Hobbys haben die beiden?
- Wie stellen Sie sich das Paar in 20 Jahren vor?

Dann zeigen Sie zum Abschluss noch das Bild des Sexsymbol-Manns und befragen die Gäste.
- Wir haben die Bilder vertauscht, eigentlich ist das der Bräutigam. Was sagen Sie zu ihm?

Zu Hause wird der Film geschnitten. Zu Beginn des Filmes beschreiben Sie kurz den Inhalt: Zeigen Sie beide Bilder – diesmal aber ein richtiges Bild vom Bräutigam und der Braut. Dann blenden Sie nacheinander die Fragen ein und zeigen dann die Reaktionen der Passanten. Was der Bräutigam nicht weiß, ist, dass nicht er, sondern ein ganz anderer beschrieben wird. Erst ganz zum Schluss lüften Sie das Geheimnis. Der Film wird auf dem Polterabend vorgeführt und das Publikum begeistern!

Porzellan per Lkw

Chartern Sie einen 30-Tonnen-Lkw oder einen Kipper und schmücken Sie diesen vor Beginn des Polterabends mit ein paar Luftballons. Dann wird der Lkw mit seiner Fracht beladen: einer Tasse und einem Waschbecken. Gerade wenn das Brautpaar mit den Kehrarbeiten fertig ist, lassen Sie den Lkw mit einem lauten Hupkonzert auf den Hof auffahren. Dem angehenden Brautpaar und den Eltern wird der Atem stocken, denn noch können sie die Ladung ja nicht sehen – sie müssen davon ausgehen, dass er bis oben hin voll mit Polterabend-Porzellan ist.

Jetzt beginnen Sie Ihre Verhandlungen: Schlagen Sie dem Bräutigam vor, dass der Lkw gegen eine bestimmte Summe wieder abfahren wird. Gerade wenn er bezahlen will, kommt der Befehl zum Abkippen, und wenn die Riesenmulde ca. acht Meter in den Himmel ragt, kommen die Tasse und das Waschbecken angeklappert.

Schrottauto in Gips

Diese Idee ist sehr aufwendig, garantiert aber einen geschockten Bräutigam! Besorgen Sie ein schrottreifes Auto vom Schrottplatz, das im Urzustand dem des künftigen Gatten in Form und Typ möglichst ähnlich ist. Das Original wird vorsichtig aus der Hofeinfahrt bugsiert, die Fälschung an der gleichen Stelle platziert – und dann von oben bis unten zugegipst. Überraschung!

Originelle Mitbringsel

Ein vierblättriges Kleeblatt aus der Dose oder ein kunstvoll verziertes Hochzeitsbrot: Beim Polterabend geht es um kleine Aufmerksamkeiten, nicht um opulente Geschenke.

Zum Polterabend ein Geschenk mitzubringen ist keine Pflicht, sondern eher eine nette Geste gegenüber dem Brautpaar, dem man natürlich viel Glück wünschen will. Das gilt besonders, wenn die Gäste auch zur Hochzeit kommen und dort ihr Geschenk überreichen. Für Gäste, die nicht an der Hochzeitsfeier teilnehmen, ist es allerdings üblich, dass sie ein Geschenk mitbringen.

Ein Strauß Ballons

Überraschen Sie das Brautpaar mit einem „Strauß" roter Herzballons. Füllen Sie diese mit Ballongas und verstecken Sie zusätzlich noch ein paar kleine „Specials" darin, z. B. Karten für einen gemeinsamen Kinoabend, einen Essensgutschein oder auch einen Geldschein. Deuten Sie in jedem Fall den wertvollen Inhalt an, denn werden die Ballons erst mal losgelassen, so sind sie nur schwierig wieder einzufangen. Ballons gibt es unter *www.luftballonwelt.de* (10 rote Herzballons, Größe: 40 cm, Preis: ca. 5 Euro).

Spezielles Porzellan

Nicht zum Zertrümmern gedacht, sondern mit einem speziellen Aufdruck versehen ist diese Art Polterabendgeschirr. „Wir haben den Polterabend von Susanne und Markus überlebt", könnte etwa draufstehen. Tassen zum Beschriften unter *www.personello.com*, pro Tasse ca. 9 Euro.

T-Shirts mit Text

Individuell bedruckte Shirts sind auch ein nettes Geschenk für den Polterabend. Diese können Sie in einem der zahlreichen T-Shirt-Shops drucken lassen, die man heute fast überall findet. Natürlich auch im Internet unter *www.wedding-shirt.de*. Ideen für den originellen Aufdruck:
- Für sie: „Forever" (vorne) und „Yours" (hinten). Für ihn erfolgt der Aufdruck genau umgekehrt. So dass dann „Yours Forever" oder „Forever Yours" dasteht, wenn die beiden nebeneinanderstehen.
- Für sie: „(Name der Braut) kommt unter die Haube". Für ihn: „(Name des Bräutigams) kommt unter den Pantoffel".
- Für sie: „Gesucht". Für ihn: „Gefunden".
- Für sie: „Ja-Sagerin". Für ihn: „Ja-Sager".
- Für beide: „Erst ledig…" (Vorderseite), „… dann erledigt" (Rückseite).

Indischer Hochzeitstee

Kräftige Tees sind Bestandteil der indischen Hochzeitszeremonie, verfeinert mit exotischen und aromatisch-anregenden Gewürzen. Sie gehören auch von jeher zur traditionellen indischen Ayurveda-Kultur, der jahrtausendealten Lehre vom langen und gesunden Leben. Die wohlabgestimmte Teemischung verschafft ein anregendes, Geschmackserlebnis und trägt zur Stimulierung der Lebensfreude, Vitalität und des sinnlichen Genusses bei. Zu kaufen unter *www.bad-heilbrunner.de*, ca. 1,40 Euro.

Rosenkugeln

Bereits im 13. Jahrhundert stellte man in Venedig die „Glückskugeln" als Zeichen der Fruchtbarkeit im Garten auf. Die Gartenkugeln, später auch „Rosenkugeln" genannt, sollten böse Geister von Haus und Hof fernhalten. Dabei spielte die Farbe der Rosenkugel auch eine Rolle, so symbolisierten rubinrote Kugeln Liebe und Treue. In der Feng-Shui-Lehre haben die Glaskugeln beschützende Wirkung für Haus und Bewohner. Sie sind in der Lage, ungünstige Energien abzulenken, da diese an der runden und reflektierenden Form abprallen. Rosenkugeln finden Sie bei www.poetschke.de, ca. 10 Euro pro Kugel.

Individuelles Puzzle

Ein originelles Geschenk an das Brautpaar: ein Puzzle mit dem schönsten Erinnerungsfoto von Ihnen gemeinsam. Individuell bedruckte Puzzles gibt es mit 40 Puzzlestücken bereits ab ca. 7 Euro unter www.personello-hochzeits-shop.de.

Polterabend-Song

Die Band Bella Vista hat dem Polterabend ein eigenes Lied gewidmet, das die letzten Stunden zwischen der sogenannten Freiheit und einer Verbindung, die hoffentlich ein Leben lang hält, beschreibt. Partystimmung pur. Download unter www.you-load.com, Preis ca. 1,30 Euro.

Kleine Helfer

Ein sinnvolles Mitbringsel für das Brautpaar ist ein Handfeger mit dem passenden Kehrblech. Dieses Geschenk kann am Polterabend auch gleich eingeweiht werden und beseitigt die kleinen und größeren Scherbenhaufen des Abends. Originelle Sets finden Sie für ca. 20 Euro unter www.mikfunshopping.de. Das stylisch bedruckte Kehrblech besteht aus robustem Bambusgeflecht und der Handfeger aus lackiertem Holz. Das Set ist in verschiedenen Designs erhältlich, etwa Flower Power, Butterfly oder Hotel Mama.

Discjockey

So gemischt wie die Gäste, so abwechslungsreich werden auch die Musikgeschmäcker sein. Schenken Sie dem Brautpaar einen unterhaltsamen Abend, indem Sie einen guten Discjockey engagieren. Gute Musik ist ein Garant für gute Laune und das Brautpaar freut sich auch riesig darüber, wenn alle Gäste auf ihre Kosten kommen. Zudem bietet ein professioneller DJ den Vorteil, dass er auf Wunsch auch die Moderations- und Animationstätigkeiten übernimmt. Die Firma Moving Music vermittelt bundesweit DJs. Hier bekommen Sie bereits ab ca. 300 Euro ein Pauschalangebot über 5 Stunden (inkl. Anfahrt, Musikanlage und Aufbau). Es ist auf alle Fälle sinnvoll, ein kostenloses Beratungsgespräch mit dem DJ zu führen, bei dem Sie alle Eckdaten absprechen können. Infos unter www.moving-music.de.

Erinnerungsalbum

Gestalten Sie ein Album der besonderen Art, in dem es nicht nur Fotos, sondern auch Glückwünsche, Geschichten oder selbst gemalte Bilder gibt. Wenn Sie das Buch nicht selbst gestalten wollen, können Sie solche Bücher bereits fertig kaufen. Beispielsweise „Wir zwei. Ein Erinnerungsalbum für dich und mich" (Coppenrath Verlag, Preis: ca. 17 Euro) unter www.amazon.de. Das Buch behandelt wichtige Stationen im Leben des Paares, vom Kennenlernen über den ersten Kuss, gemeinsame Wohnungen, Freunde, die einen begleiten, bis hin zu Hochzeit, Flitterwochen und Kindern.

Zeichen der Liebe

Die rote Rose ist ja allgemein als Blume der Liebe bekannt. Doch auch anderen Pflanzen wird eine mythische Bedeutung in Sachen Liebe zugestanden – als Glück verheißende Mitbringsel am Polterabend sind sie perfekt. Hier einige Vorschläge.

Liebesperlenstrauch

Der zierliche Schönfrucht-Strauch ist prima für den kleinen Garten geeignet. Er wird auch Liebesperlenstrauch genannt, weil die Früchte wie zuckrige Liebesperlen an den Zweigen hängen. Zu bestellen unter www.baumschule-horstmann.de, Preis pro Pflanze ab ca. 9,00 Euro.

Glücksbambus

In Asien wird Glücksbambus „Lucky Bamboo" seit mehreren hundert Jahren als Symbol für

Glück, Erfolg und Gesundheit zu vielen Anlässen verschenkt. Er wird wie Schnittblumen einfach in Wasser gestellt und benötigt wenig Licht – hält aber viele Jahre. Zu kaufen unter *www.luckybamboo.de*, Preis ab ca. 8 Euro.

Kleiner Liebling

Wer keinen klassischen Blumenstrauß schenken möchte, aber trotzdem gern mit einer symbolträchtigen Gabe botanischer Herkunft aufwarten will, für den ist ein herzliches Präsent – im wahrsten Sinne des Wortes – die Pflanze Hoya Kerrii. Das Besondere an dem „Kleinen Liebling", so die Bedeutung des Namens auf Deutsch, sind seine großen herzförmigen Blätter. Sie sehen nicht nur „herzig" aus, man kann sie auch mit einem Stift beschriften. Beispielsweise mit „Vielen Dank für die Einladung" oder „Wir wünschen Euch aus vollem Herz viel Glück". Zu kaufen unter *www.kakteen-schwarz.de*, Preis pro Pflanze inklusive Glastopf: ca. 6 Euro.

Andere Länder, andere Sitten

Italien: „Piccadu e Iscaddadu" ist ein sardisches Hochzeitsbrot, das in Form von Girlanden, Tieren oder Blumen kunstvoll modelliert wird. Man dekoriert es mit Kräutern oder buntem Papier.

Russland: Bei der Ankunft der frisch gebackenen Eheleute im Hause des Ehemannes werden sie von dessen Mutter mit Brot und Salz empfangen. Unter den Augen der Gäste bricht sich jeder ein Stück Brot ab. Wer das größte Stück hat, soll künftig auch der Chef in der Familie sein.

Liebeslocken

Eigentlich ist diese Pflanze, auch „Flatterbinse" oder botanisch „Juncus effusus var Spiralis" genannt, eine Wasserpflanze, die oft als Teichbepflanzung zu finden ist. Als „Liebeslocke" hat sie aber auch den Weg ins Haus gefunden. Sie sieht aus wie gewellter Schnittlauch, erinnert aber auch an die Mode des Adels im 17. Jahrhundert, als eine einzelne Locke am linken Ohr auf die Schultern herabhing. Sie finden diese Pflanze oftmals bei Ikea, Preis pro Topf: ca. 4 Euro.

Liebesblume

Der architektonische Aufbau und die mediterrane Ausstrahlung machen den Agapanthus zur Liebesblume. Der Name stammt aus dem Griechischen (agape = Liebe und anthos = Blume). In ihrer Heimat Südafrika ist die Pflanze als Liebesblume bekannt. Bei uns dagegen als Schmucklilie, wobei sie mit ihren großen, vollen Blütenbällen ihrem deutschen Namen alle Ehre macht.

Leckere Höhepunkte

Liebe geht durch den Magen. Und kleine Leckereien erfreuen jedes Hochzeitspaar. Hier unsere Gourmet-Ideen von klassisch über verrückt bis zu ausgefallen.

Lebkuchen

Es lebe der Klassiker: das Lebkuchenherz! Man kennt es vom Rummelplatz mit Texten wie „Ich liebe Dich" oder „Für meinen Schatz". Unter *www.herzgalerie.de* können Sie ein individuelles XXL-Lebkuchenherz mit Ihrem persönlichen Glückwunschtext für das Brautpaar bestellen! Bis zu 28 Zeichen sind möglich. Preis pro Herz: ca. 30 Euro.

Erste-Hilfe-Paket

Ein großer Karton, voll mit Konservendosen: Nudeln, Sauerkraut, Fertiggerichte, Obst, Mais, Bohnen, Hundefutter und und und. Einfach alles, was sonst noch in runden Dosen zu finden ist. Allerdings werden vor der Übergaben alle Etiketten von den Dosen entfernt, und das Kochen wird so zu einer Art Roulettespiel. Falls Sie auch Tiernahrung oder Ähnliches mit einpacken, sollten Sie die Dose doch mit „Animalfood" oder ähnlich kennzeichnen.

Liebes- und Granatäpfel

Der Apfel symbolisiert als die Frucht schlechthin das Themenumfeld Sexualität (Liebesapfel), Fruchtbarkeit und Leben, Erkenntnis und Entscheidung (Frucht am Baum der Erkenntnis, Zankapfel), Reichtum. Der Liebesapfel ist eine Süßigkeit, die vor allem auf Volksfesten oder Jahrmärkten angeboten wird. Dabei handelt es sich um einen mit rotem karamellisiertem Zucker überzogenen Apfel an einem Holzstäbchen. Ein Rezept zum Nachmachen finden Sie unter www.marions-kochbuch.de. Ein symbolträchtiges Geschenk ist der Granatapfel, der in China wegen seiner vielen Kerne als Symbol für Fruchtbarkeit und Kinderreichtum gilt. Besonders hübsch sind Äpfel mit Namenszug oder Motiven: Mithilfe von Schablonen, die während der Reifephase auf die Äpfel aufgebracht und nach der Ernte wieder abgenommen werden, kann an den abgedeckten Stellen kein Apfelrot entstehen, so dass schließlich ein Motiv Ihrer Wahl zu sehen ist – die Sache erfordert natürlich eine gewisse Vorbereitungszeit und auch Zugriff auf einen Apfelbaum. Unter www.herzapfelhof.de können Sie die berühmten Herzäpfel allerdings einfach im Internet kaufen. Bei einer Mindestabnahmemenge von 30 Stück kostet ein Herzapfel 1,20 Euro.

Hochzeitsbrot selber backen

Brot ist ein Symbol für die Ehe: Brot miteinander teilen, für das tägliche Brot sorgen, Brot für andere übrig haben. Deshalb ist ein symbolisches Brot eine liebevolle Geschenkidee für den Polterabend. Der Brauch besagt übrigens auch, dass Braut und Bräutigam gleichzeitig von dem Brot abbeißen müssen. Wer das größere Stück erwischt hat, der hat zu Hause das Sagen!

Statt das Hochzeitsbrot einfach beim Bäcker zu bestellen, können Sie es auch selber backen – das macht das Geschenk umso wertvoller. Vor allem wenn man berücksichtigt, dass die Sache nicht ganz einfach ist. Mit drei verschiedenen Teigsorten hantieren, Rosenköpfe, Blätter und Lorbeerkranz modellieren und schließlich das Brot mit den Dekorteilen backen und einen Glückscent in das Salzbett legen: Das ist keine Aufgabe für Ungeübte. Das Brot wird gemeinsam mit einem passenden Gedicht (unter www.gedichte-garten.de) an das Paar überreicht. Das beste Rezept für ein Hochzeitsbrot findet sich in dem Buch „Brotrezepte aus ländlichen Backstuben" (Landbuch Verlagsgesellschaft mbH, Hannover, Preis 14,80 Euro). Mehr Infos und Buchbestellung unter www.landbuch.de.

© Landbuch Verlagsgesellschaft mbH / Fotostudio Fricke, Hannover

Ihre Tochter oder Ihr Sohn heiratet? Sie wurden gebeten, das Amt des Trauzeugen zu übernehmen? Ihre Kids wurden als Blumenkinder ausgewählt? Glückwunsch, Sie sind ein VIP! Was genau wird von VIPs erwartet? Wie können sie das Brautpaar tatkräftig bei der Gestaltung seines schönsten Tages unterstützen? Hier erfahren Sie alles über Ihre Aufgaben, wie Sie Stress und Stolpersteine vermeiden und sich in Ihrer Rolle von Anfang an wohl fühlen.

3 TIPPS FÜR VIPS

Für Trauzeugen	Seite 66
Für Eltern	Seite 72
Für weitere VIPs	Seite 80

Tipps für Trauzeugen

Im Standesamt die Ringe reichen – das ist noch die kleinste Herausforderung. Trauzeugen sind die guten Geister, die dem Brautpaar mit Rat und ganz viel Tat zur Seite stehen.

Die Wahl der Trauzeugen ist für das Brautpaar eine wichtige Entscheidung: Sie müssen nicht nur an diesem einen großen Tag vollen Einsatz bringen, sondern sich auch im späteren Eheleben als Ratgeber und Freunde erweisen. Vor allem in Krisenzeiten sind sie wichtige Gesprächspartner. Die Trauzeugen dürfen die Brautleute durch den Hochzeitstag begleiten, ihnen als beste Freunde zur Seite stehen. Das ist eine große Ehre!

Dabei braucht man heutzutage nicht einmal mehr zwingend einen Trauzeugen: Seit dem 1. Juli 1998 ist es nach dem neuen Eheschließungsrechtsgesetz möglich, mit keinem, einem oder zwei Trauzeugen im Standesamt getraut zu werden. Auch bezüglich des Geschlechtes der oder des Trauzeugen für Braut und Bräutigam gibt es keine bindenden Bestimmungen. In der Regel wird jedoch ein Trauzeuge von der Braut, ein weiterer vom Bräutigam bestimmt – und oft wählt er seinen besten Freund und sie die beste Freundin. So weit zur standesamtlichen Trauung.

Bei der kirchlichen Trauung gibt es Unterschiede zwischen der Hochzeit evangelischen und katholischen Glaubens. In der protestantischen Kirche darf ohne Trauzeugen geheiratet werden. In der katholischen Kirche ist die Anwesenheit zweier Zeugen nach wie vor Pflicht.

Das Amt des Trauzeugen ist eine verantwortungsvolle Aufgabe. Trotzdem müssen Sie sich als Trauzeuge bewusst sein, dass nicht Sie allein für das Gelingen der Hochzeit verantwortlich sind. Dafür gibt es schließlich auch das Brautpaar, die Eltern des Paares und Familienangehörige. Zudem stehen oft beste Freundinnen und Freunde des Brautpaares zur Seite, die nicht Trauzeugen sind, aber doch Spaß am Organisieren haben. Also besteht kein Grund zur Aufregung – freuen Sie sich auf einen wundervollen Tag, bei dem auch Sie ein kleines bisschen im Mittelpunkt stehen!

Vor der Hochzeit

Sie wurden aus vielen Gründen zum Trauzeugen bestimmt. Einer davon ist ganz besonders wichtig: Das Hochzeitspaar verlässt sich auf Sie. Und Sie stehen Braut oder Bräutigam im Falle letzter Zweifel immer zur Seite! Eine Hochzeit will gut geplant sein, damit alles ohne Komplikationen abläuft. Hier gibt es unzählige Kleinigkeiten zu erledigen. Sicher können Sie dem Brautpaar das eine oder andere abnehmen. Die endgültige Entscheidung trifft aber immer das Brautpaar! Bringen Sie Ihre speziellen Talente in die Vorbereitung mit ein: Sind Sie z.B. besonders kreativ begabt, bieten Sie an, die Einladungskarten zu gestalten. Haben Sie tagsüber Zeit, bieten Sie an, dass Gäste bei Ihnen zu- oder absagen können, falls das Brautpaar den ganzen Tag außer Haus ist. Generell nehmen die Trauzeugen an allen vorhochzeitlichen Events teil, das kann auch das Probeessen im Restaurant, ein Besuch bei der Hochzeitsband oder die Besichtigung der Kirche sein.

Beratung beim Outfit

Bei der Wahl der richtigen Kleidung fürs Jawort ist Ihre Unterstützung gefragt. Bei der Braut ist es üblich, dass Brautmutter und/oder beste Freundin mit ihr losziehen – und eben auch die Trauzeugin/der Trauzeuge. Vor allem aber ist der Bräutigam auf Begleitung angewiesen. Schließlich soll er zwar das Brautkleid vor der Hochzeit nicht sehen, dennoch sollte seine Garderobe dazu

Tipps für Trauzeugen
Wichtige Bestimmungen

- **Alter:** Sie müssen volljährig sein.
- **Ausweis:** Sie müssen sich mit einem Personalausweis oder Pass ausweisen können.
- **Sprache:** Sie müssen Deutsch sprechen und verstehen. Dolmetscher sind erlaubt.
- **Konstitution:** Sie müssen körperlich und geistig in der Lage sein, der Trauung zu folgen.
- **Konfession:** In einigen Gemeinden kann es bei der kirchlichen Trauung zum Problem werden, wenn ein Trauzeuge nicht der gleichen Konfession angehört wie das Brautpaar. Sprechen Sie dieses Thema frühzeitig an.

passend zusammengestellt werden. Sie als Trauzeuge können sich das Brautkleid in Ruhe ansehen und auch mit der Braut besprechen, was ihm dazu stehen könnte. Beim Aussuchen sorgen Sie dann entweder mit Andeutungen oder in einem vertraulichen Gespräch mit dem Verkaufspersonal für das perfekte Outfit.

Junggesellenabschied

Wie im Kapitel „Junggesellenabschied" beschrieben, wird dieser gewöhnlich vom jeweiligen Trauzeugen organisiert. Das heißt, dass Sie die Freunde des Bräutigams/der Braut zusammentrommeln und sich ein Konzept überlegen müssen. Wird es der klassische Abend oder doch ganz stilvoll? Soll es sportlich zugehen oder planen Sie eine kleine Reise? Es gibt viele Möglichkeiten, letztendlich sollte Ihre Idee aber vor allem dem Ehrengast des Abends gefallen (detaillierte Tipps in Kapitel 1).

Trauzeugen am Polterabend

Es gibt auch beim Polterabend vieles, das Sie dem Brautpaar abnehmen können, je nachdem, wie viel Zeit Sie haben und inwieweit Ihr Engagement gewünscht wird bzw. notwendig ist. Drängen Sie sich nicht auf, aber bieten Sie Ihre Dienste ruhig offensiv an. Sie sollten vor allem sicherstellen, dass alle Geschichten, die besser nicht auf die Hochzeitsfeier gehören, am Polterabend vorgetragen werden – wenn es schon sein muss. Dazu gehören beispielsweise kleine Alkoholeskapaden, mangelnder Arbeitseifer in Studium, Beruf oder Schule und alle anderen in Vergessenheit geratenen Auffälligkeiten der Braut oder des Bräutigams. Aber bitte darauf achten, dass es nicht den guten Geschmack verletzt. Denn gerade Sie wollen ja nicht, dass der Trauzeuge vielleicht doch nicht gebraucht wird …

Im Standesamt

Am Tag der standesamtlichen Trauung ist eigentlich für die Trauzeugen nicht viel zu organisieren. Sie warten in der Regel vor dem Standesamt auf das Brautpaar, das höchstwahrscheinlich recht aufgeregt ankommen wird. Als fürsorglicher Trauzeuge rücken Sie nochmals die Kopfbedeckung der Braut und den Schlips des Bräutigams zurecht und überprüfen, ob alles richtig sitzt. Weil die Hände des Bräutigams etwas zittern, helfen Sie ihm, seinen Reversanstecker gerade zu platzieren, und erzählen ihm zum hundertsten Mal, wer die Eheringe eingesteckt hat und wo sich diese gerade befinden. Danach gehen Sie gemeinsam in das Standesamt.

Die standesamtliche Trauung dauert je nach Standesamt etwa 20 bis 30 Minuten. Normalerweise betreten Braut und Bräutigam als Erste den Trauungssaal. Die beiden Trauzeugen folgen gemeinsam und sitzen meistens auch mit dem Brautpaar vor dem Standesbeamten. Und zwar in folgender Reihenfolge (von links nach rechts): Trauzeuge/in Bräutigam, Bräutigam, Braut, Trauzeuge/in Braut. Vor Beginn der Trauungszeremonie wird der Standesbeamte nach Ihren Ausweisen fragen, die Sie an diesem Tag auf gar keinen Fall zu Hause

© Marc Dietrich – FOTOLIA

vergessen sollten. Zudem wird er Sie (oder direkt den Bräutigam) auffordern, die Ringe auf ein dafür vorbereitetes Ringkissen zu legen. Im Mittelpunkt der Trauung steht die eigentliche Eheschließungshandlung. Der Standesbeamte bittet das Brautpaar, dazu aufzustehen. Dann werden die Brautleute einzeln und nacheinander befragt, ob sie die Ehe miteinander eingehen möchten. Hat das Brautpaar diese Frage jeweils mit „Ja" beantwortet, dürfen sie sich gegenseitig die Ringe anstecken. Das ist übrigens rechtlich gar nicht notwendig – es geht auch ohne Ringe. Danach erklärt der/die Standesbeamte/in, dass die beiden nunmehr rechtmäßig verbundene Eheleute sind. Im Anschluss erfolgen die Unterschriften im Heiratseintrag durch das Brautpaar und auch die Trauzeugen. Jetzt kommt Ihre allerwichtigste Aufgabe: Gratulieren Sie als Allererste dem frisch vermählten Paar. Hat das Brautpaar keinen Sektempfang organisiert, ist es eine schöne Geste, wenn Sie dies übernehmen. Falls das Brautpaar die Kosten selbst übernehmen will, sollten Sie daran denken, die vorbereiteten Geldumschläge vom Brautpaar mitzunehmen. Eventuell müssen Sie im Namen des Brautpaares die Unkosten für Sektempfang oder Musiker begleichen, weil sich das Paar an diesem aufregenden Tag auf die wichtigen Dinge konzentrieren will.

In der Kirche

Ihre Aufgabe bei der kirchlichen Trauung ist es vor allem, am Hochzeitsmorgen rechtzeitig vor der Haustüre zu stehen und dafür zu sorgen, dass Braut und Bräutigam pünktlich in der Kirche erscheinen.

In der evangelischen Kirche sind die weiteren Aufgaben nur noch traditioneller und nicht unbedingt notwendiger Art: Hier kann man schon seit langem auch ohne Trauzeugen vor den Altar treten. In der katholischen Kirche sind jedoch zwei Trauzeugen zur Beurkundung des Eheversprechens erforderlich.

Bei kirchlichen Trauungen versammelt sich die Gemeinde meistens in der Kirche und wartet dort auf den Einzug des Brautpaares. Der Geistliche begibt sich vor Beginn zusammen mit den Ministranten zum Portal der Kirche, wo er das dort wartende Brautpaar zusammen mit den Trauzeugen empfängt und begrüßt. Zu festlicher Musik zieht der Geistliche zusammen mit Brautpaar und Trauzeugen in die Kirche ein. Brautleute und Trauzeugen begeben sich an ihre vorbereiteten Plätze.

Ob Sie während des Trauungsgottesdienstes in der ersten Reihe unter den engsten Verwandten oder sogar neben dem Brautpaar sitzen, ist nebensächlich. Erst beim Ringwechsel kommt Ihr großer Augenblick. Üblicherweise nimmt der Trauzeuge der Braut den Brautstrauß ab, der Trauzeuge des Bräutigams reicht die Ringe. Aber auch hier gibt es Variationen, die Sie im Vorfeld mit Brautpaar und Pfarrer absprechen sollten.

Viele Paare wünschen sich für den Traugottesdienst, dass sich die Trauzeugen aktiv mit einbringen, z.B. in Form von Fürbitten oder Lesungen von (biblischen) Texten.

Vor dem abschließenden Segen werden die Trauzeugen aufgefordert, die Trauungsdokumente zu

---

Extra-Tipp: Der Hochzeitszug

Die Aufstellung für den klassischen gemeinsamen Kircheneinzug – von vorne nach hinten:
- Brautführer und Brautjungfern
- Blumenkinder
- Brautpaar (Braut links)
- Brautmutter (rechts) und Bräutigamvater
- Brautvater und Bräutigammutter (links)
- Trauzeugen
- nahe Verwandte
- entfernte Verwandte
- Freunde und Bekannte

Beim Auszug aus der Kirche geht die frischgebackene Ehefrau rechts von ihrem Gatten.

unterschreiben. Es folgen der feierliche Schlusssegen und der musikalisch begleitete Auszug des Brautpaares und der mitfeiernden Gemeinde.

Während der Feier

Auch bei den anschließenden Feierlichkeiten kommt es ganz darauf an, wofür noch jemand benötigt wird. Bieten Sie sich als Chauffeur an (nicht nur für die Trauung, sondern erst recht abends für die Heimfahrt). Seien Sie als Ansprechpartner für die Gäste da, damit das Brautpaar entlastet wird. Sprechen Sie sich mit dem Brautpaar ab und verteilen Sie die anfallenden Arbeiten unter allen Helfern.

Bei der Feier werden Sie meist in unmittelbarer Nähe zum Brautpaar sitzen. Im Laufe des Abends haben Sie auch die Möglichkeit, eine kurze Rede zu halten, allerdings im Gegensatz zu den Eltern des Brautpaares keine Verpflichtung dazu. Lassen Sie diesen daher immer den Vortritt.

Je nach Wunsch des Hochzeitspaares können Sie eine ganze Reihe an Aufgaben übernehmen:
- Zum Fototermin erscheinen Sie gut gelaunt an verschiedenen Orten mit dem Brautpaar.
- Sie sorgen für den reibungslosen Ablauf der Feier und springen ein, wenn etwas schief läuft.
- Sie achten darauf, dass die Sitzplatzverteilung geordnet abläuft, und begleiten die Gäste gegebenenfalls an die vorgesehenen Tische.
- Sie bringen als Erster einen Toast auf das Hochzeitspaar aus.
- Sie sorgen, bei entsprechender Vereinbarung mit dem Brautpaar, für die diskrete Bezahlung der Musiker, Servicekräfte usw. (Briefumschläge vorbereiten!).
- Sie bereiten einen gut getimten Ablauf für die Reden und Spiele vor und kümmern sich darum, dass der Ablauf auch eingehalten wird.

Die Braut ist weg!

Die Hochzeitsfeier ist gerade in vollem Gang – und auf einmal ist die Braut weg! Die Brautentführung ist der Klassiker unter den Hochzeitsspielen. Sinn ist es, den Bräutigam dafür zu bestrafen, dass er seine Liebste aus den Augen gelassen hat.

Sie sollten frühzeitig mit dem Paar besprechen, ob diese Einlage erwünscht ist, und die Entscheidung der beiden auch deutlich kommunizieren. Informieren Sie die Entführer vorher genau über den Zeitplan der Hochzeit. Ansonsten bringt die Entführung evtl. den ganzen Ablauf durcheinander.

So funktionieren Braut-Entführungen

Freunde lenken Bräutigam und Trauzeugen während der Feier ab, um die Braut samt

Brautstrauß zu entführen. Dann geht's in ein nicht allzu weit entferntes Lokal. Es kann auch die Terrasse, der Biergarten oder der Weinkeller der Hochzeitslokalität sein, bei einem Restaurant am See aber auch ein Ruderboot - was sich eben anbietet. Der Bräutigam und sein Trauzeuge müssen die Braut suchen und die Zeche zahlen. Sinnvoll ist es, wenn die Entführer ein paar Hinweise hinterlassen. Das Auslösen kann mit einer Aufgabe für den Bräutigam verbunden sein. Singen in der Öffentlichkeit, Abwaschen für die nächsten Wochen oder Ähnliches. Die Entführung sollte nicht länger als eine Stunde dauern. Denn in dieser Zeit müssen sich die restlichen Gäste selbst unterhalten.

- Sie tragen Ihren vorbereiteten Beitrag vor (Diavortrag, Showeinlage etc.).
- Sie bereiten den stilvollen Abgang des Brautpaares vor.
- Und vor allem: Sie sind dafür verantwortlich, dass sämtliche Geschenke unbeschädigt und vollständig verstaut werden. Dies ist eine besonders wichtige Aufgabe, da Hochzeitsgeschenke in aller Regel entsprechend teuer und oft auch zerbrechlich sind. Besonders hektisch wird es während der Gratulationen nach der Trauung. Sie stellen sich neben dem Brautpaar auf und nehmen die Geschenke in Empfang, welche Ihnen Braut oder Bräutigam weiterreichen. Damit das Paar auch noch Tage später jedes Geschenk zuordnen kann, sollten Sie beim Empfang der Geschenke eine Liste führen (siehe Checkliste Seite 82). Tragen Sie die Liste immer bei sich, Geschenke werden bis spätnachts überreicht!

Nach der Hochzeit

Auch nach der Eheschließung ist es Aufgabe des Trauzeugen, dem Paar, dem er seinen Segen gegeben hat, weiterhin ein guter Freund zu sein und mit Rat und Tat zur Verfügung zu stehen.

Neben dieser sehr langfristigen Aufgabe wird Ihre Hilfe bereits kurz nach den Feierlichkeiten benötigt. Sie können beispielsweise
- beim Abbau und Aufräumen helfen,
- das Hochzeitspaar zum Flughafen bringen,
- das Haus während der Flitterwochen hüten.

Eine schöne Geste für die Zukunft ist es, wenn Sie dem Paar jedes Jahr zum Hochzeitstag gratulieren und dazu evtl. ein gemeinsames Abendessen veranstalten.

Ihre Trauzeugin

Als Trauzeugin oder Trauzeuge der Braut sind Sie Rettungsanker und rechte Hand zugleich. Sie treffen die Braut schon früh am Hochzeitstag, um ihr bei den letzten Vorbereitungen und beim Anziehen behilflich zu sein. Sie fahren die Braut zur Kosmetikerin, zum Friseur und überallhin, wohin sie sonst noch will. Sie begleiten sie so lange, bis der Brautvater übernimmt – nämlich an der Kirchentür.

Auch wenn Sie nun alle Vorbereitungen erfolgreich hinter sich gebracht haben, sollten Sie die Braut vor widrigen Zufällen an ihrem Hochzeitstag wappnen. Packen Sie deshalb ein Notfallset:
- Deodorant oder Parfüm
- Ersatzstrumpfhose
- Haarspangen und kleines Haarspray
- Kamm / Bürste und ein kleiner Spiegel
- Stück Schokolade oder Traubenzucker
- Notfalltropfen (Bachblüten), Kopfschmerztabletten, evtl. benötigte Medizin
- Make-up (Lippenstift, Lidschatten, Wimperntusche, Puder, Abdeckstift)
- Nagelfeile
- Nähset und Sicherheitsnadeln
- Pflaster und Taschentücher
- Fleckenwasser
- Ersatzakku für das Handy

Ein kleines fertiges Notfallset können Sie für ca. 13 Euro unter *www.princessdreams.de* kaufen. Versichern Sie der Braut noch einmal, dass Sie

> ### Extra-Tipp: Vorsicht geboten
> Bei diesen regionalen Bräuchen müssen die Trauzeugen besonders achtsam sein!
> ✘ **Brautstrauß stehlen:** Das Brautpaar wird für seine „Nachlässigkeit" bestraft, denn sobald der Strauß in fremde Hände gerät, verlangt der Dieb eine Gegenleistung (etwa eine Runde Schnaps). Deshalb müssen die Trauzeugen auf den Brautstrauß ganz besonders achtgeben.
> ✘ **Brauttisch einnehmen:** Dieser Brauch besagt, dass der leere Brauttisch (keine Person am Tisch) von Gästen „eingenommen" werden darf und diese dann auf Kosten des Brautpaares alles bestellen dürfen!

ihr immer zur Seite stehen. Außerdem sollten Sie sie nochmals an das Geschenk erinnern, das sie ihrem Bräutigam überreichen möchte.

Mit in Ihrem Gepäck sind folgende Checklisten: Gästeliste, Tischordnung, Ablaufplan, Liste mit Handynummern der Beteiligten, Liste mit letzten To-Dos. Und bleiben Sie immer ruhig! Ein aufgeregter Trauzeuge kann den Tag auch erschweren.

Sein Trauzeuge

Auch der Trauzeuge des Bräutigams muss seinem Freund zur Seite stehen. Die erste Tat für den Tag ist sicherzustellen, dass der Bräutigam rechtzeitig aufsteht! Danach frühstücken Sie mit ihm, auch wenn er vor Aufregung nichts hinunterbekommt. Achten Sie darauf, dass er die letzten Vorbereitungen rechtzeitig erledigt. Gutes Timing ist hier alles. Klären Sie den Terminplan vor dem Hochzeitstag bereits mit ihm ab: Wann müssen die Blumen abgeholt werden, wann soll er sich anziehen, wann wird er von der Limousine abgeholt? Und ganz wichtig: Vergessen Sie nicht, die Trauringe einzustecken!

Es macht auch durchaus Sinn, für den Bräutigam ein kleines Notfallset vorzubereiten:
- Taschentuch
- Evtl. ein Ersatzhemd und Manschettenknöpfe
- Schwarze Schuhcreme
- Etwas Kleingeld
- Je nach Wetterlage: einen Regenschirm
- Feuerzeug für Kerzen
- Husten- oder Lutschbonbons
- Zettel und Stift

Zudem sollte der Bräutigam die Mitbringsel für die Trauzeugen einstecken. Erinnern Sie ihn an das Geschenk für seine Braut, dann kommt er von allein darauf, dass er auch Ihre Mitbringsel einsteckt.

Die angemessene Garderobe

Es ist wichtig, dass Sie als Trauzeuge gut gekleidet sind, denn Sie werden am Hochzeitstag sehr oft mit dem Brautpaar fotografiert. Passen Sie Ihr Outfit an das des Brautpaares an. Eventuell ist es sinnvoll, dass das Brautpaar bei speziellen Wünschen den Dresscode direkt in der Einladung erwähnt.

Dresscode für Trauzeugen
- **Die Braut steht im Vordergrund!** Sie soll eindeutig erkennbar sein. Deshalb sollte sich kein Gast eleganter oder auffälliger kleiden.
- **Abstimmung mit dem Bräutigam.** Trauzeuge und Brautvater sollten den Stil ihrer Anzüge mit dem des Bräutigams abstimmen. Der männliche Trauzeuge trägt deshalb auch oft Smoking oder Cut

wie der Bräutigam. Jedoch verzichtet er auf üppige Accessoires wie Zylinder oder Kummerbund. Die Krawatte wird ebenfalls mit der des Bräutigams abgestimmt, sollte aber etwas dezenter ausfallen.
- **Rechtzeitig einkleiden!** Zwischen dem letzten Anpassungstermin des Anzugs und der Hochzeit sollten einige Wochen liegen. Es ist nicht so einfach, mehrere Personen aufeinander abzustimmen!
- **Vorsicht – falsche Farben!** Zwei Farben sind bei einer Hochzeit nicht passend: Weiß und Schwarz. Weiße Kleidung ist der Braut vorbehalten (auch Creme und Elfenbein) und Schwarz ist in unserem Kulturkreis die Farbe der Trauer und somit bei einer Hochzeit nicht angebracht.

Tipps für Eltern

Wer zahlt die Feier? Wer wird eingeladen? Wer sitzt wo? So können Sie das Brautpaar tatkräftig bei seiner Hochzeit unterstützen und dabei unnötigen Stress vermeiden.

Sie haben sich bestimmt schon oft vorgestellt, wie die Hochzeit Ihrer Tochter oder Ihres Sohnes wohl einmal werden wird. Und jetzt ist es also so weit. Sie können helfen, diesen Tag zu etwas ganz Besonderem zu machen. Ein paar Klippen gibt es jedoch zu umschiffen – aber das werden Sie sicher ganz souverän meistern.

Die Mutter der Braut

Die Hochzeit Ihrer Tochter ist mit Sicherheit einer der zauberhaftesten Momente im Leben. Da bietet sich eine wunderbare Gelegenheit, der restlichen Welt zu zeigen, was für ein tolles Team Sie schon immer gewesen sind. Sicherlich möchten Sie ihr an diesem Tag ganz zur Verfügung stehen – eine genaue Absprache, was Sie machen werden und was von Ihnen erwartet wird, ist deshalb umso wichtiger.

Laden Sie Ihre Tochter und ihren Bräutigam zu einem Glas Sekt ein, sobald das Paar den Hochzeitstermin festgelegt hat. Besprechen Sie, wie die beiden sich ihre Hochzeit vorstellen, und fragen Sie offen, wie Sie bei den Hochzeitsvorbereitungen helfen können. Das Brautpaar wird für jede Unterstützung dankbar sein. Aber denken Sie daran, dass die Wünsche des Brautpaares im Vordergrund stehen – und sicher auch die Eltern des Bräutigams ein Wörtchen mitreden wollen. Versuchen Sie also, in uneinigen Fragen Kompromisse zu schließen. Ein späteres Treffen mit den Eltern des zukünftigen Mannes ist sicher das Beste, um alle verbleibenden Fragen zu klären.

Wenn Braut und Bräutigam alles selbst machen wollen, ist dies kein Grund, dass Sie sich angegriffen fühlen. Über kurz oder lang werden Sie wahrscheinlich doch um Rat gefragt. Und wenn nicht, sind Sie um den Riesenstress ganz elegant herumgekommen!

Halten Sie in einer Liste fest, welche Aufgaben Sie in Absprache mit Ihrer Tochter übernehmen wollen. Die Liste sollten Sie regelmäßig auf den neuesten Stand bringen und Ihre Tochter ebenso regelmäßig informieren. Das vermeidet Konflikte und hilft bei der Organisation der Aufgaben.

Traditionelle Aufgaben

• Helfen Sie bei der Auswahl des Standesamtes, der Kirche, der Location für die Hochzeitsfeier.
• Holen Sie Kostenvoranschläge von in Frage kommenden Cateringunternehmen ein und geben Sie Ihre Bewirtungs-Empfehlungen weiter.
• Helfen Sie bei der Auswahl des Hochzeitskleides und auch der Kleidung für die Flitterwochen.
• Stellen Sie die Gästeliste Ihrer Familie, Ihrer Verwandten und Freunde zusammen.
• Sprechen Sie die Gästeliste mit der Familie Ihres künftigen Schwiegersohnes ab, um die Anzahl der Gäste eventuell zu begrenzen.
• Suchen Sie schöne Hochzeitsbräuche aus und machen Sie Ihre Tochter darauf aufmerksam.
• Suchen Sie die schönsten Kinderfotos Ihrer Tochter heraus, falls die Trauzeugen diese für eine Diashow benötigen.
• Nehmen Sie die Geschenke für das Brautpaar entgegen, die eventuell bereits vor der Hochzeit abgegeben werden.

- Sprechen Sie mit der Mutter des Bräutigams die Garderobe ab, damit Sie beide nicht im gleichen Kleid erscheinen.
- Unterstützen Sie das Paar bei der Erstellung der Tischordnung.
- Setzen Sie sich während der kirchlichen Trauung in die erste Reihe und verlassen Sie danach hinter dem Brautpaar als Erste die Kirche.
- Stellen Sie sich in die Empfangsreihe direkt neben Ihre Tochter.
- Traditionell amtieren Sie als Empfangsdame und leiten die Gäste am Hochzeitspaar vorbei.
- Tanzen Sie mit dem Vater der Braut während der ersten offiziellen Tanzrunde.

Am Tag der Hochzeit

Endlich ist er da, der große Moment. Heute sind Sie der Fels in der Brandung. Die Brautmutter hat an diesem Tag zwar keine offiziellen Aufgaben, hilft aber überall dort aus, wo es nötig ist.

Behalten Sie am Hochzeitsmorgen immer die Uhrzeit im Auge, denn auch für Sie muss an diesem Tag genug Zeit sein, um sich perfekt zu stylen, und Sie sollten vor der Braut am Ort der Trauung ankommen. Ist es eine traditionelle kirchliche Trauung, bringt ein Brautführer Sie zu Ihrem Platz – in der ersten Reihe links. Nachdem die Braut eingezogen ist, kann sie Ihnen ihren Brautstrauß überreichen, den Sie ihr nach der Zeremonie zurückgeben. Ihre Tochter könnte ihn natürlich auch ihrer Trauzeugin überreichen. Sollte diese jedoch noch unverheiratet sein, kann das als böses Omen gedeutet werden! Die Trauzeugin sollte diesem Brauch zufolge den Strauß nicht anfassen – sondern frühestens, wenn sie ihn eventuell beim Brautstraußwurf fängt.

Die Eltern des Brautpaares sind an diesem Tag auch inoffizielle Gastgeber. Während der Begrüßung sind sie nach Braut und Bräutigam die Dritten in der Reihe. Alternativ nehmen die Elternpaare das Brautpaar in die Mitte, wobei die Frauen immer vor den Männern stehen. Möchte das Brautpaar die Begrüßungen lieber allein machen, können die Elternpaare es überneh-

Die Hohe Schule der Tischordnung

Eine wohldurchdachte Tischordnung trägt sehr zum Gelingen des Festes bei. Diese knifflige Angelegenheit sollten Brautpaar und beide Elternpaare genau abstimmen. Auf keinen Fall sollten Personen nebeneinandersitzen, die sich nicht leiden können. Die Familien sitzen entweder an einem Tisch zusammen oder sie mischen sich mit dem Rest der Hochzeitsgesellschaft. Letzteres empfiehlt sich bei geschiedenen Elternpaaren. Und nicht nur da: Diese Variante ist viel moderner und kommunikativer.

Traditionelle Sitzordnung

Die Aufstellung der Tische sollte sich an der Anzahl der Gäste orientieren. Bei größeren Gesellschaften bieten sich einzelne kleine Tischgruppen an.

- **Das Brautpaar** sitzt zentral am Kopfe des größten, zentral aufgestellten Tisches, so dass es von allen Gästen gesehen werden kann.
- **Die Eltern:** Neben dem Bräutigam sitzen Mutter und Vater der Braut, neben der Braut ihr Schwiegervater und ihre Schwiegermutter.
- **Enge Verwandte:** Es folgen die Geschwister der Brautleute, Paten, Großeltern und Trauzeugen.
- **Freunde, Arbeitskollegen und die entferntere Verwandtschaft** sitzen etwas weiter vom Brautpaar weg.
- **Für kleine Nichten, Neffen und Blumenkinder** bietet sich ein „Kindertisch" an, da sie sich an den Tischen der Erwachsenen schnell langweilen.

Wer führt die Braut?

Anything goes: Für den Hochzeitszug in die Kirche gibt es keine strengen Vorschriften. Wichtig ist allein, was sich das Brautpaar wünscht.

Bekannt aus amerikanischen Kinofilmen ist der Einzug der Braut, begleitet vom Brautvater und dem Hochzeitsmarsch – vorneweg Blumen streuende Kinder. Der Bräutigam wartet sehnsüchtig am Altar.

Varianten des Brautzuges

- **Braut & Vater:** Der Bräutigam mit seiner Mutter, es folgen der Vater des Bräutigams mit der Brautmutter, Großeltern und Geschwister. Zuletzt die Braut mit ihrem Vater. Die Blumenkinder tragen die Schleppe. Die Trauzeugen haben beim Mesner die Ringe abgegeben und erwarten das Brautpaar in der Kirche.
- **Braut & Bräutigam:** Vor dem Brautpaar gehen die Blumenkinder. Hinter dem Paar gehen die Mutter der Braut mit dem Vater des Bräutigams, danach die Mutter des Bräutigams mit dem Vater der Braut, danach die Trauzeugen. Wenn die Gäste nicht schon vorher Platz genommen haben, folgen sie nun nach Verwandtschafts- und Bindungsgrad.
- **Braut & Brautführer:** Diese Rolle übernimmt ein naher Verwandter oder enger Freund der Braut. Er holt sie ab, bringt sie zur Kirche, geht beim Einzug an ihrer rechten Seite und übergibt sie dem Bräutigam.
- **Moderne Variante:** Der Pfarrer geht mit den Ministranten den Kirchengang entlang, die Braut kommt mit ihrer Familie aus dem einen Seitenschiff, der Bräutigam mit seiner Familie aus dem anderen. In der Mitte kreuzen und treffen sich die Wege.

Gängige Variante: Das Paar zieht gemeinsam ein, vorneweg die Blumenkinder.

men, die Gäste einander vorzustellen. Die Brautmutter sollte als Gastgeber auch ein Auge auf das Essen und die Bedienung werfen, denn es sind die kleinen Details, die wesentlich zum Gelingen des Festes beitragen.

Falls die Hochzeitsfeier bei Ihnen zu Hause stattfindet, kommt auf jeden Fall eine Menge Arbeit auf Sie zu: die Zubereitung des Festessens, das Bereitstellen der Getränke, die Organisation von Bestuhlung und Geschirr, die Koordination des Dekorationsteams. Vielleicht haben Sie Freunde oder Nachbarn, die Ihnen bei der Bewältigung dieser Aufgabe helfen können. Selbst wenn Sie eine Cateringfirma bestellt haben, werden Sie kaum Zeit zum Verschnaufen haben – denn einer muss immer den Überblick behalten! Sobald das Brautpaar die Feier verlassen hat, können Sie Trinkgelder geben und offene Beträge begleichen. Außerdem sollten die Reste der Hochzeitstorte eingepackt und die Blumendekoration verteilt werden. Vergewissern Sie sich auch, dass im Lokal nichts zu Schaden gekommen ist und alles ordentlich hinterlassen wird. Dann ist die große Aufregung vorbei und Sie können sich entspannen und den aufregenden Tag noch einmal Revue passieren lassen.

Der Vater der Braut

Meine kleine Tochter ist jetzt erwachsen – dieser Gedanke ist für viele Väter schmerzhaft. Vielleicht dauert es einige Zeit, bis Sie sich mit der Tatsache abfinden können, dass ein neuer Mann die wichtigste Rolle im Leben Ihrer Tochter spielt. Als erster Gedanke schießt Ihnen vielleicht auch durch den Kopf, dass Sie froh sind, nicht in Marokko zu leben, denn dort ist es die Aufgabe des Brautvaters, einen geeigneten Partner für sein Kind zu finden. Diesen Part hat Ihre Tochter glücklicherweise selbst übernommen und mit der Wahl Ihres Schwiegersohnes sind Sie bestimmt mehr als zufrieden.

Noch bevor Sie sich an den Gedanken gewöhnt haben, dass Ihre Tochter heiratet, müssen Sie bereits wichtige Aufgaben übernehmen. Vielleicht haben Sie als Brautvater die Pflicht, die Hochzeit auszurichten. Aber auch wenn das Brautpaar dies selbst übernimmt, bleibt genug zu tun, um nicht in trübe Gedanken zu verfallen. Als Brautvater muss man sich fragen, wie man in den eigentlichen Tagesablauf hineinpasst. Sicherlich wollen Sie mehr beteiligt sein und nicht nur den Geldbeutel aufhalten. Deshalb sollten Sie Ihre Tochter und Ihren künftigen Schwiegersohn zu einem festlichen Abendessen einladen und mit dem Brautpaar die geplante Hochzeit besprechen – meist nach dem inoffiziellen Sekt mit der Brautmutter. Dieser Termin eignet sich übrigens auch hervorragend, ihn an diesem Abend offiziell in Ihre Familie aufzunehmen und ihm – falls nicht schon lange geschehen – das Du anzubieten.

Traditionelle Aufgaben

Dem Vater der Braut lassen sich im Rahmen der Hochzeit traditionell drei Aufgaben zuordnen:
- Er kommt für die Kosten der Hochzeitsfeier auf („Mitgift"), während der Bräutigamvater den Start

---

Extra-Tipp: Unvergessliche Geschenke von den Eltern

✗ **Hochzeitskutsche:** Der Traum vieler Brautpaare. Infos: *www.hochzeitskutsche.de*.
✗ **Feuerwerk:** Der krönende Abschluss jeder Feier. Infos unter *www.hochzeitsfeuerwerk.de*.
✗ **Opernsänger(in):** Für bewegende Momente in der Kirche oder auf der Feier selbst. Mehr Informationen unter *www.memo-media.de*.
✗ **Hochzeitstauben:** Symbol für Liebe, Glück und Frieden. Infos: *www.hochzeitstauben-mv.de*.
✗ **Hochzeitskleid:** Seit Generationen eine willkommene Geste gegenüber dem Brautpaar.

ins Eheleben zu finanzieren hat. Diese traditionelle Aufgabe hat sich heutzutage jedoch gewandelt, so dass Sie sich mit Ihrer Tochter bzw. dem Brautpaar einigen können, welche Kosten Sie übernehmen wollen oder können (siehe unten).

- Er führt die Braut zum Altar: Hier gibt es viele Varianten. Eine gern gewählte ist die, dass der Brautvater seine Tochter unter Musikbegleitung zum Altar führt, während der Bräutigam mit dem Pfarrer bereits dort wartet. Symbolisch übergibt der Vater seine Tochter damit an den zukünftigen Schwiegersohn. Schmerzen, Trauer, Erleichterung, Angst, Freude – die Übergabe der Braut ist ein sehr bewegender Moment, der oft auch mit Wehmut verbunden ist. Die Übergabe kann mit den Worten „Mein Sohn, ich gebe dir das Wertvollste, das ich habe. Sie ist deine Gegenwart und deine Zukunft. Handle danach!" erfolgen.
- Mit die wichtigste Aufgabe des Brautvaters ist das Halten einer Hochzeitsrede.

Wer zahlt was?

Nur weil Sie der Brautvater sind, bedeutet das noch lange nicht, dass Sie die ganze Hochzeit ausrichten müssen.

Früher war es so, dass der Brautvater die Hochzeitskosten übernahm. Das lag daran, dass die Töchter oft keine qualifizierte Ausbildung bekamen und stattdessen zu Hause mitarbeiten mussten. Weil der Vater nun seine Tochter an den Mann bringen wollte, bezahlte er wohl oder übel die Hochzeit. Heute bekommen die Frauen meist eine gute Ausbildung, was sie in die Lage versetzt, selbst für den eigenen Unterhalt zu sorgen. Damit sind die Eltern sozusagen aus dem Schneider. Zudem heiraten viele Töchter erst in einem Alter, in dem sie selbst finanziell schon gut situiert sind. Es erwartet also keiner, dass Sie sich in Unkosten stürzen.

Eine große Hochzeit kostet heutzutage allerdings viel Geld und Ihre Tochter wird für einen kleinen Zuschuss sehr dankbar sein. Besprechen Sie frühzeitig mit ihr, was Sie bezahlen können und möchten. Vielleicht ist es eine schöne Idee, wenn Sie den Sektempfang finanzieren oder auch einen besonderen Event – wie beispielsweise eine Schiffsfahrt während der Hochzeitsfeier – organisieren und bezahlen.

Ganz wichtig ist es, dass sich die Familien bei der Klärung der finanziellen Fragen nicht gegenseitig auf die Füße treten. Hier kann der Brautvater eine vermittelnde Rolle übernehmen. Führen Sie diplomatische und offene Gespräche, auch mit den Eltern des Bräutigams.

Der Weg zum Altar

Vielleicht hat Ihre Tochter die Nacht vor der Hochzeit nochmals in ihrem Elternhaus verbracht. Ihnen fällt nun die ehrenhafte Aufgabe zu, mit ihr in einem festlich geschmückten Auto zur Trauungszeremonie zu fahren und sie durch die Kirche zum Altar zu begleiten.

Achten Sie darauf, dass ihr Brautkleid sauber bleibt, wenn sie in das Brautauto einsteigt, denn nichts ist ärgerlicher als schwarze Flecken, weil sie an der Autotüre hängen geblieben ist.

Wenn die Braut von Ihnen zum Altar geführt werden möchte, gibt es hierfür keine allgemein gültige Aufstellung. Da die Braut für die evangelische Kirche schon verheiratet ist, stünde ihr bei einer evangelischen Trauung der Platz an der rechten Seite des Mannes zu. Sinnvoller ist es jedoch, wenn die Braut links vom Vater geht, um dann gleich auf der richtigen Seite neben dem Ehemann zu stehen. Übrigens: Seien Sie nicht geknickt, wenn Ihre Tochter lieber allein oder mit ihrem künftigen Ehemann zum Altar schreiten will. Vielleicht möchte sie ja das Gefühl vermeiden, dass sie „abgegeben" wird.

Nachdem die Braut an ihrem Platz steht, können auch Sie sich setzen und tief durchatmen. Die Familie der Braut sitzt übrigens auch auf der linken Seite – direkt hinter der Braut. Nach der

Kirche, auf dem Weg zur Feier, sitzen Sie nicht mehr mit der Tochter, sondern mit Ihrer Frau in einem Auto.

Die Hochzeitsrede

Zu den wichtigsten Aufgaben des Brautvaters, gehört das Halten einer Hochzeitsrede. Falls die Braut also von Ihnen einige Worte erwartet, müssen Sie sich gedanklich gut darauf vorbereiten. Erinnern Sie sich an die schönen Zeiten mit Ihrer großen „Kleinen", an Schlüsselmomente mit dem Bräutigam und formulieren Sie Ihre Wünsche für die Zukunft der beiden – das Ganze gespickt mit etwas Humor. Eine gute Hochzeitsrede zeichnet sich vor allem durch eins aus: Emotionalität! Grundsätzlich hat jeder Gast im Rahmen der Feier das Recht, eine kurze Rede zu halten. Den Anfang sollte jedoch immer der Vater der Braut machen, am besten nach der Begrüßung der Gäste durch das Brautpaar und vor dem Essen. Mit seiner Rede übergibt der Vater seine Tochter offiziell an den frisch gebackenen Ehemann. Mehr Infos zu Hochzeitsreden im Kapitel 7.

Der perfekte Brautvater

Endlich ist er da, der große Tag. Sicher sind Sie nervös, aber lassen Sie sich bloß nichts anmerken! Hier noch einige Anregungen, wie Sie sich aktiv in den Hochzeitstag einbringen können.
- Gehen Sie rechtzeitig mit der Mutter der Braut zum offiziellen Hochzeits-Fototermin.
- Holen Sie die auswärtigen Gäste vom Bahnhof oder Flughafen ab. Oder managen Sie den Transport zu und von den Hochzeitsfeierlichkeiten.
- Auch die Brauteltern sollten die Gäste begrüßen. Dabei stehen Sie so, dass zuerst Braut und Bräutigam, dann die Brautmutter und schließlich Sie selbst die Gäste begrüßen können.
- Nach dem Brautwalzer tanzt die Braut mit dem Vater des Bräutigams und der Bräutigam fordert die Brautmutter auf. Danach tanzt die Braut mit ihrem Vater und der Bräutigam mit seiner Mutter. Damit ist der Tanz allgemein eröffnet. Suchen Sie dafür den Vater-Tochter-Tanz gemeinsam mit

Es geht auch ohne Ihre Hochzeitsrede

Wenn Ihnen bei dem Gedanken an eine Rede flau im Magen wird, dann wählen Sie doch eine Alternative. Es gibt viele Möglichkeiten, auch ohne Rede den Erwartungen gerecht zu werden.

Die besten Alternativen

- **Show mit Kinderfotos:** Suchen Sie die schönsten Fotos Ihrer Tochter zusammen – vom Babybild bis zum Tag der Hochzeit. Entweder zeigen Sie sie als traditionelle Diashow, oder Sie scannen sie ein und erstellen eine Diashow am Computer. Die Diashow können Sie mit spezieller Software erstellen, etwa mit Maximum Fotoshow deluxe von Data Becker

(*www.databecker.de*, Preis: ca. 20 Euro). Die Diashow wird auf dem Hochzeitsfest per Beamer vorgeführt.
- **Die Vorgeschichte zur Märchenhochzeit:** Überlegen Sie sich alle wichtigen Stationen im Leben Ihrer Tochter. Sprechen Sie sich mit den Eltern des Bräutigams ab und machen Sie aus beiden Lebenswegen ein Märchen. Dies können Sie in Powerpoint zusammenstellen und vorführen.
- **Lesen Sie ein Hochzeitsgedicht vor:** Wenn Sie hierbei Hilfe benötigen, werden Sie unter *www.verseschmiede.com/hochzeitsgedichte.htm* fündig.
- **Delegieren:** Erarbeiten Sie gemeinsam mit dem Trauzeugen eine kurze Rede, die er am Tag der Hochzeit auch in Ihrem Namen hält. Bei passenden Textstellen halten Sie „Anschauungsobjekte" nach oben, beispielsweise den ersten Teddy, den ersten Schulranzen, das Bild vom Tanzkursabschlussball.

Ihrer Tochter aus – und üben Sie vorher mit ihr.
- Sorgen Sie dafür, dass alle Gäste mit Getränken versorgt sind, und muntern Sie sie auf, wenn sie einmal müde werden.
- Bleiben Sie gemeinsam mit dem Vater des Bräutigams bis zum Ende der Feierlichkeiten, und zahlen Sie diskret evtl. noch offene Rechnungen.

Die Mutter des Bräutigams

Wie bereits erwähnt, kümmern sich traditionell die Eltern der Braut um die Ausrichtung der Hochzeit. Das heißt aber nicht, dass Sie als Eltern des Bräutigams völlig unbeteiligt sind. Vor allem, weil diese Tradition nur noch selten gepflegt wird. Und auch Sie haben wichtige Aufgaben im Vorfeld und während der Feier.
- Laden Sie Ihre künftige Schwiegertochter zu einem festlichen Abendessen ein, um sie offiziell in Ihre Familie aufzunehmen.
- Suchen Sie die schönsten Kinderfotos Ihres Sohnes heraus, falls die Trauzeugen diese für eine Diashow benötigen.

> **Extra-Tipp: Schenken Sie doch einen Walk Act!**
>
> Walk Acts sind Künstler, die sich während der Feier unter die Gäste mischen und im direkten Kontakt für Spaß und Unterhaltung sorgen.
> ✘ **Kellner:** Komische Kellner sind die Urväter aller Walk Acts. Infos: *www.falsche-kellner.de*.
> ✘ **Bauchladenmädchen:** Sie unterhält das Publikum mit kleinen Gewinn- und Ratespielen, plaudert mit den Gästen, verteilt Give-Aways.
> ✘ **Tischzauberei:** Ihre Gäste sind Teil des Geschehens, machen mit bei Tricks mit Karten oder Münzen und staunen gemeinsam.

- Helfen Sie gegebenenfalls bei der Auswahl der Orte, an denen gefeiert werden soll.
- Stellen Sie die Gästeliste Ihrer Familie, Ihrer Verwandten und Freunde zusammen und koordinieren diese mit der Familie der Braut.
- Besuchen Sie mit der Brautmutter Ihre künftige Schwiegertochter, um sich das Kleid anzusehen.
- Überlegen Sie sich eine schöne Showeinlage für die Feier und engagieren Sie einen Künstler. Etwa Zauberer oder sogenannte Walk Acts (Kasten unten links). Mehr Infos dazu unter *www.comedy-walk-acts.de*. Besprechen Sie im Vorfeld mit dem Brautpaar, ob eine Einlage in dessen Sinne ist.
- Stimmen Sie sich mit der Mutter der Braut bezüglich des Kleides ab, das Sie tragen wollen.
- Stehen Sie zusammen mit Braut und Bräutigam während des Empfangs in der ersten Reihe.
- Tanzen Sie mit dem Bräutigam während der ersten offiziellen Tanzsequenz.

Der Vater des Bräutigams

- Laden Sie Ihre künftige Schwiegertochter zu einem festlichen Abendessen ein und nehmen Sie sie dabei offiziell in Ihre Familie auf.
- Besprechen Sie mit dem Brautpaar, ob und wie Sie sich an den Kosten beteiligen können.
- Erscheinen Sie rechtzeitig gemeinsam mit Ihrer Frau zum Fototermin mit dem Brautpaar.
- Stellen Sie sich während der Begrüßung zum Empfang neben Ihren Sohn.
- Nach dem zweiten Gang des Essens kommt meist die Rede des Brautvaters, danach haben Sie die Gelegenheit zu einigen Worten. Begrüßen Sie die Gäste und „verabschieden" Sie Ihren Sohn mit netten Geschichten und besten Wünschen.
- Während der ersten offiziellen Tanzsequenz – direkt nach dem Brautwalzer – tanzen Sie als erster Tanzpartner mit der Braut.
- Bleiben Sie mit dem Brautvater bis zum Ende der Feierlichkeiten und begleichen Sie ebenfalls dezent ein paar offen gebliebene Rechnungen.

Ihr Look ist wichtig

Modern, elegant oder ein trendiger Farbtupfer in Pink: Die Braut gibt den Stil vor, an dem sich die Eltern des Brautpaares unbedingt orientieren sollten.

An diesem besonderen Tag sind die Augen der Gäste nicht nur auf das Brautpaar, sondern auch auf die Eltern gerichtet. Damit Sie sich am Tag der Hochzeit auch rundum wohl fühlen und gern für Fotos zur Verfügung stehen, sollten Sie einige Grundregeln für die perfekte Garderobe berücksichtigen.

Tipps für das richtige Outfit

- **Ton in Ton**: Oftmals gibt es ein Hochzeits-Farbmotto. Dieses sollte sich in Ihrem Outfit wiederfinden, z. B. als Hut, Anstecker, Krawatte oder Einstecktuch.
- **Die richtige Preisklasse**: Ein nagelneuer Armani-Anzug oder das Anzug-Schnäppchen aus dem Schlussverkauf? Klären Sie ab, welche Ansprüche das Brautpaar an Ihre Garderobe stellt.
- **Dresscode**: Falls ein bestimmter Dresscode (z. B. Themenhochzeiten, sportlich, elegant, Black Tie) erwünscht ist, sollten Sie sich daran natürlich halten.
- **Die Braut ist die Chefin**: Stimmen Sie sich vor dem Kleiderkauf mit ihr ab. Am besten, Sie gehen mit der Braut los, um das perfekte Outfit für Sie zu kaufen.
- **Angemessen:** Auf dem Standesamt darf die Kleidung etwas schlichter sein als in der Kirche, wo die Braut in ihrem meist weißen Hochzeitskleid erscheint. Auf jeden Fall dürfen Sie mit Ihrem Outfit die Braut unter gar keinen Umständen in den Schatten stellen!
- **Der richtige Zeitpunkt:** Sobald die Braut ihr Kleid mit allen Accessoires ausgesucht hat, sollten Sie sich auf den Weg machen und Ihr eigenes Outfit kaufen. Dann haben Sie wenigstens das Kleiderproblem so schnell wie möglich aus dem Kopf.
- **Kompromisse schließen:** Die Hochzeit ist zwar der Tag der Braut, aber auch Sie dürfen sich wohl fühlen.
- **Dezente Farben:** Weiß und Schwarz sollten Sie bei Ihrem Outfit nach Möglichkeit vermeiden.
- **In der Kirche** sollten Frauen auf das Tragen von Hosen verzichten. Ihr Outfit sollte möglichst elegant sein, eventuell mit einem passenden Hut.
- **Farbabstimmung:** Die Brautmutter und die Mutter des Bräutigams sollten darauf achten, dass sie bei der Hochzeit nicht die gleiche Farbe tragen. Sprechen Sie sich also rechtzeitig ab!

Blumenkinder & Co.

Das Streuen von Blüten ist ein Symbol für Fruchtbarkeit. Darüber hinaus verleihen Blumenkinder, Brautjungfern und Brautführer der Hochzeit eine romantische Note.

Blumenkinder

Die Blumenkinder, meistens ein Mädchen und ein Junge, tragen kleine Körbe mit bunten Blüten oder Rosenblättern, die zu Ehren des Brautpaares nach oder auch vor der Trauzeremonie gestreut werden. Die Kinder gehen vor dem Brautpaar, damit dieses über ein Blumenmeer schreiten kann. In der Regel übernehmen diese Aufgabe Kinder unter acht Jahren aus der Verwandtschaft oder dem Freundeskreis. Jedes Kind bekommt einen eigenen Korb mit Blüten, damit sich die Kleinen nicht mitten im Auszug streiten.

Die perfekte Kleidung

Wenn die Braut Wert auf eine spezielle Kleidung der Blumenkinder legt, sollten Sie sich bezüglich der Kosten mit ihr absprechen. Ansonsten stimmen sich die Mütter untereinander ab. Oft tragen die Kinder ähnliche Kleidung wie das Brautpaar. Es darf also ruhig ein weißes Kleid für Mädchen und ein Anzug für Jungen sein. Beides finden Sie bei fast jedem Brautmodenausstatter. Letztlich hängt es von Ihrem persönlichen Geschmack ab, ob Sie Ihr Kind in so einen Dress stecken möchten. Oft wird den Kindern aber kein Gefallen getan, wenn sie so herausgeputzt werden, dass sie sich kaum noch bewegen können! Das heißt: Auch wenn sich die Bekleidung an den Gesamtstil der Hochzeit anpassen sollte, darf man nie vergessen, dass es sich um Kinder handelt. Und die wollen spätestens nach der Trauung wild herumtollen.

Tipps für Blumenkinder

Kinder sollten der Aufgabe gewachsen sein. Vereinbaren Sie bei sehr kleinen Kindern notfalls einen Probetermin in der Kirche, damit sie mit Papierschnipseln üben können – ansonsten wird das ganze Körbchen gern auf einmal ausgeleert. Eine schöne Geste ist es auch, wenn die Blumenkinder einzelnen Gästen Blumen überreichen, wie beispielsweise den Familienangehörigen. Wichtig ist, dass die Kinder den Tag stressfrei verbringen, dass eine Toilette in der Nähe und immer ein Elternteil verfügbar ist.

Brautjungfern

Bei traditionellen Hochzeiten wünscht sich die Braut vielleicht, von Brautjungfern begleitet zu werden. Mehr als sechs sollten es aber nicht sein, da die Braut sonst in der Gruppe verloren geht! In heidnischen Zeiten, als noch böse Geister bei Hochzeiten vermutet wurden, waren Brautjungfern dazu da, böse Geister von der Braut abzulenken. Sie zogen sich schöne Kleider an, um der Braut ähnlich zu sehen und somit die bösen Geister zu verwirren. Die bösen Geister konnten nicht mehr feststellen, wer die echte Braut war.

Wer wird Brautjungfer?

Als Brautjungfern kommen in der Regel unverheiratete Freundinnen und Verwandte der Braut in Frage. Sie sollten im gleichen Alter wie die Braut sein und sie sehr gut kennen, vielleicht sogar mit ihr oder dem Bräutigam verwandt sein. Hat der Bräutigam eine Schwester, sollte man sie auf alle Fälle miteinbeziehen.

Die Aufgaben

Es ist eine große Ehre, Brautjungfer zu sein – die Braut muss sich hundertprozentig auf Sie verlassen können. Also sollten Sie auch gewillt sein, der Braut unter die Arme zu greifen. Die Garderobe wird gemeinsam mit der Braut besprochen, damit sich die Brautjungfern dem Stil der Hochzeit anpassen. Übrigens können die Kosten für die Kleider und Accessoires auch manchmal mit dem Brautpaar geteilt werden – je nach Geldbeutel und Absprache. Am Hochzeitstag tragen die Brautjungfern ebenfalls kleine Blumensträuße oder auch Handgelenk-Sträuße. Die Brautjungfern sind nach der Trauzeugin die wichtigsten Helferinnen bei den Vorbereitungen der Hochzeit. Sie begleiten die Braut in die Kirche und tragen ihre Schleppe. Manchmal führt die Brautjungfer den Hochzeitszug auch mit einem Brautführer an.

Brautführer

Er ist der männliche Gegenpart der Brautjungfer und hatte ursprünglich den Auftrag, Braut und Hochzeitsgesellschaft vor irdischen Gefahren wie z. B. Plünderern und Überfällen zu schützen. Die Tradition des Brautführers ist längst nicht mehr so lebendig wie einst. Seine Aufgaben haben eine Veränderung erfahren. In der Zeit vor der Hochzeit, in der alle Vorbereitungen auf Hochtouren laufen, hat er keinerlei Aufgaben zu erfüllen.

Wer wird Brautführer?

Sollten Sie angesprochen werden, diese Rolle zu übernehmen, müssen Sie die Entscheidung gut durchdenken. Für irgendjemanden einzuspringen, nur um dem Brautpaar einen Gefallen zu tun, wäre falsch. Für diesen Job ist uneingeschränktes Vertrauen erforderlich. Sie sollten das Brautpaar also gut kennen. Zudem müssen Sie

> ### Extra-Tipp:
> **Schöne Alternativen zu Blütenblättern**
> Das Streuen von echten Blütenblättern wird in manchen Kirchen nicht gern gesehen, da der Steinfußboden durch Farbpigmente Schaden nehmen könnte. Falls der Pfarrer also dagegen ist, gibt es hübsche Alternativen:
> ✗ **Konfetti in Blütenform:** 2000 Blätter für 4,50 Euro bei www.braut-shopping24.de.
> ✗ **Textile Rosenblätter:** 500 Blätter für 11 Euro bei www.luftballonwelt.de.
> ✗ **Wedding Bubbles:** Karton mit 24 Fläschchen für 10 Euro bei www.hochzeitsboutique.com.

die Braut mögen, damit Ihnen das Ganze Spaß macht, Sie motiviert sind und Ihr Einsatz perfekt klappt. Die Braut verlässt sich ganz auf Sie und erwartet, dass Sie ihr den Rücken frei halten.

Die Aufgaben

Aufgabe des Brautführers sind alle Vorbereitungen, die nur in letzter Minute getroffen werden können – sei es das Anzünden der Kerzen oder die Organisation der Musik. Hier sind organisatorisches Talent und Besonnenheit gefragt. Hektik und Nervosität sind fehl am Platz. Früher führte er die Braut im Brautzug zum Altar, heutzutage begleitet der Brautführer die Brautjungfer in die Kirche hinein und wieder hinaus. Eine der wichtigsten Aufgaben ist es, der Hochzeitsgesellschaft mit der Sitzordnung behilflich zu sein. Auch Ihre Keidung wird mit der des Bräutigams abgestimmt. Eine schöne Geste besteht darin, die Braut im Festsaal nach dem Brauttanz zum ersten „normalen" Tanz aufzufordern. Während der Feier organisieren Sie die Musik, übermitteln z. B. Musikwünsche von Hochzeitsgästen und stimmen Musikpausen und -lautstärken ab.

Tipps für VIPs Für weitere VIPs

Kopiervorlage

Checkliste für Geschenke-Verwaltung

Hochzeit von: _____ & _____ Datum: _____

Nummer*	Name des Gastes	Kurze Beschreibung
①		
②		
③		
④		
⑤		
⑥		
⑦		
⑧		
⑨		
⑩		
⑪		
⑫		
⑬		
⑭		
⑮		

* Bereiten Sie kleine Aufkleber mit Nummern vor, die Sie auf die entsprechenden Geschenke kleben. So können Sie Verwechslungen ausschließen.

Für weitere VIPs *Tipps für VIPs*

Kopiervorlage

Nummer*	Name des Gastes	Kurze Beschreibung
16		
17		
18		
19		
20		
21		
22		
23		
24		
25		
26		
27		
28		
29		
30		
31		
32		
33		

Direkt nach der kirchlichen oder standesamtlichen Trauung sind Brautpaar und Gäste besonders emotional. Genießen Sie diese schönen Momente, um danach die frisch Verheirateten mit liebevollen Aktionen zu überraschen. Lassen Sie weiße Tauben fliegen, buchen Sie eine Sängerin, die das Lieblingslied des Brautpaares singt, verzieren Sie das Hochzeitsauto oder stellen Sie das Brautpaar mit fantasievollen Wegsperren auf die Probe.

4 RUND UM DIE TRAUUNG

Rund um die Trauung

Einen Baum pflanzen, Schmetterlinge fliegen lassen, Baumstamm sägen: Nach der standesamtlichen oder kirchlichen Trauung gibt es viele Ideen für bezaubernde Aktionen.

Einfach nur die Trauung hinter sich zu bringen und dann zu verschwinden – das ist nichts für den schönsten Tag im Leben zweier Menschen. Jedenfalls wenn Sie ein Wörtchen mitzureden haben und sich von unseren Ideen zu einer spektakulären Aktion vor dem Standesamt oder der Kirche inspirieren lassen …

Hindernisse

Freunde versperren nach der standesamtlichen oder kirchlichen Trauung dem Brautpaar den Weg mit einem Hindernis. Dieser Brauch war früher weit verbreitet und symbolisiert den Anfang einer neuen Lebensgemeinschaft. Besteht das Brautpaar die gestellten Prüfungen, so meistert es auch auf dem Weg ins Eheglück alle Hindernisse. Die mit ihnen verbundenen Aufgaben können vielerlei Art sein.

Baumstamm

Dem Brautpaar wird der Weg mit einem (nicht zu dicken!) Baumstamm versperrt. Die frisch Vermählten müssen diesen mit vereinten Kräften durchsägen – damit wird symbolisch dokumentiert, dass sie an einem Strang ziehen und Probleme gemeinsam lösen können. Die Freunde und Verwandten des Paares, die den Baumstamm hergerichtet haben, feuern die beiden bei der Bewältigung der Aufgabe lautstark an.
Stamm und Säge können mit Schleifen oder Luftballons dekoriert werden. Das kurze Ende des zersägten Holzbalkens können Sie mit auf die Hochzeitsfeier nehmen und alle Gäste darauf unterschreiben lassen. Ein schönes Andenken. Einige Gäste lassen es sich bei dieser Gelegenheit oft nicht nehmen, die eigene Geschicklichkeit unter Beweis zu stellen. So kann das Brautpaar beispielsweise auch die Eltern der Braut oder des Bräutigams auffordern, den halbierten Stamm in möglichst dünne Scheiben zu sägen. Daraus kann sich unter den Gästen wiederum ein eigener Wettstreit entwickeln: Wer schneidet die dünnsten Holzscheiben?
Für diese Aktion benötigen Sie einen Baumstamm (am besten Eiche oder Fichte), zwei Holzböcke und eine ordentliche Holz-Ziehsäge. Falls Sie die nicht in der Garage haben und die komplette Ausrüstung mieten möchten, finden Sie Informationen unter *www.ertl-karussell-land.de*. Mietpreis: ca. 190 Euro.

Gespanntes Seil

Vor allem Kinder lieben diesen Brauch: Beim Verlassen der Kirche oder vor Abfahrt des Hochzeitsautos wird dem Brautpaar mit einem Seil (oder mit Bändern, Schnüren, Ketten oder Stangen) der Weg versperrt. Er wird erst wieder frei gemacht, nachdem der Bräutigam einen Wegezoll bezahlt hat. Dieser Brauch steht für den Freikauf von seinen Jugendsünden. In manchen Regionen soll das Seil nicht das Brautpaar aufhalten, sondern die bösen Geister, die dem Brautpaar folgen. Muss auch die Braut zum Geldbeutel greifen, so steht dies für ein gemeinsames Überwinden von Hindernissen. Manchmal muss der Bräutigam zusätzlich auch ein Rätsel lösen. Damit soll er zeigen, dass er es versteht, Schwierigkeiten anzupacken, und dass er reif für die Ehe ist.
Der Wegezoll muss übrigens nicht immer finanzieller Art sein, Kinder freuen sich auch über Süßigkeiten, Gebäck, Äpfel, Nüsse oder Getränke.

Wer schnippelt schneller?

Diese Einlage mit Bettlaken und Nagelschere bringt das Brautpaar voll auf Trab: Wer seine Herzhälfte zuerst ausgeschnitten hat, der hat in der Ehe das Sagen.

Auf ein großes Bettlaken wird ein Herz gemalt. Nur mit zwei kleinen Nagelscheren bewaffnet, schneiden die Brautleute das Herz gemeinsam aus – jeder seine Hälfte. Um dieser Aufgabe eine sportliche Note zu verleihen, gilt: Wer zuerst fertig ist, der wird in der Ehe das Sagen haben. Zum Abschluss dieses Spiels muss der Bräutigam seine Braut durch das Herz im Bettlaken tragen.

Herz-Bettlaken: So wird's gemacht

Auf das Bettlaken wird ein großes Herz gemalt. In das Herz können Sie mit einem Stoffmalstift die Namen des Brautpaares und das Hochzeitsdatum schreiben. Bevor Sie das Herz malen, empfiehlt es sich, die Konturen mit einem Bleistift auf dem Laken vorzumalen. Malen Sie das Herz auf keinen Fall zu klein – damit das Brautpaar durchpasst, sollte es fast so groß wie das gesamte Bettlaken sein.
- **Bettlaken:** Es kann gebraucht sein – aber sauber. Neue Bettlaken gibt es günstig bei Ebay.
- **Stoffmalfarbe & Pinsel:** Stoffmalfarbe gibt es im Internet unter *www.creativ-discount.de* (ca. 2 Euro für 20 ml), dazu Stoffmalstift für den Text.
- **Zwei Nagelscheren:** Um die Sache zu erschweren, können Sie alte und stumpfe Scheren verwenden. Das Ausschneiden bietet sich direkt nach der kirchlichen Trauung an. Sie benötigen dafür noch zwei Helfer, die das Bettlaken gerade spannen und halten.

Gemeinsam ins Glück: **Nach getaner Arbeit trägt der Bräutigam seine Frau auf Händen.**

Schmetterlinge – ein Schwarm voller Liebe

Die Hawaiianer glauben, dass Schmetterlinge den Menschen Glück bringen. Einer Legende zufolge erfüllen sie die Wünsche derjenigen, die sie freilassen. So ist es bei Hochzeiten zu einem schönen Brauch geworden, die anmutigen Wesen einzeln oder im Schwarm aufsteigen zu lassen.

Das sollten Sie wissen
Sie können tatsächlich Schmetterlinge kaufen! Zum Beispiel unter *www.hochzeit-schmetterling.de*.
- **Lieferung:** Die Schmetterlinge werden in Faltschachteln verpackt und inklusive Kühlakku in einer Styroporbox versandt. Die wechselwarmen Tiere fahren wegen der Kühlung ihren Stoffwechsel herunter. So wie sie es in freier Natur bei schlechter Witterung machen würden. Sie bleiben während des Transports in einer Starre, merken gar nichts davon. Erst in einer Aufwärmphase erwachen sie wieder.
- **Großer Kohlweißling oder Distelfalter:** Die Insekten stammen aus der Zucht und werden nicht in der freien Natur gefangen. Der Große Kohlweißling kommt natürlich in Deutschland vor, so dass die Tiere nach dem Freilassen keine Probleme haben, mit der Umgebung zurechtzukommen.
- **Temperaturen über 15 Grad Celsius:** Die Tiere können nur bei geeigneten Witterungsbedingungen zwischen April und Oktober freigelassen werden. Geschlossene Räume sind natürlich ungeeignet.
- **Preis:** 25 Schmetterlinge kosten ca. 120 Euro. Zu diesem Betrag kommen noch Versandkosten in Höhe von 40 Euro.

© Sergey Chushkin – FOTOLIA

Band mit Ballons

Das Brautpaar verlässt nach der Trauung die Kirche und muss gemeinsam ein vor dem Eingang gespanntes Band durchtrennen. Dieser Akt symbolisiert ebenfalls die gemeinsame Bewältigung von Hindernissen und das Tor zu einem neuen Lebensabschnitt. Um diese Aktion noch farbenfroher zu gestalten, benötigen Sie zwei Pfosten (ca. 1,5 m hoch), die an ihrem oberen Ende jeweils eine Öse oder Schlaufe besitzen. Alternativ können Sie auch zwei Skistöcke zuerst mit weißem Krepppapier und dann mit roten Bändern umwickeln und in die Erde stecken. Stellen Sie diese in ungefähr zwei Meter Abstand voneinander auf. Danach ziehen Sie ein ca. 2,40 m langes rotes Band durch die beiden Schlaufen. An beiden Enden des Bandes befestigen Sie je eine Traube bunter Herzballons, gefüllt mit Ballongas. Durch die Ballons wird das Band unter Spannung gehalten.

Wenn das junge Brautpaar aus dem Standesamt oder der Kirche kommt, überreichen Sie den beiden eine Schere. Sobald das Band durchtrennt ist, fällt es nicht zu Boden, die schwebenden Ballons ziehen die Teilstücke vielmehr auseinander und nehmen die roten Bänder in den Himmel. Ballons und Ballongas finden Sie unter *www.ballon24.de*. Das Paket „Bunt & Lustig" enthält Ballongas für ca. 100 Ballons, 100 runde Latexballons und 100 Ballonschnüre. Preis: ca. 100 Euro.

Ehrenspalier

Auch das Spalier steht für das gemeinsame Überwinden von Hindernissen. Dabei bilden Freunde und Verwandte vor der Kirchentür (oder vor dem Standesamt) ein Spalier, durch das sich das frisch vermählte Paar seinen Weg bahnen muss. Es soll mit gebeugten Köpfen unter den niedrigen Bögen hindurchschreiten und somit gegen alle weiteren Hindernisse auf dem gemeinsamen Lebensweg gewappnet sein. Der Tunnel kann mit Blumen, langen Wunderkerzen, Fähnchen, Besen oder anderen symbolischen Gegenständen, die im Zusammenhang mit den Hobbys des Brautpaares stehen, gebildet werden – zum Beispiel auch aus Tennisschlägern, wenn sie begeisterte Tennisspieler sind. Hübsch ist auch ein Ballonspalier. Dazu füllen Sie die Ballons mit Helium und knoten jeweils ein ca. zwei Meter langes Band mittig an den Ballon. Zwei Gäste halten je ein Ende des Bandes. Das Brautpaar muss sich den Weg durch die Ballons bahnen und ein Ballon nach dem anderen fliegt nach oben.

Liebe, Glück, Kindersegen

Wer heiratet, ist ein glücklicher Mensch. Damit das Glück aber den ganzen Rest des Lebens anhält, gibt es viele liebenswürdige Bräuche, die symbolisieren: Diese beiden Menschen sollen auch in Zukunft ganz besonders viel Glück haben – und vielleicht auch eine ganze Kinderschar.

Schornsteinfeger

Ein Schornsteinfeger soll Glück bringen – wenn man ihn anfassen darf, sogar ganz besonders viel. Der Hintergrund: Früher war es eine Katastrophe für den Haushalt, wenn der Kamin verstopft war oder schlecht zog. Dann konnten weder die Mahlzeiten zubereitet werden, noch wurde es warm im Haus. Da brachte der Kaminkehrer die Rettung. Er säuberte den Kamin, und es war wieder möglich, zu kochen und zu heizen. So brachte er das „Glück" zurück.

Natürlich sollte die Braut nicht auf zu enge Tuchfühlung mit dem Schornsteinfeger gehen, denn gerade auf dem weißen Brautkleid macht sich der Ruß nicht so gut. Dennoch ist es ein hübsches Symbol, wenn er nach der Trauung auf das Brautpaar wartet, um zu gratulieren. Falls Sie keinen echten Schornsteinfeger an der Hand haben, können Sie auch unter *www.kuenstlerteam.com* für ca. 150 Euro einen Schauspieler buchen. Er kommt als Schornsteinfeger direkt auf das Fest und gratuliert mit einem spritzigen Vortrag.

Jeder ist seines Eheglückes Schmied!

Der Glaube an die Kraft des Hufeisens, Böses abzuwehren und Glück zu bringen, ist in der ganzen Welt verbreitet. Ein Hufeisen sollte in jedem Haus an der Wand oder über der Tür hängen. Aber unbedingt mit dem offenen Ende nach oben, sonst fällt das Glück heraus, sagt man. Besuchen Sie mit dem Brautpaar nach der standesamtlichen Trauung eine Glücks-Schmiede. Hier können die beiden ein Hufeisen für ihr gemeinsames Glück schmieden – mit Sicherheit eine unvergessliche Erinnerung.

Adressen von Schmieden

- **Rixdorfer Schmiede:** In der wunderschönen Schmiede im Herzen Berlins bekommt das Brautpaar nicht nur Einblicke in die hohe Kunst des Schmiedens, sondern kann auch in der Schmiede einen Sektumtrunk veranstalten. Mehr Infos unter *www.rixdorferschmiede.de.*
- **Kunstschmiede Balbach:** Die Museumsschmiede in Iserlohn samt Vorplatz und Ziehbrunnen bietet ebenfalls die Gelegenheit zu einem Sektempfang, *www.kunstschmiede-balbach.de.*
- **Kunstschmiede Raum:** Bei Michael Raum in Oerlinghausen (Nordrhein-Westfalen) haben alle die Gelegenheit, mit Blasebalg, Feuer, Amboss und Hammer, „ihr" Stück Eisen zu schmieden – ein aufregendes Erlebnis. *www.kunstschmiede-raum.de.*

© Rudi Wambach – FOTOLIA

Pflanzen für die Liebe

Wunderbarer Brauch: In manchen Regionen setzt man am Tag der Hochzeit im eigenen Garten oder in einem Park einen Baum für das junge Glück in die Erde.

Ein Hochzeitsbaum soll wie die Ehe gute Früchte bringen. Der gepflanzte Baum gilt als Symbol für den Anfang der Ehe. Und wie der Baum, so wächst auch die Partnerschaft – so unterschiedlich, wie seine Wachstumsphasen und Jahresringe sind, soll auch die Ehe sein. Welchen Baum Sie wählen, bleibt Ihnen überlassen – am besten eine Art, mit der das Brautpaar etwas Persönliches verbindet. Oder Sie wählen den Baum nach seiner Symbolik aus:

Bäume und ihre Symbolik

- **Die Eberesche (Vogelbeere, Lebensbaum):** Sie gilt als Baum des Glücks und wird als besonders heilkräftig gelobt. Zudem soll sie vor bösem Zauber und Unheil schützen.
- **Die Weide:** Sie unterstützt die Klarheit in unseren Gedanken und löst emotionale Spannungen. Bei ihr können Sorgen und Wut abgeladen werden.
- **Die Eiche:** Sie gilt als Symbol der Kraft und der Willensstärke. Sie steht damit für die Dauerhaftigkeit und Beständigkeit einer Ehe.
- **Die Birke:** Im Kreislauf des Lebens verkörpert sie das Entstehen und Wachsen. Nach altem Glauben bergen ihre Zweige Wunderkräfte, die sich auf alles Lebendige übertragen, das mit ihnen in Berührung kommt.
- **Der Haselstrauch:** Er symbolisiert Weisheit und Wahrheit. In der römischen Mythologie ist der Haselstrauch auch ein Symbol des Friedens.

Glücksbringer: Die Kelten glaubten, dass jede einzelne Eichel von Feen beseelt ist.

Glücksschwein

Das Glücksschwein gilt als Symbol für Wohlstand und Glück. Über die Wurzeln der Entstehung dieser Symbolik gibt es verschiedene Theorien. Eine beschreibt, dass Schweine ihre Besitzer reich machen. Steckt man in ein kleines Ferkel sämtliche Essensreste, wird daraus ein prächtiges großes Schwein, das sich teuer verkaufen lässt. Wenn Sie dem Brautpaar also besonders viel Glück wünschen, ist ein lebendiges Glücksschwein eine originelle Geste. Vielleicht kennen Sie einen Landwirt, der Ihnen ein – hoffentlich besonders pflegeleichtes – Ferkel kurzzeitig überlässt. Denken Sie aber daran, dass viele Brautpaare keine Möglichkeit haben, das Ferkel artgerecht zu versorgen oder aufzuziehen. Deshalb sollte es nach seinem großen Auftritt gleich wieder in seinen Stall zurückgebracht werden.

Storch auf dem Dach

Leider gibt's die Situation, am Hochzeitstag einen echten Storch auf dem Dach zu finden, nur noch selten. Daher müssen Sie sich wohl mit seinem Kollegen aus Holz oder Pappe begnügen. Der Klapperstorch oder gar ein Kinderwagen auf dem Dach ist ein mehr oder weniger dezenter Hinweis an das Brautpaar, schnell für Nachwuchs zu sorgen. Oft wird zusätzlich eine Leine mit Babywäsche gespannt. Einen hübschen Klapperstorch finden Sie bei *www.pettys-holzparadies.de*. Er ist ca. 60 cm groß und kostet etwa 37 Euro.

Blumenkinder

Blumenkinder liefen schon im alten Rom mit Fackeln aus zauberkräftigem Holz voran oder streuten der Braut Rosenblätter auf den Weg. Im Biedermeier stellte man in England auf dem Nachhauseweg Blumen so eng, dass der Schleier der Braut daran streifte und so den Duft der Blumen annahm.

Heute werden die Blütenblätter meist von Kindern mit Blumenkörben auf den Weg zum Altar oder nach dem Jawort vor der Kirche oder dem Standesamt gestreut. Weitere Informationen rund um die Blumenkinder finden Sie in Kapitel 3 („Tipps für VIPs").

Hochzeitstauben

Machen Sie dem Brautpaar eine Freude und verschenken Sie einen beglückenden Moment von tiefer Bedeutung: Lassen Sie weiße Tauben zur Hochzeit in den Himmel aufsteigen! Im Alten Testament schickt Noah eine Taube aus, und als sie mit einem Olivenblatt im Schnabel zurückkehrt, weiß er, dass die Sintflut vorbei ist. Für das Hochzeitspaar lässt man Tauben fliegen, damit Liebe, Frieden und Glück in der Zukunft die Wegbegleiter der beiden sein werden. Dazu widmet man dem Brautpaar einen persönlichen Hochzeitsspruch. Wenn Sie nicht wissen, woher Sie Tauben bekommen sollen, unser Tipp: In fast jedem Ort gibt es Brieftaubenzüchtervereine – die Mitglieder werden gegen einen kleinen Obolus sicher aushelfen können. Weitere Informationen zum Thema Tauben finden Sie auch in Kapitel 8 („Geschenkideen").

Extra-Tipp: Reis-Alternativen

Lebensmittel zu werfen lehnen immer wieder Gäste ab. Kein Problem – es gibt schließlich gute Alternativen zum traditionellen Reis.

✗ **Konfetti-Popper:** Glitzerregen in silber und gold, 4 Stück für 5 Euro, *www.princessdreams.de*.

✗ **Seifenblasen:** Wedding Bubbles, *www.wonderland4u.com*, ca. 0,80 Euro pro Flasche.

✗ **Glückspfennige:** Symbol für das Glück und die Sparsamkeit. Aber Vorsicht: sehr hart!!!

✗ **Luftschlangen:** Mit Herzmotiv, 3 Rollen mit je 9 Luftschlangen ca. 2 Euro, *www.weddix.de*.

✗ **Blütenblätter:** Gefriergetrocknete Rosenblätter, ab ca. 14 Euro, *www.rosenblaettershop.de*.

Reiswerfen

Das Paar wird beim Verlassen von Standesamt oder Kirche mit Reis beworfen, das soll Glück bringen – und Fruchtbarkeit. Wegen der damit verbundenen Verschmutzung ist der Brauch nicht überall beliebt; deswegen sollte man vorher bei Kirche oder Standesamt fragen, ob das Reiswerfen überhaupt möglich ist. Eventuell bringen Sie Kehrbesen und Schaufel mit und schaffen hinterher wieder Ordnung, das besänftigt Pfarrer oder Standesbeamte. In Italien streut das Brautpaar vor der Zeremonie bunten Reis auf den traditionellen Buffet-Tisch! Bunten Hochzeitsreis finden Sie für 2,60 Euro unter www.mehr-hochzeit.de.

Tipp: Gerade kleine Kinder lieben diesen Brauch und nutzen ihn ausgiebig und mit großer Begeisterung. Deshalb bei der Verteilung der Reisportionen eher zurückhaltend sein!

Dosen am Auto

Eine wirksame Art, die bösen Geister durch Lärm abzuschrecken, ist das Dosen-Scheppern. Hierbei binden Gäste oder Freunde leere (Konserven-) Dosen an einer Schnur zusammen und knoten die Leine hinten an das Brautauto. Sobald das Brautpaar losfährt, ertönt lautes Scheppern. Zusätzlich wird das Brautauto von einem lauten Hupkonzert begleitet, an dem auch Unbeteiligte gerne teilnehmen. Dabei fährt das Brautauto voran. Oft dient dabei der Trauzeuge als Chauffeur, denn ein alter Aberglaube besagt, dass der Bräutigam das Hochzeitsauto nicht selbst lenken darf, wenn er nicht direkt ins Unglück fahren will.

Weitere Extras

Es sind die kleinen Details, die aus einem schönen Tag einen wunderschönen Tag machen – einen unvergesslichen, für alle Beteiligten.

Hochzeitskerze

Die Hochzeitskerze ist kein Muss bei einer kirchlichen Trauung, man kann sie aber wunderbar in die Zeremonie integrieren. Sie wird oft von der Braut oder einem Blumenmädchen in die Kirche getragen und im Laufe des Gottesdienstes vom Brautpaar angezündet. Alternativ steht sie bereits beim Einzug brennend auf dem Altar. Nach der Trauung kann das Brautpaar die Kerze nach draußen tragen, um sie auch auf der anschließenden Feier weiter brennen zu lassen. Viele Paare zünden die Kerze später zu jedem Hochzeitstag an.

Musikeinlagen

Überraschen Sie das Brautpaar mit einer musikalischen Einlage nach der Trauung.

- **Musikanlage aufbauen:** Oftmals ist nach der Trauung ein Sektumtrunk direkt vor Ort geplant. Sorgen Sie schon während des Auszugs für eine musikalische Beschallung, etwa mit „What a Wonderful World" (Louis Armstrong) oder „I Say A Little Prayer For You" (Aretha Franklin).
- **Geigerduo:** Engagieren Sie zwei Geiger, die für das Brautpaar den Hochzeitswalzer vor Ort spielen. Adressen unter www.memo-media.de.
- **Sängerin engagieren:** Buchen Sie eine Sängerin, die nach oder während der Trauung das Lieblingslied des Brautpaares singt.

Extra-Tipp: Deko für´s Auto

Das Dosen-Scheppern ist auch in den USA sehr beliebt – immer gehört dazu das Schild „Just Married" (Frisch verheiratet) ans Autoheck.

✗ **„Just Married"-Flagge:** Sehr trendig und passt an die Scheibe von jedem Automodell, Preis: ca. 3,50 Euro unter www.racheshop.de.

✗ **Car Decoration Kit „Just Married":** Typisch amerikanisch! Das Set besteht aus 77 Teilen. Preis: ca. 13 Euro. www.american-style.de.

✗ **Kfz-Dekoschild „Just married":** Aus beschichtetem Karton, Maße: 43,5 x 26 cm, Preis: ca. 5 Euro, www.derhochzeitsshop.de.

Fahren wie ein Prinzenpaar

Romantik pur: Eine Kutsche beschert dem Brautpaar eine unvergleichliche Fahrt zur Kirche und den Hochzeitsgästen einen unvergesslichen Anblick.

Damit sich die Fahrt ganz entspannt genießen lässt: Bedenken Sie, dass eine Kutsche nur wenige PS hat und gemütlich fährt. Außerdem dürfen Kutschen nicht überall fahren, unbedingt vorher mit dem Kutscher den Weg besprechen. Zur Sicherheit sollte die Kutsche über ein zuklappbares Verdeck verfügen, damit die Fahrt auch bei schlechtem Wetter stattfinden kann. Es sollte genügend Zeit für Fotos eingeplant werden: Brautpaar mit Kutsche – das ist ein traumhaftes Motiv. Die Preise variieren von ca. 200 bis 600 Euro, je nach Anbieter, Kutsche und Fahrtweg. Fragen Sie in Ihrem Freundeskreis, ob jemand Kontakte zu einer Reitschule oder einem Kutschenverleih hat. Vielleicht können Sie günstige Sonderkonditionen aushandeln.

Kutschen in Deutschland

- **Nordrhein-Westfalen:** Fahrsport Königsbusch, 59329 Wadersloh, www.kutschen.com.
- **Schleswig-Holstein:** Reitstall Barca, 22889 Tangstedt, www.hochzeitskutsche.de.
- **Brandenburg:** Reit- und Fahrtouristik Kohlschmidt, 14558 Nuthetal, www.rssm.de/hochzeitskutschen.
- **Bayern:** Kutscherei Markus Wimmer, 85664 Hohenlinden, www.kutscher-max.de.
- **Berlin:** Gustav Schöne OHG, 12055 Berlin-Neukölln, www.gustav-schoene.de.
- **Sachsen-Anhalt:** Linde's Kutscherstube, 38855 Wernigerode, www.lindes-kutscherstube.de.

Hochzeits-Rikscha: Originelle Alternative für die Großstadt, www.rikscha-mainz.de.

Kopiervorlage

Checkliste Hochzeitsgäste

Namen	Adresse

* Familie Braut, Familie Bräutigam, Freunde Braut, Freunde Bräutigam, Arbeitskollegen Braut, Arbeitskollegen Bräutigam, Sonstige

Rund um die Trauung | **95**

Hochzeit von [ ] & [ ] Datum [ ]

Blatt-Nummer [ ]

Telefon-Nummer	Mail-Adresse	Verhältnis zum Brautpaar*

Die kreative Beteiligung der Gäste macht eine Hochzeitsfeier so richtig einzigartig und unvergesslich. Hier finden Sie über 70 Ideen, wie Sie das Brautpaar und die anderen Gäste während der Hochzeitsfeier überraschen können – von fliegenden Glückslaternen über selbst gedrehte Videos bis zu originellen Gästebüchern und Gemeinschaftskunstwerken. Dazu die detaillierte Anleitung, wie Sie am PC mit wenigen Schritten eine unterhaltsame Hochzeitszeitung erstellen.

5 AKTIONEN FÜR DIE HOCHZEITSFEIER

Ballons & Flammeas	Seite **98**
Foto, Video & Homepage	Seite **102**
Bücher & Kalender	Seite **108**
Bilder malen	Seite **116**
Von Herzen	Seite **118**
Hochzeitszeitung	Seite **124**

Hoch soll'n sie fliegen!

Das Brautpaar schwebt im siebten Himmel. Dann wird es Zeit, dass ihm Ihre guten Wünsche dorthin folgen. Nicht auf Engelsflügeln, aber mit diesen luftigen und romantischen Ideen.

Nicht nur weiße Tauben fliegen heutzutage bei romantischen Hochzeiten in den Himmel. Diese Ideen verzaubern Brautpaar und Gäste, ohne dass man auf die gefiederten Freunde zurückgreifen muss.

Sternenhimmel

Diese Aktion ist etwas aufwendig, wird aber alle Hochzeitsgäste begeistern. Sie eignet sich am besten für Innenräume, die eine Deckenhöhe von mindestens fünf Metern haben, Scheunen sind beispielsweise ideal.

Das brauchen Sie
- ca. 90 Luftballons
- 30 Knicklichter
- Heliumgas, zu kaufen etwa unter www.helium-ballongas.de
- ca. 100 Meter leichte Schnur
- 30 kleine Kartons

So geht's

30 Schnüre auf jeweils ca. 3 Meter zuschneiden und um kleine Kartons wickeln, damit sie sich nicht verknoten. Ballons mit Helium füllen. An einem Ende der Schnur ein Knicklicht befestigen, am anderen drei Luftballons. Sie können es auch mit weniger Ballons versuchen, da aber selbst Mini-Knicklichter ein Eigengewicht von ca. 3 Gramm haben, brauchen Sie mehrere Ballons, damit alles zusammen aufsteigen kann.

Alle Ballons werden an einer langen Schnur befestigt, die draußen oder am Ort des Geschehens aufgespannt wird. So sind die Ballons auch schon vor ihrem großen Auftritt ein Hingucker.

Bei einbrechender Dunkelheit bitten Sie das Brautpaar kurz aus dem Festsaal. Alle Gäste helfen, die Knicklichter zu knicken und die Schnüre abzuwickeln. Dann wird das Licht gedimmt und das Brautpaar wieder hereingebeten. Genau jetzt lassen die Gäste ihre Ballons los. Wie ein Schwarm Glühwürmchen schweben die Lichter Richtung Decke und bilden einen wunderschönen Sternenhimmel, der für den Rest der Feier leuchten wird.

Sie können auch für das Brautpaar zwei Knicklichter mit Ballons vorbereiten. Die beiden können dann ihre Sterne zusammenbinden und zur Decke fliegen lassen, wo sie sich mit der Schar der anderen Lichter zu einem großen, romantischen Firmament verbinden.

Extra-Tipp: Knicklichter

In den zwei Kammern des Knicklichtes befinden sich unterschiedliche Chemikalien. Durch Knicken und Schütteln des Plastikröhrchens vermischen sich beide Substanzen und erzeugen durch eine Reaktion Licht. Je nach Größe leuchten die Lichter 8 bis 12 Stunden. Danach können Sie sie einfach im Hausmüll entsorgen. Knicklichter in verschiedenen Farben finden Sie in Läden für Angelbedarf oder bei:

✗ www.fisch-server.de: 4,5 mm x 39 mm, 100 Stück für 12 Euro.
✗ www.magic-man1001.de: 4,5 mm x 38 mm, pro Stück 0,22 Euro.

Riesen-Wunschballon

Eine romantische und außergewöhnliche Überraschung. Sie eignet sich für draußen, beispielsweise beim Sektempfang im Garten. Grundvoraussetzung für die Aktion ist günstiges Flugwetter.

Das brauchen Sie

- einen roten Riesenballon, zu kaufen unter www.luftballonwelt.de. Umfang: 5,50 Meter, Durchmesser: ca. 1,75 Meter, Preis: ca. 20 Euro
- Ballongas, zu kaufen unter www.helium-ballongas.de. 10-Liter-Mehrwegflasche, ca. 89 Euro
- eine lange Schnur, ca. 3 Meter
- Post-it-Zettel in Herzform, z.B. 225 Blatt für ca. 5 Euro unter www.buerotechnik-weber.de
- ausreichend Stifte

So geht's

Während der Feier bitten Sie jeden Gast, seinen ganz persönlichen Wunsch für das Brautpaar auf ein Post-it-Herz zu schreiben. In der Zwischenzeit sollten Sie den Ballon vorsichtig aufblasen, zuknoten und die Schnur dranbinden. Den Ballon anschließend gut festbinden, beispielsweise an einem Pfosten oder Zaun, damit das gute Stück nicht unversehens entschwindet.

Ist alles vorbereitet, bitten Sie die gesamte Hochzeitsgesellschaft mit ihren liebevoll beschrifteten Post-it-Herzen nach draußen. Dort übergeben Sie den Riesenballon an das Brautpaar, achten Sie dabei darauf, dass der Ballon in erreichbarer Bodennähe bleibt. Nun geht jeder Gast zu dem Brautpaar und klebt seinen persönlichen Wunsch auf den Ballon. Ob die Wünsche dabei für die ganze Hochzeitsgesellschaft hörbar laut ausgesprochen werden oder nur das Brautpaar die Wünsche kennt, bleibt den Gästen überlassen. Wenn alle ihre Wünsche übergeben haben, wird der Ballon freigelassen. Langsam entschwebt er – und die Hochzeitsgesellschaft wird noch lange dem roten Punkt am Himmel nachsehen.

Herziger Partyballon

Die Überraschung für das Hochzeitspaar und zugleich eine tolle Dekoidee: ein drei Meter hohes aufblasbares Herz. Das Herz können Sie bei der Firma christophAIR mieten. Mehr Informationen unter www.partyballon.de.

So funktioniert's

- **Anlieferung:** Das Herz wird per DPD in einem 28-Kilo-Transportkoffer mit Aufbauanleitung, Gewichtssäcken, Befestigungsmaterial und mit eingebautem 230-Volt-Gebläse angeliefert.
- **Aufbau:** Der Ballon lässt sich von zwei Personen aufbauen! Sie brauchen nur einen 230-Volt-Anschluss. Die Kiste wird geöffnet, das Herz auf dem Boden ausgerollt und dann das integrierte Gebläse mit dem Stecker an 230 Volt angeschlossen! Nach einer Viertelstunde ist das Herz aufgeblasen! Nun nur noch aufstellen und mit den beiliegenden Schnüren oder Sandsäcken am Boden befestigen.
- **Abbau:** Nach dem Einsatz packen Sie das Herz wieder in den Transportkoffer und informieren christophAIR per Mail oder Telefon. Die Kiste wird automatisch von DPD abgeholt.
- **Preis:** Für ein Wochenende (Freitag bis Sonntag) Mietdauer werden 90 Euro berechnet. Dazu kommen die Versandkosten in Höhe von 40 Euro. Die Kaution über 500 Euro erhalten Sie zurück, sobald das Herz wieder unbeschädigt bei christophAIR eingetroffen ist.

Flammende Wünsche

Der neueste Trend: die Flammea-Glückslaterne. Denn wo wären Ihre Wünsche für das Brautpaar besser aufgehoben als bei den Sternen am nächtlichen Himmel?

Flammeas sind kleine Heißluftballone. Man sagt, dass durch das Aufsteigen der Himmelslaterne das Unglück und alles Schlechte in den Himmel steigt und neues Glück, Erfolg, Geld, Gesundheit und Weisheit ins Leben kommen. Vor dem Aufsteigen wird ein Wunsch in die Wunschlaterne geflüstert oder auf die Flammea geschrieben. Die Handhabung ist einfach: Der Brennkörper ist am Boden der Flammea bereits angebracht – Sie benötigen nur ein Feuerzeug, um den Brennkörper zu entzünden, und schon steigt die Flammea leuchtend in den Himmel auf. Sie erreicht dabei eine Höhe von bis zu 500 Metern.

Tipps zur Handhabung

- **Besonders romantisch** ist es für das Brautpaar, wenn die Hochzeitsgäste um die beiden einen Kreis bilden und alle gleichzeitig mehrere Flammeas anzünden, damit diese dann synchron hochsteigen.
- **Musik:** Platzieren Sie einen CD-Player in Ihrer Nähe, um die Flammeas z. B. mit einem besonderen Lied des Brautpaares aufsteigen zu lassen.

- **Rechtliche Aspekte:** Nach § 16 Abs. 4 der Luftverkehrsordnung bedarf die Flammea keiner gesonderten Aufstiegserlaubnis. Weitere Infos rund um die Flammeas finden Sie unter www.flammea.de.
- **Preis:** Unter www.flammea.de können Sie die Glückslaternen auch direkt bestellen. Preis für ein Paket mit fünf Flammeas inklusive Marker: ca. 65 Euro.

Individuell: Die Flammeas können mit persönlichen Wünschen beschriftet werden.

Ballonpost

Wunderschön, aber leider in Deutschland nicht erlaubt: Um Mitternacht lassen Brautpaare in einigen Ländern Luftballons mit Wunderkerzen aufsteigen. In Deutschland bietet es sich an, eine ähnliche Aktion ohne Wunderkerzen am Nachmittag durchzuführen: Dutzende von Herz- Luftballons mit angehängten Glückwunsch-Postkarten steigen gleichzeitig in den Himmel. Ein Schauspiel, das Brautpaar und Hochzeitsgesellschaft erfreut.

Das brauchen Sie

- Herzballons, Verschlüsse mit Band und Karten, unter www.luftballonwelt.de (50er-Set für 15 Euro)
- Ballongas, unter www.helium-ballongas.de, 10- Liter-Mehrwegflasche, ca. 89 Euro
- ausreichend Stifte

Für die Beschriftung der Karten gibt es verschiedene Möglichkeiten:
1. Das Brautpaar soll überrascht werden: Hier schreibt der Gast eine Aktion auf die Karte, die er – falls die Karte gefunden und zurückgeschickt wird – für das Brautpaar tun wird. Das kann beispielsweise eine Einladung sein.
2. Der Gast soll überrascht werden: Das Brautpaar oder der Organisator vergibt einen Preis an den Gast, dessen Ballon am weitesten geflogen ist. Der Preis wird vor dem Abflug angekündigt. Auf der Karte muss der Gast nur seinen Namen angeben. Die Adresse des Brautpaares sowie ein Text für den Finder sollten aufgedruckt sein. Beispieltext: „Sie halten einen Hochzeitsballon von (Name Braut) & (Name Bräutigam) in der Hand. Wir haben am ... geheiratet. Wenn Sie diese Karte finden, schenken Sie uns bitte eine Briefmarke und werfen Sie diese Karte schnell in den nächsten Briefkasten. Vielen Dank."

So geht's

Zuerst Ballons aufblasen und Schnüre befestigen. Am besten bitten Sie einige Freunde, Ihnen dabei zu helfen. Die Luftballons nicht vollständig aufblasen. Denn je höher die Ballons steigen, desto geringer wird der Luftdruck. Das kann dazu führen, dass sich das Helium im Ballon ausdehnt und einen stark gefüllten Ballon zerplatzen lässt. Danach verteilen Sie die Karten (und Stifte) an die Gäste mit der Bitte, diese auszufüllen. Die Karten werden später eingesammelt und an die Luftballons gebunden. Oder aber jeder Gast bekommt einen Luftballon und bindet seine Karte selbst an. Besonders schön ist es, wenn die Hochzeitsgäste die Ballons auf Kommando gleichzeitig loslassen.

Tipp: Problematisch wird diese Aktion übrigens bei Regen. Wenn Luftballons nass werden, schaffen sie es unter dem Gewicht der Regentropfen nicht mehr aufzusteigen!

Extra-Tipp: Gut zu wissen

✗ **Flugerlaubnis:** In manchen Gemeinden ist es erforderlich, für größere Luftballonflüge eine Genehmigung von der Stadtverwaltung oder der Flugüberwachung zu besorgen. Ein kurzer Anruf vorher bei den Behörden ist daher sinnvoll.

✗ **Flugverkehrskontrollfreigabe:** Mehr Infos finden Sie unter www.dfs.de. Hier können Sie auch direkt einen Online-Antrag ausfüllen.

✗ **Verboten:** In Deutschland ist es untersagt, Luftballons mit Wunderkerzen, Leuchtstäben oder ähnlichen harten Gegenständen aufsteigen zu lassen. Grundlage sind das Luftverkehrsgesetz und die Luftverkehrsordnung.

Foto, Video & Homepage

Ein selbst gedrehter Film oder eine Fotowand ist ein sehr persönliches Geschenk, das mit einiger Mühe verbunden ist. Das Brautpaar wird dieses Engagement zu schätzen wissen.

Ein Bild sagt mehr als tausend Worte! Diese oft zitierte Weisheit ist bei einer Hochzeitsfeier ganz besonders passend. Denn egal ob als Diashow, Videofilm oder auf einer Homepage im Internet – Bilder sind nicht nur der Höhepunkt jeder Feier, sondern auch eine bleibende Erinnerung an den schönsten Tag des Lebens. Einige Ideen:

Videos

Der selbst gedrehte Film wird während der Hochzeitsfeier vorgeführt. Hierfür benötigen Sie:
- ein Notebook
- einen Beamer
- eine weiße Wand oder eine Großbild-Leinwand
- zusätzliche Lautsprecher, falls der Film in einem großen Raum mit vielen Gästen vorgeführt wird
- Verlängerungskabel

Den Film sollten Sie auch auf eine DVD brennen, um ihn nach der Vorführung feierlich an das Brautpaar zu überreichen. Um den Film zu schneiden und zu bearbeiten, gibt es spezielle Software, die auch für Einsteiger gut geeignet ist. In der Klasse unter 100 Euro bietet sich die Software Video deluxe 15 Plus von MAGIX an. Unter www.magix.com können Sie eine Testversion gratis downloaden.

Die Straßenumfrage

Gehen Sie vor der Hochzeit mit der Videokamera auf die Straße und befragen Sie das Laufpublikum unter Zuhilfenahme von Fotos des Brautpaares: Wer von den beiden hat die Hosen an? Wer hat den Hochzeitsantrag gemacht? Wohin wird es in den Flitterwochen gehen? Was sind die beiden von Beruf? Wie viele Kinder werden sie haben?
Tipp: Meistens erhalten Sie übrigens witzigere Statements von erfahreneren Befragten.

Ab in die Vergangenheit

Ein Geschenk, das hundertprozentig zu Tränen rühren wird: der Videofilm über das Leben des Brautpaares. Suchen Sie Orte der Kindheit (z.B. Ballettschule, Sportverein) auf. Dort interviewen Sie Menschen, die Erinnerungen an Braut bzw. Bräutigam haben und originelle Anekdoten berichten können. Wenn Sie keine geeigneten Leute finden, können Sie auch Statisten einbeziehen und diesen witzige Antworten vorgeben. Oder Sie interviewen die Eltern und schneiden bei passenden Stellen Ansichten der jeweiligen Location in den Film. Nachbarn, Freunde, Verwandte und Arbeitskollegen sollten mit einem Statement natürlich auch nicht fehlen. Hat das Brautpaar bereits Kinder, müssen diese ebenfalls zu Wort kommen. Wissen Sie beispielsweise, dass ein guter Freund oder eine Freundin des Paares nicht zur Hochzeit kommen kann, dann blenden Sie sein oder ihr Foto ein und nehmen Sie ein Statement am Telefon auf – ganz so, wie man es aus dem Fernsehen von Korrespondenten kennt. Abschließen können Sie den Film mit einem Blick in die Traukirche. Und Sie als Macher des Filmes müssen am Ende selbstverständlich auch zu Wort kommen. Wenn Sie zum Abschluss ein Foto des Paares einblenden und dieses mit

Die Hochzeits-Homepage

Was in den USA schon längst zum Standard geworden ist, wird auch hierzulande zum immer größeren Trend: das Brautpaar und sein Festtag im Internet.

Eine Hochzeits-Homepage ist was ganz Besonderes – Freunde und Verwandte können sie von überallher abrufen und bleiben so vor und nach der Trauung auf dem Laufenden. Da aber die wenigsten Brautpaare über die nötigen Programmierkenntnisse verfügen, treten immer mehr kommerzielle Anbieter auf den Plan. Viele Anbieter von Hochzeits-Homepages bieten verschiedene Layouts an, die entweder in Eigenregie oder von der Agentur mit Texten und Bildern gefüllt werden. Bei manchen Anbietern können Sie die Homepage vorher auch gratis testen. Nachdem die Seite erstellt wurde, erhalten Sie eine Benutzerkennung und ein Passwort. Anbieter finden Sie z. B. unter www.hochzeitseite.de oder www.trau-dich-web.de. Preis: ab ca. 90 Euro.

Inhalte der Homepage

- **Informationen über das Brautpaar:** Er über sie, sie über ihn, so haben sie sich kennen gelernt, der Hochzeitsantrag etc.
- **Organisation:** Wer macht was? Mitwirkende
- **Neuigkeiten:** Infos rund um die Hochzeit und alle anderen Events rund um die Hochzeit
- **Wunschlisten und / oder Geschenketisch**
- **Anfahrtsbeschreibung:** Weg zur Kirche, zur Partylocation, zum Hotel etc.
- **Fotos:** von Polterabend, Junggesellenabschied und Hochzeit
- **Infos** über die Flitterwochen etc.

Kostenlose Hochzeitsseite: www.unserehochzeitsseite.de bietet diesen Service an.

dessen Lieblingslied unterlegen, dann wird garantiert kein Auge trocken bleiben.

Video mit Rollentausch

Die lustige Filmvariante: ein Tag im Leben des Brautpaares. Die Hauptpersonen werden auch wirklich von Braut und Bräutigam dargestellt. Allerdings schlüpft jeder von beiden in die Rolle des anderen, also die Braut spielt den Bräutigam und umgekehrt.

Die Filmaufnahmen finden in zwei Teilen statt, getrennt voneinander, einmal mit ihr und einmal mit ihm. Stellen Sie die Alltagsszenen möglichst realistisch dar. Die Hauptdarsteller werden natürlich gemäß der Rolle verkleidet. Filmen Sie Situationen aus dem Leben der beiden – wobei alles ruhig überzogener dargestellt werden kann.

- Klassische Situationen für ihn: beim Frühstück, Diskussion mit der Braut, im Büro, beim Sport, TV-Abend während der Fußball-WM.
- Klassische Situationen für sie: beim Friseur oder beim Shoppen, Diskussion mit dem Bräutigam, beim Job, im Restaurant oder in der Diskothek, beim Mädelsabend und Schnulzengucken.

Das Material wird dann auf einen ca. fünfminütigen Film zusammengeschnitten. Achten Sie darauf, dass Sie vom Ablauf her die richtigen Szenen zusammenschneiden. Beispielsweise während er noch frühstückt, sitzt sie schon beim Friseur.

Kinder mimen das Paar

Ein ähnliches Konzept wie beim Rollentausch, aber mit anderen Hauptdarstellern: Ein Bub und ein Mädchen aus dem Verwandten- oder Freundeskreis schlüpfen in die Rolle des Brautpaares.

Stellen Sie kleine Szenen nach wie das Kennenlernen, das Paar beim gemeinsamen Aufräumen der Wohnung, beim Streiten und natürlich den Heiratsantrag etc.

> **Extra-Tipp: Grundregeln**
>
> ✘ **Mikrofon:** Gerade bei Interviews sollten Sie mit einem zusätzlichen Mikrofon arbeiten.
>
> ✘ **Haltung:** Halten Sie die Kamera möglichst ruhig und zoomen Sie möglichst wenig.
>
> ✘ **Perspektive:** Verändern Sie die Perspektive, mal sitzt der Gefilmte, dann steht der Nächste.
>
> ✘ **Ausschnitt:** Stellen Sie die Personen nicht in die Mitte des Bildes, sondern immer leicht an den linken oder rechten Rand.
>
> ✘ **Filmlänge:** Der fertige Film sollte ungefähr fünf Minuten lang sein. Beschränken Sie sich beim Videoschnitt auf die Highlights, sonst wird Ihr Film sehr schnell langatmig.

Die Kleinen tragen dabei Kleidung im Stil des Brautpaares – vielleicht können Sie sie auch Aussagen oder Wörter zitieren lassen, die vom Brautpaar häufig verwendet werden und bezeichnend für die beiden sind. Den Rest können Sie getrost den Kindern überlassen, denn die sind bei den Aufnahmen meistens mit großer Begeisterung dabei.

Videobotschaften

Dieser Film bedarf einiger Vorbereitung, ist dafür aber eine tolle Erinnerung. Entweder Sie besuchen die Gäste zu Hause und nehmen dort ihre Grußbotschaft auf oder Sie filmen sie nacheinander während der Feier in einer dafür vorbereiteten „stillen Ecke". Die Gäste haben hier die Möglichkeit, ihre besten Wünsche, wichtige Botschaften (vielleicht gibt es das ein oder andere über das Brautpaar zu berichten?) und andere Beiträge aufnehmen zu lassen. Das komplette Video kann dann direkt nach Fertigstellung oder aber auch als ganz besonderes nachträgliches Präsent überreicht werden.

Fotos

Sie möchten dem Brautpaar ein tolles Foto oder vielleicht sogar eine ganze Fotostrecke überreichen? Hier einige Anregungen, wie Sie Ihre Fotos mal anders präsentieren können.

- Riesenpuzzle: Vergrößern Sie das Foto auf das Format DIN A1 (beispielsweise unter *www.poster xxl.com*, Format 80 cm x 60 cm für ca. 15 Euro) und kleben Sie es auf eine dickere Pappe, damit das Puzzle stabiler wird. Poster in große Puzzleteile zuschneiden. Auf der Rückseite jedes Teiles steht eine Frage/Aufgabe, die das Paar während der Feier beantworten/erfüllen muss. Auf einer Staffelei steht eine Spanholzplatte für das Bild mit den entsprechend vorgemalten Puzzleteilen, die mit doppelseitigem Klebeband versehen sind. So können die Gäste sehen, wie das Puzzle wächst und am Schluss dem Brautpaar geschenkt wird.
- Bilderwand: Suchen Sie die schönsten Bilder vom Brautpaar, bitten Sie dafür am besten Eltern, Verwandte und Freunde um Bilder. Die Fotos werden auf weiße Tapetenbahnen geklebt und während der Feier an einer gut sichtbaren Stelle aufgehängt. Legen Sie einen dicken Stift dazu und fordern Sie die Gäste auf, die Bilderwand mit netten und lustigen Sprüchen zu beschriften.
- Fotopuzzle: von einem Bild des Brautpaares, z.B. im großen Format 30 cm x 45 cm, für ca. 12 Euro, unter *www.pixum.de*.
- Fotocollage: ein Rahmen voll mit Fotos und anderen Erinnerungsstücken (z.B. Eintrittskarten, Restaurantbeleg, Etikett vom Lieblingswein etc.).
- Fotoseil: Ein Fotoseil für ca. 19 Euro finden Sie unter *www.corpus-delicti.de*. An dem zwei Meter langen Seil sind zehn Klammern montiert – so können Sie zwischen die Fotos weitere Hochzeitsobjekte hängen: Herzen, Ringe oder Blumen.
- Fotovorhang: In dem transparenten Plastikvorhang können Sie Fotos unterbringen und – wenn noch Taschen frei sind – auch andere Erinnerungsstücke. Preis: ca. 15 Euro, *www.dinamo.de*.
- Fotoparavent: Wenn es hochwertiger sein darf, gestalten Sie einen Paravent! Der Paravent wird

Saaldeko zum Gucken und Staunen

Spannen Sie eine Liebesleine: Eine Fotoausstellung der (Hochzeits-)Bilder der Hochzeitsgäste. Bitten Sie die Paare unter den Gästen schon im Vorfeld der Hochzeit, eine Kopie ihres Lieblingsporträts zur Feier mitzubringen. Am schönsten wäre natürlich deren Hochzeitsfoto.

So geht's
- **Das brauchen Sie:** kleine Wäscheklammern, Tonpapier und ca. 5 Meter langes Satinband
- **Wo kaufen?** Mini-Wäscheklammern aus Holz finden Sie unter *www.perlen-paradies.de*, 25 Stück ab 1,35 Euro
- **Vorbereitung:** Besorgen Sie sich eine aktuelle

Gästeliste und drucken Sie auf dem Tonpapier kleine Namensschilder aus. Wenn Sie hierfür hübsche Motive verwenden wie beispielsweise den Liebesgott Amor, bekommen die Namensschilder eine noch persönlichere Note. Die Schilder werden ausgeschnitten und auf die Wäscheklammern geklebt.
- **Während der Hochzeitsfeier:** Spannen Sie das Satinband zwischen zwei Pfosten und knipsen Sie die Namensschilder an das Satinband. Bitten Sie die Gäste, ihr Bild am entsprechenden Namensschild aufzuhängen.
So entsteht eine Saaldekoration von allen Gästen, die die schönsten Momente der Liebe zeigen.

fertig montiert bei Ihnen zu Hause angeliefert. Die 15 einzeln bestückbaren Fotorahmen lassen sich individuell ausrichten. Sie müssen nur noch die schönsten Bilder vom Brautpaar aussuchen und den Paravent damit bestücken. Preis: ca. 110 Euro. Mehr Infos unter *www.modernes-leben.de*.

• Fotomobile: Um ein Mobile selbst zu basteln, benötigen Sie Mobilebügel aus Draht (18 Stück, Preis: ca. 1,65 Euro), Mobilefolien und Fotos vom Brautpaar. Material finden Sie unter *www.creativ-discount.de*. Auf die Folie können Sie mit Fenstermalfarbe Hochzeitsmotive malen (z.B Herzen, Tauben, Kirche, Kutsche), ausschneiden und mit den Fotos an das Mobile hängen.

• Foto-Remembory: Den Klassiker unter den Gedächtnisspielen können Sie mit Fotos des Brautpaares erstellen. 25 Motive in doppelter Ausführung sorgen für eine Menge Spielspaß. Bestellung unter *www.onlineprint24.com*, Preis: ca. 15 Euro.

• Foto-Aufsteller vom Brautpaar, auf dem alle Gäste unterschreiben. Format: 160 cm x 60 cm, Preis: ca. 120 Euro. Infos unter *www.fuerdiehochzeit.de*.

• Hochzeits-Memory: Senden Sie den Gästen vor der Hochzeit zwei Memorykärtchen zu, die natürlich gleich gestaltet werden sollen – mit Fotos, einem Gedicht oder anderen gemeinsamen Erinnerungen für das Paar. Sammeln Sie die Kärtchen auf der Hochzeit ein und überreichen Sie sie als ganzes Spiel. Memory-Bausatz mit 96 Blanko-Karten im Herzchen-design für ca. 16 Euro inklusive Karton unter *www.catapult.de*.

Digitaler Bilderrahmen

Oftmals kann das Brautpaar erst nach den Flitterwochen sein erstes Hochzeitsfotoalbum in den Händen halten. Bei dieser Variante dauert es nur bis zum Nachmittagskaffee: Die Fotos, die Sie auf dem Standesamt gemacht haben (Ringtausch, Reiswerfen, Gruppenfoto usw.), werden sofort auf einen digitalen Bilderrahmen überspielt und an das Brautpaar überreicht. Sie werden sehen: Die Freude ist ebenso groß wie die gelungene Überraschung!

Gute digitale Bilderrahmen gibt es ab 110 Euro, etwa der Kodak Easyshare M820 (*www.kodak.com*, Preis ca. 130 Euro). Wichtig beim Kauf sind die Größe (8 Zoll entspricht der Größe, die man von einem Fotoabzug kennt), das Format (Digitalkameras nehmen die Bilder im Format 4:3 auf), die Auflösung (mindestens 800 x 600 Pixel, sonst werden die Bilder unscharf) und die einfache Bedienung (eine Fernbedienung ist von Vorteil).

Hochzeits-Stammbaum

Wenn viele Gäste eingeladen sind, die sich noch nicht kennen, ist der Hochzeits-Stammbaum ideal. Zwei Möglichkeiten: Entweder bitten Sie alle Gäste bereits vor der Feier um ein Foto – dann können Sie den Stammbaum in Ruhe zu Hause vorbereiten. Oder Sie fotografieren die Gäste vor Ort. In jedem Fall benötigen Sie dafür eine große Wand, an der Sie zwei Bahnen Geschenkpapier befestigen (z.B. Silber-Optik, für ca. 2 Euro unter *www.schoenherr.de*). Dann kleben Sie die Bilder auf das Geschenkpapier. Beginnen Sie mit dem Brautpaar oben in der Mitte. Darunter die Eltern und Großeltern, Geschwister, Onkel und Tanten. Mit einem dicken Stift schreiben Sie unter jedes Bild den Namen, ggf. das Geburtsjahr und den Verwandtschaftsgrad zum Brautpaar. Die einzelnen Verbindungen zeichnen Sie mit Pfeilen nach. Die Bilder von Freunden, Arbeitskollegen und Nachbarn werden in einem extra Feld gesammelt. So bekommen alle Gäste einen guten Überblick, wer zu wem gehört.

Diashow von der Hochzeit

Bilder vom Glück des Brautpaares: Eine kurze Diashow, untermalt vom Lieblingslied der beiden, zeigt alle Hochzeits-Highlights – schon während der Feier!

Die Diashow ist eine schöne Variante des Gästebuchs. Beauftragen Sie die Freunde, beim Standesamt und in der Kirche viele Digitalbilder von den schönsten Momenten und auch von den Gästen zu machen, gerne auch gestellte Motive. Die besten Fotos werden sofort am Laptop zu einer Diashow zusammengefügt und bei der Abendveranstaltung mit einem Beamer als Endlosschleife gezeigt. Das macht Eindruck, lockert sofort die Atmosphäre, und die Gäste haben ihren Spaß. Viele Restaurants und Hotels verleihen Beamer und Leinwand. Die Diashow wird während des Abends immer wieder mit neuen Fotos aktualisiert – mit spezieller Software können Sie dies ohne großen Aufwand mit einigen Mausklicks erledigen. Mit das Schönste an dem Geschenk: Das Ganze wird nicht nur für den Abend produziert. Das Brautpaar erhält die Diashow als Andenken auch auf CD.

Motive, die nicht fehlen dürfen

- **Vor der Trauung:** Braut und Bräutigam bei den Vorbereitungen (Ankleiden, Schminken etc.), Blumen werden verteilt, Brautstrauß, Braut verlässt das Haus.
- **In der Kirche:** Der Bräutigam wartet am Altar, Altar- und Kirchendekoration, Einzug, Ringtausch, der erste offizielle Kuss, Freudentränen der Gäste, Reisregen, Taubenflug.
- **Beim Sektempfang:** Das Paar mit seinen Trauzeugen, Eltern, Blumenkindern. Die Gäste gratulieren.

Die perfekte Software für Diashows

Mit der Gratis-Software Picasa von Google können Sie die Fotos auf dem PC ansehen, ordnen und mit der Diashow-Funktion während der Hochzeitsfeier vorführen. Die Diashow kann - wie bei einem DVD-Player - mit der „Play"-Taste gestartet oder angehalten werden oder zum nächsten Foto zu springen. Auch die Untermalung mit Hintergrundmusik ist möglich. Dazu einfach ein MP3 Verzeichnis anlegen, fertig ist die Multimedia-Diashow. Nach der Hochzeit können Sie die Fotos online in das Picasa-Webalbum hochladen und so für die Hochzeitsgäste freigeben. Download unter *www.picasa.google.com*.

Mehr als 1000 Worte!

Ein Bild sagt bekanntlich mehr als jedes Wort. Noch viel mehr sagt aber die Kombination aus beiden: Ein Hochzeitsbuch ist das perfekte Geschenk von allen Gästen gemeinsam.

Unvergesslich sind Erinnerungen oft nur, wenn man sie sich in den Schrank stellen kann – und so auch noch in Jahrzehnten dem Gedächtnis auf die Sprünge helfen kann. Bücher, die von allen Gästen erstellt werden, sind ein tolles Geschenk, das das Brautpaar auch noch nach Jahren an den Tag der Tage erinnern kann – und selbst professionell gebundene oder sogar gedruckte Bücher aller Art sind gar nicht so teuer (siehe Extra-Tipp!).

Dennoch sollten Sie als Organisator eines solchen Gruppengeschenks den Aufwand, der hierfür nötig ist, nicht unterschätzen: Wenn Sie sich für ein Buchprojekt entscheiden, das vorab erstellt wird, müssen Sie sich etwa früh genug eine komplette Gästeliste inklusive der Telefonnummern und Adressen besorgen. Und dann alle Gäste anschreiben oder sonstwie informieren, dass sie ihren Beitrag zu dem großen Gemeinschaftsprojekt leisten sollen. Und Sie werden merken: Ausgerechnet die Hochzeitsgäste, die sich am großen Tag selbst mit allergrößter Begeisterung auf das Buch stürzen werden, sind oft die, die am schwersten von der Idee zu überzeugen sind. Haben Sie schließlich alle Teilnehmer überzeugt, gilt es, auf die Einhaltung der Termine zu achten – und die Beiträge alle rechtzeitig wieder einzusammeln und als Buch zu binden.

Die Geheimhaltung ist auch nicht ohne – denn einerseits brauchen Sie möglichst früh die Gästeliste, dürfen dem Paar aber natürlich nicht verraten, warum Sie sie unbedingt brauchen.

Aber auch Bücher, die erst am Tag der Feier gemeinsam erstellt werden, brauchen eine gewisse Vorbereitungszeit und viel Organisationstalent – sei es für Requisiten, Verkleidungen oder für die richtigen Vordrucke.

Gäste machen Bücher

So vielfältig wie die modernen Brautpaare und alle ihre kleinen Besonderheiten und Vorlieben, so vielfältig können auch Hochzeitsbücher sein. Am besten folgen Sie einem bestimmten Thema, das zu den beiden Liebenden passt – eine gemeinsame Leidenschaft, ein gemeinsames Ziel, eine gemeinsame Eigenschaft. Hier sind einige kreative Ideen zum Nachmachen!

Kochbuch

Frei nach dem Motto „Liebe geht durch den Magen" bekommt das Hochzeitspaar ein ganz besonderes Kochbuch geschenkt – jedes Mal, wenn sie

---

Extra-Tipp: Profi-Bindung

✘ **Buchdruck:** Sie können das Buch schon ab einem Exemplar vom Profi drucken lassen. Mehr Infos, Preisbeispiele und einen Online-Kalkulator finden Sie unter www.layout-center.de.

✘ **Buchbinderei:** Gar nicht so teuer, wie man denkt. Die Bindepreise variieren je nach Einband und beginnen ab ca. 10 Euro, beispielsweise unter www.buchbinderei-hassdenteufel.de.

✘ **Spiralbindung:** Die einfachste Möglichkeit – für ein paar Euro in jedem Copyshop.

✘ **Thermobindung:** Sieht fast so aus wie ein Paperback-Buch, nur ohne Aufdruck auf dem Buchrücken und -umschlag.

ein Rezept daraus kochen, werden sie an ihren Hochzeitstag und ihre Gäste erinnert. Denn jeder Gast trägt mit einem ganz besonderen und persönlichen Rezept zu diesem einzigartigen Werk bei. Rufen Sie die Gäste an und bitten Sie sie, Ihnen ein Lieblingsrezept zuzuschicken. Das sollte aber kein edles 5-Gang-Menü aus der Sterneküche sein, sondern vielleicht eher ein unbekanntes Geheimrezept aus Großmutters Suppenküche oder auch ein Lieblingsrezept. Wenn Ihnen so gar kein passendes Rezept einfallen mag, dann lohnt sich vielleicht der Blick in das Kochbuch „Rezepte der Liebe. Himmlische Genüsse aus der aphrodisischen Küche" (Preis: ca. 35 Euro, unter www.amazon.de).

Folgende Informationen sollten Sie unbedingt an die Gäste weitergeben, damit Sie mit dem Endergebnis auch etwas anfangen können und das Buch einen einheitlichen Look erhält:
• Wie viel Text das Rezept haben sollte
• Welches Format die Buchseiten haben (beispielsweise DIN A4 oder DIN A5)
• Ob Sie zu dem Rezept ein Foto oder eine Abbildung benötigen
• Bis wann das Rezept spätestens per Post oder per E-Mail bei Ihnen sein muss

Wenn Sie aus der ganzen Idee noch etwas Geld für das Brautpaar herausschlagen möchten, dann kopieren Sie das fertige Kochbuch fünf bis zehn Mal. Auf der Hochzeitsfeier werden die Exemplare dann an die Meistbietenden versteigert.

Cocktailbuch

Cocktailbücher gibt es wie Sand am Meer. Dieses ist etwas Besonderes: Rufen Sie die Gäste an und bitten Sie sie um die schönsten Trinkfotos, auf denen sie mit dem Bräutigam oder der Braut abgebildet sind. Passend zu den Bildern sollen Ihnen die Gäste beschreiben, was genau bei dem Anlass getrunken wurde, und das passende Cocktailrezept dazu schicken. Wenn Sie nur die Bilder zugeschickt bekommen und sich selbst einige Rezepte zusammensuchen müssen, finden Sie tolle Rezepte unter www.cocktail-rezepte-4u.de. Hier

Aktionskalender von allen Hochzeitsgästen

Mit diesem Kalender hat das Brautpaar auch im Jahr nach der Hochzeit ganz viel von den Hochzeitsgästen. Alle Gäste sollten an einem bestimmten Tag eine Aktivität anbieten, die sie dann gemeinsam mit dem Brautpaar erleben wollen. Das kann von einer Stadtführung im Heimatort bis hin zu einer Schlittenfahrt reichen. Der Kreativität sind keine Grenzen gesetzt. Der Kalender umfasst genau ein Jahr – von der Hochzeit bis zum ersten Hochzeitstag. Erstellen können Sie den Kalender mit Grafik-Programmen oder auch mit Microsoft Word oder Powerpoint. Wer sich die Mühe sparen will, kann den Kalender auch im Internet drucken lassen. Adressen finden Sie im Kasten Extra-Tipp (S. 110).

Brief an die Hochzeitsgäste
Zum guten Ton gehört, dass Sie sich in dem Brief kurz vorstellen und formulieren, was Sie von den Hochzeitsgästen erwarten.
Sie benötigen:
• **Vorschlag** für die gemeinsame Aktivität
• **Wunschdatum** Vorsicht bei Doppelbelegungen!
• **Digitales Foto** von den Gästen
• **Abgabetermin** für die oben genannten Punkte

Sie sollten die Gäste auch während der Hochzeitsfeier nochmals darauf hinweisen, wann genau ihr Termin mit dem Brautpaar ist (eventuell kleine Zettel mit dem Termin verteilen). Das Brautpaar sollte den Events schließlich nicht hinterherlaufen.

gibt's etwa alle Infos zu den Zutaten und der Zubereitung so beliebter Cocktails wie beispielsweise Long Island Icetea, Sex on the Beach oder Tiefseetaucher.

Die Bilder, gespickt mit ein paar kurzen Anekdoten und dem passenden Rezept, sind ein tolles Erinnerungsstück an gemeinsame feuchtfröhliche Abende – und ein Anreiz, sie bald mal wieder in netter Runde zu wiederholen.

Reiseführer

Ein spezieller Reiseführer ist eine schöne Idee, wenn sich das Brautpaar zur Hochzeit Geld für die Hochzeitsreise wünscht. Erfragen Sie von den Gästen Beiträge für einen persönlichen Reiseführer. Je nach dem Wunsch-Reiseziel der Brautleute können Sie nur solche Gäste um Beiträge bitten, die dieses Ziel schon einmal bereist haben. Oder Sie bitten sie um allgemeine Tipps rund ums Reisen oder spezielle Empfehlungen für besonders interessante Ziele. Auf jeden Fall sollten Sie aber genau absprechen, wer was schreibt, damit es keine Dopplungen gibt. Und natürlich sollten Sie vorher auch hier wieder den Umfang der Beiträge, das Buchformat und den Einsendetermin festlegen, damit Sie genug Zeit haben, das Buch binden zu lassen, und zum Schluss keine leeren Seiten präsentieren müssen.

Schöne Beiträge können beispielsweise sein:
- Hotelempfehlungen
- Ideen für Tagesausflüge
- Restauranttipps
- Urlaubsberichte
- Routenvorschläge für Wanderungen

Bitten Sie unbedingt darum, dass die Gäste auch tolle und ansprechende Fotos zu ihren Beiträgen einsenden, damit das Ganze auch schön bunt wird. Denn Sie wissen ja: Ein Bild sagt mehr als tausend Worte …

Auf das Deckblatt können Sie statt eines schnöden Buchtitels auch einen Aphorismus schreiben. Hier einige Beispiele:
- Erst such dir einen Gefährten, dann begib dich auf die Reise. (Fernöstliches Sprichwort)
- Wenn jemand eine Reise tut, so kann er was erzählen. (Matthias Claudius, 1740–1815)
- Liebe ist kein Ziel; sie ist nur ein Reisen. (David Herbert Lawrence, 1885–1930)

Mehr als 145.000 schöne Aphorismen finden Sie im Internet unter *www.aphorismen.de*.

Poesiealbum

Das Poesiealbum kennen die meisten noch aus der Schule. Doch auch ein Brautpaar wird es schätzen, wenn es Komplimente in Buchform erhält. Eine Erinnerung, die während der Hochzeitsfeier entsteht – denn für dieses Buch muss jeder Gast einen kleinen Fragebogen ausfüllen. Hierzu bereiten Sie vorab einen Fragebogen vor, den Sie je nach Anzahl der Gäste ausdrucken. Die noch leeren Fragebögen lassen Sie in einem Copyshop zu einem Buch binden. Während der Hochzeitsfeier macht das Buch die Runde und alle Gäste beantworten die Fragen. Am Ende der Feier wird das Poesiealbum dem Brautpaar als kleine Erinnerung geschenkt.

Und hier nun einige Ideen für den möglichen Inhalt des Fragebogens:
- Dieser Fragebogen wird ausgefüllt von:

Extra-Tipp: Internet-Dienste

Es gibt viele Websites, bei denen Sie den Druck eines persönlichen Kalenders mit eigenen Fotos in Auftrag geben können, beispielsweise unter *www.bildpartner.de* oder *www.fotokasten.de*. Zu einem wirklich individuellen Kalender gehört aber auch, dass man eigene Termine wie Geburtstage, Hochzeitstage oder Ähnliches mit eindrucken kann. Das bietet bietet z.B. die Software Kalender-Drucker 2.1 von Cad-Kas (Preis: ca. 13 Euro), *www.download-tipp.de*
✘ Geburts- und Feiertage
✘ Eigene Bilder
✘ Persönliche Einträge

The book of love

Jeder Gast bekommt eine Seite, die er individuell gestalten darf: So entsteht ein Buch, in dem das Herzblut aller Freunde und Familienmitglieder steckt.

Für dieses besondere Gästebuch benötigen Sie Tonpapier und zwei schöne Kartons für Deckblatt und Buchrücken. Schicken Sie die leeren Blätter rechtzeitig vor der Hochzeit an die Gäste, mit der Bitte, diese ganz persönlich zu gestalten. Glückwünsche, Fotos, Erinnerungen, vielleicht auch eine Zeichnung – wichtig ist auf jeden Fall, dass die Seiten rechtzeitig zurückgeschickt werden. Nennen Sie den Gästen eine Deadline, bis wann die Seiten spätestens wieder bei Ihnen sein müssen (zur Sicherheit lieber einen möglichst frühen Termin angeben). Die fertigen Seiten bindet ein Copyshop zu einem richtigen Buch. Ein schöner Karton ist die optimale Verpackung.

- Kennenlerngeschichten
- **Was man an dem Brautpaar mag und schätzt**
- **Ausschnitte aus Texten** besonderer Liebeslieder
- **Ein Hochzeitshoroskop oder Hochzeitsquiz**
- **Gute Wünsche** für das Paar
- **Kleine selbst gemachte Bücher** zum Thema Liebe
- **Selbst gemalte Bilder oder Comics**

Beispiele für die Seitengestaltung

Als Initiator sollten Sie die erste Seite des Buches mit Widmung und kurzer Einleitung versehen. Die Gäste können ihrer Kreativität freien Lauf lassen:
- **Gemeinsame Fotos** samt Bildunterschriften
- **Zitate und Gedichte** zu Themen wie Liebe, Vertrauen oder Gemeinsamkeit und Zukunft. www.zitate.de

Witzige Idee: Verwenden Sie originelle Bilder und Symbole statt langer Texte.

Auftrag an alle: fleißig knipsen!

Bei der Schnappschuss-Safari verteilen Sie an die Hochzeitsgäste Einwegkameras mit einem individuellen Fotoauftrag. Alle Kameras werden am Ende der Feier wieder eingesammelt, die Filme entwickelt und die schönsten Bilder, thematisch sortiert, in ein Erinnerungsalbum geklebt. Einwegkameras bekommen Sie im Internet zum Beispiel unter *www.einwegkameras.com* (10 Kameras à je 27 Aufnahmen für ca. 45 Euro).

Beispiele für Fotoaufträge
- Alle Gäste, die aus dem Ausland kommen
- Die ungewöhnlichste Krawatte
- Der Bräutigam mit einer Kellnerin
- Die männlichen Gäste singen ein Lied
- Der älteste und der jüngste Gast zusammen
- Der Bräutigam trägt die Braut auf Händen
- Blumen für die Braut
- Das Paar, das als nächstes heiratet
- Alle, die die Eheleute schon haben warten lassen
- Der Bräutigam gibt seinen Kommentar ab
- Die Gäste, die mit einem Porsche gekommen sind
- Der Gast mit dem höchsten Alkoholspiegel
- Der Gast mit dem verliebtesten Blick

- (Name Braut) & (Name Bräutigam) sind ein Traumpaar, weil:
2. Ich hätte die Braut / den Bräutigam auch geheiratet, weil:
3. Dies ist die schönste Hochzeit, auf der ich je war, weil:
4. So stelle ich mir das Brautpaar in 30 Jahren vor:
5. Dies ist mein ganz besonderer Herzenswunsch für das Brautpaar:

Sie werden sehen, dass die Gäste ungeahnte Kreativität entwickeln und versuchen werden, sich beim originellen Ausfüllen der Fragebögen gegenseitig zu übertreffen.

Gäste machen Kalender

Die Alternative zum Buch ist der Kalender. Vielleicht sogar die nettere. Denn während ein Buch schon mal im Regal verstauben kann, hängt der Kalender – zumindest im ersten Jahr – immer sichtbar an der Wand. Und wenn er mit all Ihrer Liebe und Kreativität gestaltet ist, wird ihn das Brautpaar sicher gern an die Wand hängen. Und erstaunt sein, wie schnell das erste Ehejahr verflogen ist. Hier aber nun unsere Anregungen:

Geburtstagskalender

Schenken Sie dem Paar einen individuellen Geburtstagskalender. Dafür bitten Sie alle Gäste vorab um ein Passfoto und das Geburtsdatum. Die Köpfe kleben Sie im entsprechenden Monat in einen immer währenden Bastelkalender. Mit einem Stift markieren Sie den jeweiligen Geburtstag und das dazugehörige Passbild. Einen Bastelkalender finden Sie im Bastelladen oder Internet unter *www.bol.de* (Preis: ab ca. 5 Euro).

Kreativkalender

Senden Sie an zwölf Hochzeitsgäste leere Kalenderblätter mit der Bitte, je ein Kalenderblatt zu entwerfen. Blanko-Kalenderblätter finden Sie gratis im Internet etwa unter www.blanko-kalender.de. Hier können sogar die Schriften und Farben je nach Wunsch angepasst werden. Drucken Sie die zwölf Blätter auf einem etwas festeren Papier oder Karton aus und schicken Sie sie an die ausgewählten Gäste. Suchen Sie auf alle Fälle Gäste aus, von denen Sie sich einigermaßen sicher sein können, dass Sie die gestalteten Kalenderblätter rechtzeitig zurückbekommen – beispielsweise Eltern, Geschwister oder enge Freunde des Brautpaares. Denn es wäre wirklich ärgerlich, wenn in diesem Gesamtkunstwerk schließlich ein Monat fehlen würde.

Zur Sicherheit sollten Sie einige Reserveblätter vorbereiten, falls doch nicht alle Blätter zurückkommen. Tritt dieser Notfall ein, müssen Sie dann eben selbst kreativ werden!

Jeder Gast kann nun nach Wunsch Fotos, Collagen, Gedichte, kleine Geschichten etc. verewigen. Die Gäste müssen die Blätter vor der Hochzeit an Sie zurücksenden, damit das Ganze noch gebunden und bei der Hochzeit feierlich überreicht werden kann. Wenn Sie auf Nummer Sicher gehen wollen, fügen Sie einen frankierten Rückumschlag bei.

Ist das Kunstwerk komplett, hat das Brautpaar so einen wunderbar individuellen Kalender für das erste gemeinsame Ehejahr. Am romantischsten ist es, wenn der Kalender in der Woche nach der Hochzeit beginnt und bis zum ersten Hochzeitstag geht.

Gästebücher

Jede Stadt hat ein Gästebuch, das bei feierlichen Anlässen hervorgeholt wird. Im privaten Rahmen gibt es kaum eine bessere Gelegenheit als eine Hochzeit für ein toll gestaltetes Gästebuch. Hier können sich die Gäste gemeinsam mit ihren guten Wünschen verewigen. Aber ein einfaches Buch mit weißen Seiten ist für diesen Anlass nicht genug. Am besten, Sie garnieren das Album mit tollen, lustigen Fotos der Gäste – wir haben da ein paar andere Ideen, die Sie hoffentlich inspirieren.

Vorbereitung

Zur Erstellung eines Gästebuches benötigen Sie:
- ein Fotoalbum, am besten mit Ring- oder Schraubbindung, damit die einzelnen Blätter auch herausgenommen werden können. Schöne Fotogästebücher können Sie ab ca. 20 Euro unter www.myweddingshop.de finden.
- eine Polaroidkamera und ausreichend Filme. Das ist allerdings ein relativ teurer Spaß. Ein Film mit zehn Bildern für eine Polaroidkamera kostet je nach Hersteller ab ca. 15 Euro. Günstiger ist das Fotografieren mit einer Digitalkamera. Hierfür benötigen Sie vor Ort zusätzlich einen Drucker, einen Computer und die entsprechende Menge

an Fotopapier. Außerdem brauchen Sie einen Klebestift sowie einen Silber- oder Goldlackstift.
Tipp: Noch einfacher geht es mit einem Fotodrucker. Der Mini-Drucker ist kleiner als ein Schuhkarton und wiegt nur gut 1 Kilo, etwa der HP Photosmart A526 (www.techdepot.de, Preis ca. 60 Euro).

Die richtigen Paare bilden

Natürlich können Sie die Gäste einfach paarweise ablichten. Hier gibt es aber auch einige Varianten, die neben einem hübschen Foto auch den Vorteil haben, dass die Hochzeitsgesellschaft aufgelockert wird und sich ein bisschen kennen lernt:
- **Tierpaare:** Verteilen Sie an alle Gäste kleine Zettel, auf die Sie vorab Tiernamen geschrieben haben, jedes Tier kommt doppelt vor. Alternativ können Sie auch Memory-Kärtchen verteilen

Sprüche fürs Gästebuch

Bevor Sie eine Hochzeit besuchen, sollten Sie unbedingt das passende Zitat für das Brautpaar parat haben. So bringt Sie das Gästebuch nicht in Verlegenheit.

- Love is the answer. (John Lennon)
- Liebe ist der Entschluss, das Ganze eines Menschen zu bejahen; die Einzelheiten mögen sein, wie sie wollen. (Otto Flake)
- Einen Menschen lieben heißt einwilligen, mit ihm alt zu werden. (Albert Camus)
- Jemanden lieben heißt, ein für die anderen unsichtbares Wunder zu sehen. (Mauriac)
- Lieben heißt, einen anderen Menschen so sehen zu können, wie Gott ihn gemeint hat. (Dostojewski)
- Wir alle sind Engel mit einem Flügel. Wir müssen einander umarmen, wenn wir fliegen wollen. (Luciano De Crescenzo)
- Darin besteht die Liebe: dass sich zwei Einsame beschützen und berühren und miteinander reden. (Rainer Maria Rilke)
- Seine Freude in der Freude des anderen finden können: das ist das Geheimnis des Glücks. (Georges Bernanos)
- Es gibt keinen Weg zum Glück, Glück ist der Weg. (Buddha)
- Die Erfahrung lehrt uns, dass die Liebe nicht darin besteht, dass man einander ansieht, sondern dass man in die gleiche Richtung blickt. (Antoine de Saint-Exupéry)
- Im Ehestand muss man sich manchmal streiten, denn dadurch erfährt man etwas voneinander. (Johann Wolfgang von Goethe)
- Eine gute Ehe basiert auf dem Talent der Freundschaft. (Friedrich Nietzsche)
- Es ist mit der Liebe wie mit den Pflanzen: Wer Liebe ernten will, muss Liebe säen. (Jeremias Gotthelf)
- Die Liebe allein versteht das Geheimnis, andere zu beschenken und dabei selbst reich zu werden. (Clemens Brentano)
- Die Liebe, welch' lieblicher Dunst! Doch in der Ehe, da steckt die Kunst. (Theodor Storm)
- Gemeinsam alles tragen, die Freude und den Schmerz. Gemeinsam alles wagen, das bindet Herz an Herz! (Verfasser unbekannt)
- Ein Tropfen Liebe ist mehr als ein Ozean Verstand. (Blaise Pascal)

(beispielsweise Tierbaby-Memory, 48 Bildkärtchen für ca. 6 Euro unter *www.amazon.de*). Alle Gäste – auch die Kinder – müssen einen Zettel oder ein Kärtchen ziehen. Da jedes Tier zweimal vorhanden ist, muss man nun den richtigen Partner suchen. Wenn man seinen Partner gefunden hat, wird von dem Paar ein Foto gemacht, das gemeinsam mit den Tierzetteln und einem Gedicht oder einfach nur guten Wünschen in das Album eingeklebt wird.

- Berühmte Pärchen: fast schon ein Klassiker! Denken Sie sich berühmte Pärchen aus, also beispielsweise Caesar & Cleopatra, Yoko Ono & John Lennon, Hillary & Bill Clinton, Elvis & Priscilla, David & Victoria Beckham, Tarzan & Jane, Harold & Maude, Homer & Marge Simpson. Es sollten so viele sein, wie Gäste zur Hochzeit kommen, damit jeder Gast ein Namensschild bekommt. Bereiten Sie dafür gut lesbare Schildchen mit den Namen der berühmten Pärchen vor. Jetzt gilt es, seinen Partner zu finden. Sobald ein Paar komplett ist, wird eine Fotosession gemacht, dabei posieren die Paare gemäß Ihrem Pseudonym, also beispielsweise cool, königlich, unnahbar etc.

Bunte Fotomotive

- Gästebuch mit Motto: Überlegen Sie sich ein Thema, wie beispielsweise Wilder Westen, ein Tag am Strand, Dschungelwelt. Passend zu dem Thema organisieren Sie einen kleinen Vorrat an Verkleidungs- und Dekorationsmöglichkeiten. Dieser Vorrat wird während der Hochzeitsfeier in einem Nebenraum bereitgelegt. Jeder Gast oder jede Familie findet sich im Verlauf des Abends einmal im Nebenzimmer ein und stylt sich entsprechend um. Witzig ist es beispielsweise, wenn Sie die Gäste zum Thema Wilder Westen auf Schaukelpferden fotografieren. Zum Strandthema könnte sich ein Surfbrett gut machen, auf dem die Familien platziert werden. Wenn Sie das Ganze noch professioneller gestalten wollen, können Sie die Gäste auch vor einer Fototapete fotografieren. Tolle Tapeten finden Sie ab ca. 40 Euro unter *www.styleon.de*. Das Foto wird in das Gästebuch eingeklebt und jeder Gast kann neben seinem Bild noch einen Gruß oder Wunsch hinterlassen oder einfach nur unterschreiben.

- Regenschirm: Regen am Hochzeitstag wünscht sich wirklich kein Brautpaar – obwohl es ja eigentlich heißt, dass Regen am Hochzeitstag viele glückliche Jahre verspricht. Die Deutung entstammt der Tatsache, dass Regen eine fruchtbare Ernte – und eben auch viele Kinder – bringt. Um diesen Wunsch zu unterstreichen, besorgen Sie einen großen Regen- oder auch Sonnenschirm und lassen alle Gäste mit einem wasserfesten Stift auf dem Schirm unterschreiben. Anschließend wird jedes Paar unter dem Schirm fotografiert und die Bilder in das Gästebuch geklebt. Als Deckblatt des Gästebuches können Sie folgenden Spruch aufschreiben: „Wenn es regnet am Altar, bringt es Glück für viele Jahr!"

- Der Rosenrahmen: Füllen Sie das Buch mit fröhlichen Schnappschüssen von Gästen, die einen riesigen Rosen-Bilderrahmen vor sich halten. Einen Rosen-Bilderrahmen können Sie ganz einfach selbst machen. Sie benötigen hierfür eine Styroporplatte (Format: ca. 50 cm x 40 cm), die mit einem Teppichmesser oder Cutter als Rahmen zugeschnitten wird. Danach Rosenblätter auf die Vorder-, Außen- und Innenseite des Rahmens kleben. Darauf achten, dass vom Styropor nichts mehr zu sehen ist. Textile Rosenblätter gibt es bei *www.tradoria.de* (1.000 Stück für ca. 20 Euro).

© Vladislav Gajic – FOTOLIA

Wir sind Kunst!

Ein Riesenspaß für Gäste und eine farbenfrohe Erinnerung für das Brautpaar: Bei Malaktionen während der Feier trägt jeder seinen Teil zum Gesamtkunstwerk bei.

Fotos sind das eine. Echte Bilder das andere. Das gemeinsame Malen eines Bildes kann zum riesengroßen Spaß für alle Beteiligten werden. Ein Kunstwerk entsteht, das die Brautleute noch lange an ihren Hochzeitstag erinnern wird. Dabei kommt es nicht auf künstlerische Werte an, sondern auf den Einsatz von Groß und Klein.

Der richtige Zeitpunkt, um eine Malaktion zu starten, ist nachmittags, während das Brautpaar beim Fotografieren ist.

Was Sie brauchen

- Den richtigen Untergrund: Professionell sind Keilrahmen mit Leinwand. Aber auch ein möglichst großes, weißes Blatt Papier oder ein weißes Laken tut seine Schuldigkeit. Keilrahmen finden Sie unter *www.creativ-discount.de*.

Extra-Tipp: Kunst-Profis

✗ **Pyrografie:** Mit einer einfachen, handelsüblichen Wunderkerze wird ein Porträt erstellt. Der Entstehungsprozess dauert je Porträt 84 Sekunden. *www.pyrografie.de*.

✗ **Magische Porträts:** Das Gesicht des Gastes wird in einer passenden Perspektive aufgenommen und in den PC überspielt, dann beginnt die Verwandlung in eine perfekte Illusion. *www.mirror-man.de*.

✗ **Scherenschnitte:** Im Handumdrehen erstellen die Künstler verblüffend realitätsgetreue Porträts. Künstleradressen unter *www.scherenschnitt.org*.

- Das richtige Malwerkzeug: Filzstifte (günstig, Übergänge können aber verlaufen), Wachsmalkreide (malt nicht sehr genau, auf griffsauberes Stiftende achten), Buntstifte (Farben nicht sehr brillant, man muss stark aufdrücken), Plakafarben (haften gut auf Holz und Karton), Fingerfarben (wasserlöslich, trocknen rasch und haften hervorragend auf Papier und Pappe) oder Wasserfarben (günstig, aber nicht deckend).

Die schönsten Motive

- Freestyle: Legen Sie Keilrahmen und Plakafarben bereit und bitten Sie die Gäste, sich zu verewigen – Wünsche, Sprüche, Bilder.
- Handabdrücke: Bespannen Sie eine große Holzplatte mit einem weißen Bettlaken und legen Sie Fingerfarben in verschiedenen Farben bereit. Farbe auf ein Stück Alufolie geben, Hände in die Farbe und dann sofort auf die Platte drücken. Jeder Gast unterschreibt neben seinem Abdruck.
- Fingerabdruck: Legen Sie einen Tonkarton (Format 50 cm x 70 cm) und Fingerfarben bereit. In die Postermitte schreiben Sie den Namen des Brautpaars und das Hochzeitsdatum. Jeder Gast hinterlässt seinen Fingerabdruck samt Unterschrift.
- Herzen: Teilen Sie die Leinwand in einzelne Felder auf und bitten Sie jeden Gast, in jeweils ein Feld ein Herz zu malen und zu unterschreiben.
- Farbfelder: Legen Sie Plakafarben in verschiedenen Rottönen bereit. Teilen Sie die Leinwand in einzelne Felder auf und bitten Sie jeden Gast, jeweils ein Feld auszumalen.
- Porträts malen: Verteilen Sie kleine Pappkarten und Buntstifte auf den Tischen und fordern Sie die Gäste auf, ihr Gegenüber zu malen. Die Bilder werden eingesammelt und eingerahmt.

Bilder malen *Aktionen für die Hochzeitsfeier*

Original und Fälschung

Hier darf jeder Gast nach Zahlen malen. Aus nachgemalten Puzzleteilen entsteht ein echtes Unikat – und die Gäste lernen sich beim Malen besser kennen.

Variante 1: Zur Durchführung benötigen Sie ein Bild des Brautpaares im Posterformat, einen gleich großen Keilrahmen und Farben. Das Poster zerschneiden Sie in gleich große Quadrate von jeweils 10 cm x 10 cm. Auf der Rückseite der Schnipsel notieren Sie die entsprechenden Koordinaten (A1, A2 etc). Den Keilrahmen teilen Sie ebenfalls in Quadrate à 10 cm auf 10 cm auf und nummerieren die Quadrate analog zum Poster durch. Den Keilrahmen stellen Sie am besten auf eine Staffelei. Dazu legen Sie Farben und Pinsel – nicht zu wenig, damit mehrere Gäste gleichzeitig malen können. Verteilen oder verkaufen Sie die einzelnen Bildquadrate an die Gäste. Die Gäste malen dann ihren Teil des Bildes in das zugehörige Quadrat. Der Erlös geht natürlich an das Brautpaar.

Variante 2: Vergrößern Sie eine Bildvorlage in einem Copyshop zweimal auf DIN A3. Zusätzlich benötigen Sie einen dickeren weißen Karton, ebenfalls in DIN A3. Zerschneiden Sie eine Kopie und den Karton in einzelne Quadrate. Während der Feier verteilen Sie an die Gäste je einen Schnipsel des Originals und einen leeren, dazu Buntstifte. Nun gilt es, den farbigen Schnipsel auf dem weißen abzumalen. Die abgemalten Schnipsel werden wieder eingesammelt und auf einer Pappe zusammengeklebt. Zum Schluss zeigen Sie Original und Fälschung. Ein toller Effekt, weil ja vorher niemand wusste, wie das Original im Ganzen aussah und zu welchem Ergebnis die Aktion führen sollte.

Auswaschbare Farben für saubere Hände: Stabilo Trio Scribbi gibt es in acht Farben.

Alles von Herzen

Romantische Höhepunkte der Feier sind die kleinen Geschenke und Aktionen zwischendurch. Oft verbunden mit besonderen Freundschaftsbeweisen der Gäste für das Paar.

Eine Hochzeit ist ein Fest voller Höhepunkte – und voller Gelegenheiten, dem Brautpaar auf besondere Weise alles erdenklich Gute für den weiteren, gemeinsamen Lebensweg zu wünschen. Kleine Aufmerksamkeiten und Überraschungen gestalten den Tag abwechslungsreich und zeigen den beiden Liebenden, wie sehr sich Freunde und Verwandte mit ihnen freuen. Hier unsere besten Ideen für ganz besondere Glückwünsche.

Herz an Herz

Verteilen Sie rote Papierherzen und Stifte an die Hochzeitsgäste. Die Herzen können Sie mit einer Schablone aus rotem Tonpapier zuschneiden. Alle Gäste sollen ihren persönlichen Wunsch für das Brautpaar auf jeweils ein Herz schreiben. Danach sammeln Sie die Herzen ein und hängen sie mit kleinen Wäscheklammern an ein dafür aufgespanntes Seil. Hübsche Klammern aus Holz mit einem kleinen roten Herz gibt es beispielsweise unter *www.creativ-discount.de* (Größe: 2,5 cm, 12 Stück für ca. 2,30 Euro). Alternativ können Sie die Herzen auch mit Reißnägeln oder Stecknadeln an eine Wand pinnen. Das ergibt eine hübsche Saaldeko – und ist zugleich eine willkommene Beschäftigung für die Gäste, die nachlesen können, was die anderen Gäste so wünschen.

Schatzkiste fürs Jubiläum

Besorgen Sie eine schöne Holzkiste, eine gute Flasche Wein, die die nächsten zehn Jahre nur besser werden kann, und zwei schöne Gläser. Während der Hochzeitsfeier verteilen Sie an alle Gäste bunte Karten und Stifte. Jeder Gast bekommt eine Karte, auf die er schreiben soll, was er den beiden für die nächsten zehn Jahre wünscht. Die Karten können völlig frei gestaltet werden – Gedichte, Wünsche, Ratschläge, Bilder. Übrigens finden auch kleinere Kinder diese Idee gut und freuen sich, wenn sie tolle Bilder für das Brautpaar malen können. Sammeln Sie die Karten wieder ein und bitten Sie das Brautpaar, die Weinflasche gemeinsam mit den Karten in die Kiste zu packen.
Dann wird die Kiste fest vernagelt. Das Brautpaar darf die Kiste erst am zehnten Hochzeitstag aufmachen und bei der Flasche Wein alle Karten lesen. So haben die beiden eine schöne Erinnerung an ihre Hochzeit und alle Gäste.
Tipp: Sie selbst als Organisator der Aktion sollten nicht vergessen, auch ein Kärtchen auszufüllen.

Grüße aus der weiten Welt

Schreiben Sie große Firmen, Vereine und Institutionen an, die irgendwie zum Brautpaar passen, und bitten Sie sie um Glückwünsche zu der Hochzeit. Am besten schicken Sie auch ein Foto des Paares mit und beschreiben mit einigen Worten, warum er/sie ein so großer Fan der jeweiligen Firma oder des jeweiligen Vereins ist.
Überlegen Sie, was dem Brautpaar am Herzen liegt. Hier einige Vorschläge:
- Schokoladen-, Gummibärchen- oder Chipshersteller
- Modehersteller
- Sportverein
- Radiosender
- Band, Sänger oder Sängerin

Mit etwas Glück bekommen Sie nette Glückwunschbriefe und viel-

Das flammende Herz

Licht aus! Während alle Gäste gemeinsam ein romantisches Lied für das Brautpaar singen, stellt einer nach dem anderen sein Teelicht auf ein großes Herz.

Zur Vorbereitung wird aus Holz oder dicker Pappe ein großes Herz gesägt oder geschnitten. Das Herz können Sie rot lackieren oder mit Silberfolie umwickeln. Während der Feier, etwa gegen Mitternacht, bekommt jeder Gast ein angezündetes Teelicht und den Liedtext in die Hand gedrückt. Das Brautpaar wird nebeneinandergesetzt. Das Herz legen Sie auf einen kleinen Tisch vor das Brautpaar. Alle Gäste stellen sich mit den Teelichtern in einen Kreis um das Brautpaar. Sobald das Licht ausgeht, beginnen alle gemeinsam zu singen. Während der einzelnen Strophen geht einer nach dem anderen nach vorn und stellt sein Teelicht auf das Herz, so dass das Brautpaar zum Schluss auf ein leuchtendes Herz blickt.

Die passende Melodie zum Mitsingen

Sie sollten im Vorfeld sicherstellen, dass die Band die Melodie des Liedes spielen kann, das Sie ausgewählt haben. Falls nicht, tut es zur Not auch eine Karaoke-CD. Am schönsten ist es natürlich, wenn Sie eine allseits bekannte Melodie mit einem eigenen Liedtext belegen. Schöne Melodien haben:

- **Ronan Keating** – When You Say Nothing
- **Louis Armstrong** – What A Wonderful World
- **Doris Day** – Whatever Will Be Will Be (Que Sera, Sera)
- **Beatles** – Let It Be
- **Elvis Presley** – Love Me Tender
- **Rosenstolz** – Liebe ist alles

Teelichter: Für jeden Gast eines. Große Mengen gibt's günstig bei Ikea.

leicht auch kleine Geschenke für das Brautpaar zugeschickt.

Sammeln Sie die Briefe und Zugaben in einer schönen Kiste und überreichen Sie diese dem Brautpaar mit den Worten: „Hier ist eine Menge drin, was euch viel bedeutet." Sie werden sehen, mit dieser Art von Überraschung hat das Paar auf keinen Fall gerechnet.

Es regnet rote Rosen

Für diese Aktion brauchen Sie das Lied „Für mich soll's rote Rosen regnen" von Hildegard Knef, viele Teelichter und so viele rote Rosen, wie männliche Gäste auf der Feier sind.

Zu fortgeschrittener Stunde wird die Braut kurz aus dem Raum geführt. Alle Gäste stellen sich im Kreis auf. Die Frauen bekommen ein brennendes Teelicht, die Männer eine rote Rose in die Hand, am besten verstecken sie die Blumen zunächst hinter ihrem Rücken. Dann wird das Licht aus- und die Musik eingeschaltet. Führen Sie nun die Braut in den Kreis. Jeder männliche Gast geht zu ihr in die Mitte und überreicht seine Rose. Wenn die Braut den riesigen Rosenstrauß schon fast nicht mehr halten kann, kommt als Letzter der Bräutigam mit einer besonders schönen Rose. Die Braut wird sich wie eine Königin fühlen. Je nach Anzahl der männlichen Gäste müssen Sie das Lied eventuell öfter spielen – das wird aber im Eifer des Gefechts nicht weiter auffallen.

Fackelzauber

Romantischer geht's fast nicht: Das Brautpaar steht inmitten eines brennenden Herzens. Ein Bild, das man aus der Sat1-Show „Nur die Liebe zählt" kennt und das Sie für ca. 20 Euro selbst nachbauen können.

Was Sie brauchen, ist eine größere Fläche vor der Partylocation, Fackeln (oder Flammschalen), Zündhölzer, Sekt oder Cocktails, romantische Musik – sowie idealerweise einen Sternenhimmel und eine Vollmondnacht! Flammschalen oder Fackeln finden Sie unter www.rabeversand.de (3 Wachsfackeln für ca. 3,30 Euro).

Schon bevor es draußen dunkel wird, stecken Sie die Fackeln in Herzform auf die Fläche. Für eine Herzfläche von 5 x 5 Meter benötigen Sie etwa 22 Fackeln. Bereiten Sie zudem auf einem kleinen Tisch Cocktails oder Sekt vor. Sobald es dunkel wird, verteilen Sie die Zündhölzer an die Hochzeitsgäste und bitten sie, sich rund um das Fackelherz aufzustellen. Dann führen Sie das Brautpaar ins Innere. Auf Ihr Kommando zünden die Gäste die Fackeln gleichzeitig an, dazu läuft romantische Musik. Erheben Sie die Gläser auf das Brautpaar und genießen den Anblick. Schön ist auch, wenn ein Freund oder Familienangehöriger passend zu dem bewegenden Augenblick eine kurze Rede hält oder ein Liebesgedicht vorliest.

Herziger Lichtertraum

Nur für handwerklich begabte Gäste: Aus einer großen Holzplatte wird ein ca. 1,5 Meter großes Herz ausgesägt. Mit einem Bleistift in großen Buchstaben die Namen des Brautpaares auf das Herz malen und anschließend mit einem Holzbohrer Löcher in die Buchstaben bohren. Danach das Holzherz mit roter Plakafarbe anmalen und eventuell noch mit Klarlack überziehen. Um die

---

Extra-Tipp: Kleine Feuerwerke

Ein richtiges Feuerwerk darf nur ein Profi veranstalten, aber es gibt auch kleine Funken-Ideen für Privatpersonen.

✗ **Brennendes Herz:** Brennzeit: 60 Sekunden, auch für Innenräume geeignet. Preis: ca. 90 Euro. www.hochzeitsfeuerwerk.de.

✗ **Maxi-Wunderkerzen:** Sie haben eine Länge von 1 Meter und brennen ca. 5 Minuten. 3 Stück kosten 5 Euro unter www.pyroland.de.

✗ **Herz-Flattern:** Der Konfettishooter schießt eine Konfettisäule aus roten Folienherzen 12 Meter in die Luft. Für ca. 7,80 Euro unter www.pyroweb.de.

Von Herzen *Aktionen für die Hochzeitsfeier* | 121

Ein Baum voller Wünsche

Eine wundervolle japanische Tradition: Hier darf jeder Gast seine Wünsche fürs Brautpaar notieren und sein Kärtchen an einen Zweig hängen.

Jeder Gast füllt auf der Hochzeitsfeier ein Kärtchen mit seinen Wünschen für das Brautpaar aus und bindet dieses mit Bast an einen Wunschbaum aus Korkenzieherweidenästen. So entsteht ein liebevolles Geschenk, an dem das Brautpaar noch lange Freude hat. Wenn Sie die Korkenzieheräste ca. zwei Wochen vor der Hochzeit in warmes Wasser stellen, bilden sich schnell kleine grüne Blätter, die besonders hübsch wirken. Wechseln Sie regelmäßig das Wasser, dann hält der Wunschbaum noch viele Wochen.

Die kleinen Wunschkarten können Sie individuell am PC erstellen und auf farbigem Tonpapier ausdrucken. Danach die einzelnen Kärtchen zuschneiden und jeweils an der oberen Kante lochen.
Der Glücksbaum wird gemeinsam mit den Kärtchen, Bastschnüren und einigen Stiften auf der Hochzeitsfeier in einer passenden Ecke aufgestellt.

Was Sie brauchen
- **Pflanzen:** Korkenzieherweide und Bupleurum
- **Dekoration:** Gartenbast und Vase
- **Für die Karten:** Tonpapier und Stifte

Schneiden Sie die einzelnen Äste der Korkenzieherweide schräg ab und dekorieren Sie diese in einer Vase. Das Bindegrün (z. B. Bupleurum) je nach Vasenhöhe kürzen und zur Weide arrangieren. Binden Sie den Bast locker um den Vasenansatz und drapieren Sie Bastschnüre zwischen die Zweige.

Wunschbaum-Symbolik: Die Äste greifen in den Himmel, die Wurzeln umfassen die Welt.

Herzform herum eine Christbaum-Lichterkette legen und festtackern. In die Löcher der Namen ebenfalls die Lämpchen der Lichterkette stecken, so sind diese quasi mit Licht geschrieben.

Das Herz bauen Sie vor dem Restaurant auf. Sobald es dunkel wird, locken Sie die Gäste und das Brautpaar ins Freie und dort leuchtet ein riesiges Herz mit den Namen der Liebenden. Eine Mini-Lichterkette mit 100 Kerzen finden Sie für ca. 6 Euro im Internet unter *www.amazon.de*.

Wöchentliche Grüße

Eine Aktion, die den Gästen ein wenig Erinnerungsvermögen abverlangt, ist die Wochenpost. In dem Saal, in dem die Hochzeitsfeier stattfindet, wird eine Wäscheleine gespannt. Daran befestigen Sie mit Wäscheklammern 52 Postkarten. Auf die Karten schreiben Sie die Adresse des Brautpaares und das Datum, an dem die Karte abgeschickt werden soll. Am besten eine Karte zu jedem Montag im kommenden Jahr bis zum ersten Hochzeitstag. Alle Gäste werden gebeten, eine kleine Spende in einen Hut zu geben, und jeder, der gespendet hat, darf sich eine Karte aussuchen. Diese kann in Ruhe zu Hause ausgefüllt werden. Der Erlös wird an das Brautpaar weiter- gegeben und es bekommt nun jede Woche eine Postkarte mit lieben Grüßen – wenn die Karten von den Gästen pünktlich verschickt werden. Postkartenkalender finden Sie unter *www.amazon.de* (Postkartenkalender „Das Glück der kleinen Dinge", Preis: ca. 10 Euro). Wenn Sie sich die Mühe machen und die Postkarten selbst gestalten wollen, bietet sich ein „Liebe ist ..."-Set an. Passende Sprüche finden Sie im Internet unter *www.liebeundromantik.de*.

Süße Morgengrüße

Etwas aufwendig, aber eine hübsche Idee: Versüßen Sie dem Brautpaar ein Jahr lang den Morgen. Hierfür kochen Sie Marmelade für 52 kleine Gläser. Hübsche Gläser finden Sie im Internet unter *www.holtermann-glasshop.de* (50-ml-Rundglas: 0,29 Euro). Füllen Sie die Marmelade hinein und dekorieren Sie die Gläser in einem Korb. Während der Hochzeit gehen Sie mit dem Korb, buntem Papier, Bastfäden und Stiften an die einzelnen Tische. Jeder Gast beschriftet ein Papier mit guten Wünschen für die Woche und wickelt damit je eine Marmelade ein. Der Korb wird feierlich an das Brautpaar überreicht.

Gutscheine fürs ganze Jahr

Manche Geschenke können nur in Gutscheinform übergeben werden – ganz spezielle Aufmerksamkeiten der Hochzeitsgäste. Das kann von einer Einladung zum Essengehen, einmal Babysitten bis hin zum Rasenmähen alles sein. Am besten verteilen Sie Gutscheine in spielerischer Form während der Hochzeitsfeier. Die Ideen:

Amors Dartpfeile

Sie brauchen: kleine Zettel, Stifte, eine große Kork-Pinnwand und Dartpfeile. Eine Korktafel finden Sie im Baumarkt, Dartpfeile gibt's im Internet unter *www.mytoys.de* (3 Stück ca. 7 Euro). Bitten Sie die Gäste, auf einen Zettel ihren Namen und eine kleine Gutscheinidee zu notieren. Die kleinen Geschenkgutscheine heften Sie an die Pinnwand, dann dürfen Braut und Bräutigam abwechselnd auf die Wand werfen und sich kleine Präsente erwerben.

Um das Ganze spannender zu machen: Die ersten drei Treffer sind eine Einladung der jeweiligen Gäste für das Brautpaar, die letzten drei Treffer eine Einladung des Brautpaars für die Gäste, die den Gutschein verfasst haben.

Die weiße Tenniswand

Befestigen Sie ein Betttuch an zwei Besenstielen, so dass Sie es an den Stielen hochheben und wie eine Wand spannen können. Auf das Leintuch werden zwölf Gesichter in verschiedenen Größen gemalt, statt Mündern schneiden Sie Löcher in das Laken. In jedes Gesicht tragen Sie den Namen eines Gastes ein (kurz anfragen, ob dieser mitmacht). Denken Sie sich zwölf Preise aus, die eingelöst werden sollen. Nun bekommt das Paar Tennisschläger und -bälle. Abwechselnd müssen sie versuchen, aus zwei bis drei Metern eines der Löcher zu treffen. Dabei stehen die zwölf Gesichter für die zwölf nächsten Monate. Der Gast zum Gesicht, das getroffen wird, muss nach vorn kommen und wird über seine Aufgabe informiert.

Regenschirmreise

Bereiten Sie zwölf Briefumschläge mit Aufgaben für jeden Monat vor. Diese mit Fäden an einem Regenschirm befestigen. Am Abend, wenn die Gäste ausgelassen tanzen, gehen Sie mit dem Schirm herum. Bitten Sie den DJ oder die Band, wie bei dem Spiel „Reise nach Jerusalem" die Musik spontan zu stoppen. Sobald die Musik ausgeht, darf der Gast unter dem Schirm einen Umschlag abschneiden und bekommt eine Aufgabe.

Blindekuh mit Luftballons

Bitten Sie zwölf Gäste, auf einen Zettel zu schreiben, welchen Gutschein sie dem Brautpaar schenken möchten. Blasen Sie zwölf bunte Luftballons auf, füllen Sie diese vorher mit Konfetti und je einem Gutschein. Die Luftballons werden für jeden Monat von eins bis zwölf nummeriert und dann an einem Brett befestigt. Nun werden dem Bräutigam die Augen verbunden und er muss sich mit einer Nadel in der Hand vors Brett stellen. Die Luftballons müssen nacheinander von eins bis zwölf zerstochen werden. Hierfür gibt die Braut Anweisungen, wo genau sich die einzelnen Luftballons befinden. Der Clou: Die Braut darf nicht „links", „rechts", „oben" oder „unten" sagen, sondern muss Synonyme verwenden, z. B. links = spülen, rechts = saugen, oben = kochen, unten = bügeln. Die Bedeutung der Befehle erklären Sie dem Brautpaar natürlich vor Spielbeginn.

Romantischer Abschiedsgruß

Ein ungeschriebenes Gesetz ist, dass sich die Gäste nicht vor dem Abtanzen des Schleiers oder dem Werfen des Brautstraußes verabschieden. Am besten, Sie bleiben bis zum Ende und geleiten das Hochzeitspaar hinaus. Dafür stellen sich alle (verbliebenen) Gäste zum Spalier auf und nehmen Fackeln, Laternen oder Wunderkerzen in die Hand.

Der letzte Tanz gehört dem Brautpaar

Der letzte Tanz wird – genauso wie der Eröffnungstanz – dem Brautpaar sehr lange in Erinnerung bleiben. Deshalb ist es wichtig, dass sich alle Gäste vor dem Aufbruch noch einmal um das Brautpaar scharen. Dann spielt die Band oder der DJ ein Lied,

das den beiden etwas bedeutet. Oder wählen Sie eines dieser Lieder mit Gänsehaut-Garantie:
- **Peter Maffey** Ich fühl wie Du (aus Tabaluga & Lilli)
- **Phil Collins** Dir gehört mein Herz (aus Disney's Tarzan)
- **Nena** Liebe ist so wie du bist
- **Eric Clapton** Wonderful Tonight
- **Howard Carpendale** Du bist die Antwort für mich
- **Rainhard Fendrich** Weilst a Herz host wia a Bergwerk
- **Bing Crosby & Grace Kelly** True Love
- **STS** Wunder meiner Seligkeit

Das Licht wird gelöscht und das Paar tanzt den letzten Tanz inmitten aller Gäste.

News & (Love-)Storys

In alten Fotos stöbern, investigative Interviews führen, Anekdoten erzählen: Eine Hochzeitszeitung zu erstellen ist aufwendig, bedeutet aber auch viel Spaß für die Macher.

Eine Hochzeit ohne Hochzeitszeitung ist wie Flitterwochen am Meer ohne Traumstrand. Sie gehört einfach dazu und soll das Brautpaar auf möglichst unterhaltsame Art von verschiedenen Seiten beleuchten. Die gedruckte Zeitung wird während der Hochzeitsfeier an die Gäste des Paares verteilt – oft auf Basis freiwilliger Spenden, die dann dem Brautpaar übergeben werden. Eine Hochzeitszeitung ist also ein ganz besonderes Geschenk. Doch den Aufwand, sie zu erstellen, sollten Sie auf keinen Fall unterschätzen. Aber auch wenn Sie vielleicht in den Wochen der Vorbereitung das eine oder andere Mal das Handtuch schmeißen möchten, werden Brautpaar und Gäste Ihre Mühe ganz sicher zu schätzen wissen. Denn eine gut gemachte Hochzeitszeitung ist mit das schönste Andenken für die Gäste, die Familien und nicht zuletzt für das Brautpaar selbst.

Das Redaktionsteam

Die Hochzeitszeitung wird meistens von den Trauzeugen oder von besonders guten Freunden organisiert und größtenteils geschrieben, weil sie viele Insiderkenntnisse haben und das Paar gut kennen. Zudem ist es sicherlich sinnvoll, zusätzlich ein kleines Team aus Freunden und Verwandten zusammenzustellen, die die anfallenden Aufgaben unter sich aufteilen.
Wichtig ist auf alle Fälle, dass Sie rechtzeitig mit der Organisation beginnen, denn meistens dauert es länger als geplant, bis alle gewünschten Beiträge fertig sind – das ist auch bei professionellen Magazinen und Zeitschriften oft so.

Bei einem ersten Treffen mit dem Team stimmen Sie alle Eckdaten ab:
- Welches Format und welchen Umfang soll die Zeitung haben?
- Wo und wie soll die Zeitung gedruckt und gebunden werden?
- Welche Kosten sind für die Erstellung notwendig und wie können diese aufgeteilt werden?
- Welche Artikel müssen unbedingt hinein?
- Wer schreibt die Artikel?
- Wer führt die Interviews?
- Wer organisiert die Bilder/fotografiert?
- Wann müssen alle Bilder und Texte vorliegen?
- Wer fügt die Inhalte zusammen und kann das Layout erstellen?

Ist das alles geklärt, sollte es auch schon losgehen.

Die Inhalte der Zeitung

Generell gilt für alle Beiträge: Lieber witzig, pointiert und ein bisschen provokativ als zu nett, harmlos und vielleicht sogar etwas langweilig. Sammeln Sie im Vorfeld möglichst viel Material über das Brautpaar und überlegen Sie sich, was in der Zeitung erscheinen soll – und auch wie.

Standards

Generell gehört in die Hochzeitszeitung alles, was Ihnen für den Anlass geeignet erscheint:
- Nette Baby- und Kinderfotos
- Die Kennenlernstory
- Lustige Beiträge und Fotos aus der Jugendzeit
- Hinweise auf Charakter, Eigenheiten und Marotten der beiden Liebenden

- Sinnsprüche und kleine Gedichte zum Thema Liebe und Ehe, etwa unter *www.zitate.de* oder *www.aphorismen.de*
- Ehefahrplan (Wann wird welcher Hochzeitstag und welches Jubiläum gefeiert?)
- Gute Ehe-Ratschläge von den Gästen
- Eine kurze Vorstellung der Trauzeugen und weiterer wichtiger Hochzeitsbeteiligten

Für einige Themen sind Sie natürlich auf die Hilfe der Eltern angewiesen (beispielsweise beim Auffinden der schönsten Kinderbilder), Sie können aber auch die Verwandtschaft anschreiben und diese um Beiträge bitten. Zitate, Witze, Geschichten und diverse Ehetests und Eheregeln, die die Zeitung anreichern können, finden Sie im Internet unter *www.online-hochzeitszeitung.de*, *www.unsertag.de*, *www.123-hochzeitszeitung.de*, *www.hochzeitszeitung-mal-anders.de*.

Extras

Zusätzlich zu Standardinhalten kann die Zeitung durch besondere Extras aufgepeppt werden:
- Aktuelle Fotos und nette Anekdoten vom Junggesellenabschied und vom Polterabend.
- Vorstellung der Gäste: Die Gäste werden mit einem kleinen Spruch charakterisiert. Während der Hochzeitsfeier können Sie diese vorlesen und der zitierte Gast steht kurz auf. So stellen Sie ganz elegant die Hochzeitsgäste gegenseitig vor.
- Eine Anzeige à la Filmplakat „Meine Braut, ihr Vater und ich" mit tatsächlicher Braut und ihrem Vater. Original-Filmplakate zum Abändern finden Sie im Internet unter *www.filmplakate.de*.
- Steckbrief: Daten aus dem Leben des Brautpaares. Dazu die historischen Daten der entsprechenden Tage. Geschichtliche Infos dazu beispielsweise unter *www.kalenderblatt.de*. Eine Originalzeitung vom Tag der Geburt können Sie unter *www.geschenkzeitung.de* bestellen.
- Interview mit den Schwiegermüttern: Was haben Sie sich gedacht, als Sie zum ersten Mal Ihren Schwiegersohn/Ihre Schwiegertochter in spe gesehen haben? Wie stellen Sie sich das Brautpaar in dreißig Jahren vor?
- Wenn das Brautpaar heute einen Promi heiraten dürfte, wer wäre das? Passend dazu die schönsten Bilder der Promis.
- Graphologische Partnerschaftsanalyse: Beide Brautleute getrennt eine Liebesbotschaft schreiben lassen und zusammen mit der Partnerschaftsanalyse abdrucken. Mehr Infos und Adressen unter *www.graphologies.de*.
- Partnerschaftshoroskop: Zu jeder guten Zeitung gehört ein Horoskop! Schauen Sie in die Sterne und erfahren Sie, was die Zukunft dem Brautpaar bietet. Ein kleines kostenloses Partnerhoroskop können Sie unter *www.noeastro.de* erstellen. Soll es professioneller sein, können Sie ein persönliches Partnerschaftshoroskop für ca. 50 Euro bei *www.horoskope-direkt.de* in Auftrag geben.
- Reisebericht über das Ziel der Hochzeitsreise.
- Kleine Gutscheinaktionen, die Sie in Form von Kleinanzeigen in der Zeitung verstecken. Alle Gäste, die an der Zeitung mitschreiben, steuern ihren Teil dazu bei. Beispiele: Gutschein für ein Wochenende am See (im Wochenendhaus von …), Gutschein für einen neuen Haarschnitt (bei …), Gutschein für einen Handwerksdienst vom Fachmann (nämlich von ….), Gutschein für eine Dekoration beim nächsten Grillabend.

Extra-Tipp: Termine planen

Genaues Timing ist alles – und der Teufel steckt im Detail. Planen Sie also genau und am besten noch eine großzügige Zeitreserve mit ein.

✗ **Das erste Redaktionsmeeting** sollte ca. drei Monate vor der Hochzeit stattfinden.

✗ **Fertigstellung des Musterexemplares:** Spätestens eine Woche vor dem Fest sollte das erste Musterexemplar als Grobausdruck fertig sein, so dass Sie noch genügend Zeit für eventuelle Korrekturen haben.

✗ **Druck- und Kopierphase:** Dafür sollten Sie mindestens zwei Tage einplanen. Beim Profidruck durch eine Druckerei noch mehr!

Bilder

Bilder gehören unbedingt in eine gute Hochzeitszeitung. Suchen Sie die schönsten Baby- und Kinderbilder des Brautpaares aus. Schön sind auch Beweisbilder aus der Jugend – dazu gehört die schlecht sitzende Dauerwelle der pubertierenden Braut ebenso wie der Bräutigam mit seiner ersten Gitarre in Aktion. Abgerundet wird die Zeitschrift mit Fotos des Paares in besonders misslichen Situationen – darunter können auch Bilder vom Junggesellenabschied oder vom Polterabend sein. Wenn Sie eine Seite mit den Vorlieben des Brautpaares gestalten, versuchen Sie diese auch weitgehend zu bebildern: Kinderschokolade, Zigaretten, eine Flasche Rotwein, einen Porsche oder auch George Clooney. Abbildungen werten die Seiten in jedem Fall enorm auf, verzichten Sie im Zweifelsfall lieber sogar auf Text zugunsten von amüsanten Bildern.

Cartoons

Lustig anzusehen, aber schwierig zu bekommen: Professionelle Cartoons sind aufwendig in der Herstellung und kosten deshalb einfach Geld – Copyright (Urheberrecht) ist hier das Zauberwort, das eine ungehinderte Veröffentlichung von Zeichnungen verhindert. Gegen die private Verwendung von Cartoons in einer Hochzeitszeitung haben viele Cartoonisten jedoch keine Einwände. Sie sollten sich aber vorher unbedingt deren Nutzungserlaubnis einholen, am besten beim Verlag des Autors. So vermeiden Sie unangenehme Überraschungen. Unter *www.cartoon-karten.de* finden Sie auch viele lustige Postkarten rund um das Thema Hochzeit. Bekannte Cartoonisten, die sich mit dem Thema Ehe auseinandergesetzt haben, sind beispielsweise Loriot (*www.loriot.de*), Tetsche (*www.tetsche.de*), Erich Rauschenbach (*www.erich-rauschenbach.de*) oder auch Uli Stein (*www.ulistein.de*). Etwas andere Anregungen für witzige Cartoons oder auch Sprüche finden Sie unter *www.autsch.de, www.top-cartoons.de* und *www.schmunzelmal.de*.

Rätsel

Ebenso wie das Horoskop ist ein Rätsel fester Bestandteil einer Zeitung. In diesem Fall hat es natürlich mit dem Brautpaar und dem Thema Heiraten zu tun: Das Lösen eines Hochzeitsrätsels wird dem Brautpaar und den Gästen viel Spaß bereiten und zugleich können Sie damit testen, wie gut die Gäste das Hochzeitspaar wirklich kennen. Ein Rätsel können Sie einfach selbst erstellen. Überlegen Sie sich dazu einige Fragen zum Brautpaar, beispielsweise „Welches war sein erstes Auto?" oder „Was sammelt die Braut besonders leidenschaftlich?". Markieren Sie bei den Antworten die gesuchten Lösungsbuchstaben. Und heraus kommt das gesuchte Lösungswort. Wenn Sie mögen, können Sie für den Gewinner auch noch einen Preis ausloben, beispielsweise einen Spieleabend mit dem Brautpaar.

Sie können auch ein professionelles Kreuzworträtsel mit dem PC erstellen. Hierfür gibt es spezielle Software für den Computer, beispielsweise den Kreuzworträtselgenerator „Criss Cross". Mehr Infos zu dem Programm finden Sie auf Seite 140.

Anzeigen

Anzeigen müssen in eine richtige Zeitung auf alle Fälle mit rein. Überlegen Sie sich, ob es ein passendes Anzeigenmotiv gibt, das Sie etwas abgewandelt verwenden können. Träumt er von einem Porsche, dann bilden Sie die Autoanzeige ab und formulieren den Text auf den Bräutigam passend um. Ist sie eine passionierte Schnäppchenjägerin, bauen Sie eine Anzeige im Media-Markt-Stil (Ich bin doch nicht blöd …) ein und bilden Sie ihre Lieblingsschnäppchen ab. Originell ist ein Kleinanzeigenteil. Hier Beispiele für Anzeigen:

© Eugeny – FOTOLIA

- Diskreter Ghostwriter für Hochzeitszeitung gesucht. Abgabetermin Juni 2010. Angebote an info@hochzeitswahn.de.
- Mäuse zu verschenken. Tel. 0190/ 633 633.
- Umzugskartons günstig abzugeben (nur 5-mal gebraucht). Chiffre KW 8835.
- Mehrere große Scherbenhaufen zu verschenken. Selbstabholung erforderlich. 08004/720 399.
- Wer gibt Nachhilfe in Terminplanung und -einhaltung? suche@hochzeitsplaner.de.
- Suchen Sie Hausrat? Wir haben (fast) alles doppelt. 0160/2389891.

Grafik & Titelblatt

Für die Erstellung einer Hochzeitszeitung gibt es zwar spezielle Software, aber Sie können die Zeitung mit ein bisschen Geschick auch ganz einfach mit Microsoft Word erstellen. Word ist zwar kein ausgesprochenes Layout-Programm, doch sind die wesentlichen Funktionen, die Sie für die Gestaltung der Hochzeitszeitung benötigen, vorhanden. Hilfreich ist es in jedem Fall, wenn Sie die Anordnung der Elemente vorher auf einem Blatt Papier skizzieren. Einen detaillierten Workshop finden Sie am Ende dieses Kapitels (Seite 130).

Das Titelblatt ist mit der wichtigste Teil der Hochzeitszeitung. Am schönsten ist es, wenn Sie als Vorlage das Titelblatt einer der Lieblingszeitschriften des Brautpaares verwenden. Einfach einscannen und mit einem Bildbearbeitungsprogramm (beispielsweise Paintshop Pro von Corel) Texte und Bilder verändern. Dafür in Frage kommen zum Beispiel die Zeitschriften Focus, Spiegel oder Auto, Motor & Sport oder, wenn es eher nach dem Geschmack der Braut gehen soll, etwa Instyle, Elle oder Bunte. Immer passend ist auch das Titelblatt der Bild-Zeitung oder das Cover der ZEIT, das dann – das liegt nahe – in HOCH-ZEIT abgeändert wird.

Drucken & Binden

Die Auflage Ihrer Zeitung ist abhängig von der Zahl der Gäste. Ein guter Mittelwert ist hier sicherlich die Hälfte der Gästezahl. Dann haben Sie in den meisten Fällen noch einige Exemplare übrig, die Sie vielleicht gern selbst behalten möchten. Wenn größere Familien mit vielen Kindern eingeladen sind, reicht meist ein Exemplar pro Familie. Auf jeden Fall sollten Sie frühzeitig ein paar Exemplare für die Familie des Hochzeitspaares und für das Paar selbst sichern, da diese vor lauter Feiern und Organisieren vielleicht sonst am Ende ohne Zeitung dastehen.

Für den Druck der Zeitung haben Sie verschiedene Möglichkeiten:

Druckerei

Die teuerste, aber auch professionellste Möglichkeit ist eine richtige Druckerei. Am besten telefonieren Sie mit einigen Druckereien und schildern Ihr Vorhaben. Die meisten können Ihnen dann einen unverbindlichen Kostenvoranschlag machen, der auch zunächst gratis sein sollte. Der Vorteil: Auf Wunsch werden Ihnen Papiermuster oder Probedrucke vorgelegt, damit Sie sich ein besseres Bild machen können. Bei einer zwölfseitigen Zeitschrift im Format DIN A4, ohne gesonderten Umschlag und mit Rückenstichheftung kostet die Produktion von 50 Exemplaren bei einem Druck in Schwarz-Weiß ca. 70 Euro und bei einem Druck mit vier Farben ca. 120 Euro. Mehr Informationen und eine Bestellmöglichkeit gibt es beispielsweise unter www.online-druck.biz.

Copyshop

Meist ist ein normaler Copyshop für den Druck der Zeitung völlig ausreichend. Allerdings brauchen Sie hierfür zwei Dinge: Zeit und Geduld. Denn bei den meisten Copyshops bekommen Sie die günstigeren Preise nur dann, wenn Sie die komplette Kopierarbeit im Selbstbedienungs-Verfahren erledigen. Dafür erhalten Sie bei größeren Kopiermengen meistens Mengenrabatte – fragen Sie unbedingt danach! In einem gut ausgestatteten Copyshop gibt es meistens auch einen Farblaserdrucker. Die schönste und preisgünstigere Variante für die Hochzeitszeitung wäre deshalb, den Innenteil der Zeitung in Schwarz-Weiß zu kopieren und das Titelblatt in Farbe. Bei einer zwölfseitigen Zeitschrift im Format DIN A4 kosten die Kopien von 50 Exemplaren (= 600 Seiten) in Schwarz-Weiß ca. 24 Euro. Wenn Sie das Titelblatt der Zeitschrift dazu in Farbe kopieren möchten, kostet der komplette Druck ca. 50 Euro. Mehr Informationen zu Preisen finden Sie auch unter *www.der-copyshop.de*.

Selber drucken

Noch günstiger wird es, wenn Sie die Hochzeitszeitung mit einem Farblaserdrucker selbst ausdrucken. Für das reine Verbrauchsmaterial (Toner & Papier) müssen Sie für 50 Exemplare (12 Seiten, DIN A4, Titelseite farbig, Innenteil in Schwarz-Weiß) je nach Druckermodell etwa mit gut 20 Euro rechnen.

Die Zeitung binden

Während die Druckerei das Binden für Sie übernimmt, müssen Sie sich bei dem Druck im Copyshop oder auch mit dem eigenen Drucker noch ein passendes Bindesystem überlegen. Einfach, aber wirkungsvoll ist das Lochen und Zusammenbinden der Seiten mit Geschenkband und Schleife. Dies ist die günstigste Variante und gibt dem Ganzen am Ende auch noch eine persönliche handwerkliche und liebevolle Komponente. Etwas neutraler ist eine einfache Fadenbindung (Blätter lochen und mit Zierfäden verbinden) oder das Tackern. Einige Copyshops bieten Spiralbindungen an. Diese sind zwar teurer, machen aber optisch viel her. Die Preise für eine Drahtspiralbindung liegen etwa bei 1,50 Euro pro Exemplar. Um das Ganze perfekt zu machen, benötigen Sie zudem eine Deckelfolie und einen Rückenkarton, was nochmals mit ca. 0,50 Euro zu Buche schlägt. Wesentlich günstiger, aber bei weitem nicht so stabil ist die sogenannte Blockleimung, wie man sie bei Abreißblöcken findet (etwa 0,25 Euro pro Exemplar).

> **Extra-Tipp: Software & Bücher**
> Hier einige Literatur- und Softwaretipps.
> ✗ **Zeitungs-Druckerei:** Vorlagen im Layout bekannter deutscher Zeitungen/Magazine, *www.databecker.de*, Preis: ca. 10 Euro.
> ✗ **Hochzeitszeitung im Internet:** Unter *www.wordassistenten.de/zeitung/* können Sie ein Word-Makro downloaden, mit dem Sie die Hochzeitszeitungen in Deutsch, Englisch oder Französisch erstellen können, Preis: ca. 15 Euro.
> ✗ **Die perfekte Hochzeitszeitung:** Anregungen und Tipps zur Gestaltung, 80 Seiten mit Vorlagen-CD, *www.randomhouse.de*, Preis: 13 Euro.

Kostenkalkulation

Für eine zwölfseitige Zeitung, die Sie im Copyshop drucken und mit Spiralbindung binden lassen, zusätzlich verschönert mit Deckelfolie und einem Rückenkarton, müssen Sie bei einer Auflage von 50 Stück (reicht dann etwa für 100 Gäste) mit ca. 150 Euro Herstellungskosten rechnen. Die Kosten sollten sich die Ersteller untereinander teilen. Bei der Feier können Sie die Zeitung an die Gäste verschenken oder aber gegen eine kleine Spende verkaufen. Das eingenommene Geld wird meist an das Brautpaar zur freien Verwendung übergeben. Wenn Sie sich bezüglich der entstandenen Kosten vorher noch nicht einigen konnten, können Sie dem Brautpaar auch nur den Nettogewinn übergeben (Erlöse minus Kosten). Dies kommt aber wohl eher selten vor, da die Zeitung ja vor allem eines ist: ein wundervolles Geschenk für das Brautpaar, das von Herzen kommt.

Zeitungen verteilen

Am häufigsten werden Zeitungen direkt auf der Hochzeitsfeier verteilt. Dabei empfiehlt es sich aber, den richtigen Zeitpunkt abzuwarten – erfahrungsgemäß sind viele Gäste nach dem Austeilen so sehr mit Lesen und Lachen beschäftigt, dass sie ihre Umgebung zumindest vorübergehend vergessen. Bedenken Sie auch, dass eventuell Informationen in der Zeitung stehen, die nicht vorweggenommen werden sollten.

Sie können die Zeitung aber natürlich auch vor oder nach dem Tag der Hochzeit verteilen – entweder als eine Art „Aperitif" für den großen Tag oder eben als „Digestif" mit Hochzeitsbildern.

Hochzeitszeitung mit Word

Zwar ist Word sicher kein ausgesprochenes Layout-Programm, doch sind die wesentlichen Funktionen, die Sie für die Gestaltung der Hochzeitszeitung benötigen, durchaus vorhanden. Der Titel lässt sich ebenso einfach gestalten wie die Texte der witzigen Anekdoten. Schließlich kommt es vor allem auf den Inhalt an. Sammeln Sie im Vorfeld möglichst viel Material über das Brautpaar und überlegen Sie sich genau, was in Ihrer Zeitung erscheinen soll und wie.

❶ Titel gestalten

Wenn die Materialsammlung und die Überlegungen zur Gestaltung der Hochzeitszeitung abgeschlossen sind, legen Sie die Titelseite an. Sie arbeiten dabei mit verschiedenen Textfeldern. Diese haben den Vorteil, dass sie an einer beliebigen Stelle auf dem Blatt platziert werden können. Alternativ zu einem eigenen Zeitungstitel können Sie etwa den Titel der regionalen Zeitung des Brautpaars einscannen und anschließend in einem Bildbearbeitungsprogramm verändern.

- Starten Sie Word und legen Sie einen Textrahmen auf Ihr neues Arbeitsblatt. Am einfachsten geht dies über die Symbolleiste „Zeichnen", die Sie sich über das Menü „Ansicht/Symbolleisten/Zeichnen" einblenden lassen.
- Um ein Textfeld einzubauen, wählen Sie in dieser Leiste das Symbol „Textfeld". Ziehen Sie mit gedrückter Maustaste ein Textfeld auf Ihrem Arbeitsblatt auf. Je nachdem, wie viel Text dieses enthalten wird, ziehen Sie den Textkasten an den Seitenanfassern größer.
- An der Stelle, an der der Cursor steht, geben Sie den Titel Ihrer Zeitung ein. Für die Überschrift wählen Sie anschließend eine passende Schriftart und -größe aus, etwa die Monotype Corsiva in der Größe 68 Punkt.
- Soll die Titelzeile eine obere und eine Rahmenlinie erhalten, damit sie sich von den anderen Texten abhebt, klicken Sie doppelt auf den Rand des Textfeldes. Im Dialog „Textfeld formatieren" wählen Sie im Register „Farben und Linien" unter „Linie" die Farbe sowie die Art und Dicke („Stärke") der Rahmenlinie aus. Rahmenlinien können Sie auch erzeugen, indem Sie im Menü „Format/Absatz" eine Linie zuweisen.
- Unterhalb der Titelzeile können Sie einen weiteren Textkasten anlegen, in den Sie das Erscheinungsdatum und etwa den Preis eintragen. Sowohl die Überschriften für die verschiedenen Beiträge der Hochzeitszeitung sowie die Beiträge selbst werden ebenfalls in Textfeldern angelegt.

❷ Spalten anlegen

Üblicherweise werden Zeitungen in mehreren Spalten gesetzt. Damit auch Ihre Hochzeitszeitung richtig professionell wirkt, sollten Sie also Spalten anlegen. Die einfachste Methode ist sicher jene über den Befehl „Format/Spalte". Über diesen Befehl lassen sich bequem zwei oder mehrere Spalten einrichten. Problematisch ist jedoch, dass sich dieser Befehl immer auf eine ganze Seite bezieht. Die Abgrenzung zu weiteren Artikeln ist zwar möglich, aber schwierig. Sollen mehrere unterschiedlich lange Artikel in Ihrer Zeitschrift erscheinen, ist das Spaltenlayout von Word nicht geeignet. Stattdessen bietet es sich an, mit Textfeldern zu arbeiten. Bei längeren Texten können diese auch miteinander verknüpft werden.

- Damit die Textfelder in Ihrer Zeitung die gleiche Größe haben, fügen Sie erst ein Textfeld mit einer festen Größe ein und kopieren dieses. Klicken Sie in der Zeichnen-Leiste auf das Symbol „Textfeld" und ziehen Sie am linken Seitenrand ein Textfeld auf. Per Doppelklick auf den Rand des Textfeldes öffnen Sie den Dialog „Textfeld formatieren". Tragen Sie im Register „Größe" unter Breite den gewünschten Wert ein, also etwa „4,5 cm".
- Wechseln Sie zum Register und wählen Sie dort im Bereich „Linie" unter „Farbe" den Eintrag „Keine Linie".
- Markieren Sie das Textfeld per Klick auf dessen Rahmen und drücken Sie die Tastenkombination „Strg"+"D". Ein zweites Textfeld erscheint leicht verschoben über dem ersten Kasten. Klicken Sie auf diesen Textkasten und ziehen Sie ihn mit gedrückter Maustaste neben das erste Feld, so dass die Felder auf gleicher Höhe stehen.
- Drücken Sie anschließend noch zweimal die Tastenkombination „Strg"+"D". Das Textfeld wird erneut kopiert und automatisch an der richtigen Position eingefügt. Bei dem Befehl „Verdoppeln", den Sie über die Tastenkombination „Strg"+„D" aufrufen, ist nämlich sowohl der Kopier- als auch der Positionierbefehl gespeichert.
- Sollten Sie nicht präzise genug gearbeitet haben, hilft der Befehl „Ausrichten und verteilen". Sie erreichen diesen über den Eintrag „Zeichnen" in der gleichnamigen Symbolleiste. Markieren Sie dazu den ersten Textkasten, drücken Sie die „Shift"-Taste und markieren Sie die übrigen drei Textfelder. Wählen Sie im Menü „Zeichnen" den Befehl „Ausrichten und verteilen" und klicken Sie im folgenden Untermenü auf den Eintrag „Horizontal verteilen".
- Tipp: Um Textfelder genau positionieren zu können, ist es hilfreich, sich das sogenannte Gitternetz einblenden zu lassen. Klicken Sie dazu in der Symbolleiste „Zeichnen" auf den Eintrag „Gitternetz". Wählen Sie die Option „Rasterlinien am Bildschirm anzeigen".

❸ Spalten formatieren

Je nachdem, wie lang die Texte Ihrer Artikel sind, müssen Sie entweder die Höhe der Spalten anpassen oder mehrere Spalten miteinander verknüpfen. Schließlich fügen Sie Linien ein, um die Spalten voneinander abzutrennen.

- Soll etwa neben dem großen Hauptartikel auf der Seite noch eine zweite Textspalte für einen Kommentar und eine weitere mit kurzen Meldungen erscheinen, ziehen Sie das Textfeld entsprechend größer auf. Markieren Sie das Textfeld und führen Sie den Mauszeiger auf den mittleren Anfasserpunkt des markierten Textfeldrahmens. Wenn der Cursor die Form eines Doppelpfeils annimmt, ziehen Sie den Rahmen mit gedrückter

Maustaste in die gewünschte Richtung. Während Sie den Rahmen des Textfeldes vergrößern, sehen Sie eine gestrichelte Linie, die die neue Größe andeutet und Ihnen sagt, wann es genug ist.
- Um die verschiedenen Artikel und Spalten optisch voneinander abzutrennen, fügen Sie jetzt noch vertikale Linien ein. Klicken Sie dazu in den entsprechenden Textkasten und wählen Sie in der Formatleiste den Button zum Einfügen von Rahmen. In dem folgenden Untermenü wählen Sie das Symbol aus, das die Rahmenlinie an der richtigen Position andeutet, also etwa das Symbol „Rahmenlinie rechts".
- Sollen längere Texte über mehrere Spalten hinweglaufen, müssen die Textfelder miteinander verknüpft werden. Dazu lassen Sie sich die Symbolleiste „Textfeld" einblenden. Klicken Sie also im Menü „Ansicht" auf den Eintrag „Symbolleisten" und aktivieren Sie dann die Symbolleiste „Textfeld".
- Markieren Sie den Textkasten, den Sie mit anderen verbinden möchten, und wählen Sie in der Symbolleiste „Textfeld" das Symbol „Textfeld verknüpfen" (Kettensymbol). Klicken Sie anschließend mit dem Cursor, der eine Kanne als Symbol trägt, in den Textkasten, mit dem der erste verbunden werden soll.
- **Tipp:** Läuft Ihr Text in mehreren schmalen Spalten, sollte er als Blocksatz formatiert werden, also auf beiden Seiten bündig sein. Damit keine allzu großen Lücken im Text auftauchen, ist es außerdem sehr ratsam, in Word die Silbentrennung zu aktivieren.

❹ Die Foto-Lovestory

Natürlich soll Ihre Hochzeitszeitung nicht nur Texte enthalten – so lustig diese auch sein mögen, so langweilig sieht eine Zeitung ohne Bilder aus. Bauen Sie also ein paar Bilder ein. Wie bei jeder guten Zeitung platzieren Sie ein großes Bild gleich auf der ersten Seite. Während dies noch recht einfach über den Befehl „Einfügen/Grafik" geht, zeigen wir Ihnen hier, wie Sie Bilder zu einer Foto-Lovestory zusammenstellen können. Auch bei all diesen Schritten arbeiten Sie hauptsächlich mit der Symbolleiste „Zeichnen".
- Die Fotos in Ihrer Foto-Lovestory sollten alle in einheitlichen Rahmen stehen. Wählen Sie dazu etwa ein abgerundetes Rechteck oder ein Herz aus. Klicken Sie in der Zeichnen-Symbolleiste auf den Menüpunkt „AutoFormen". Wählen Sie im folgenden Untermenü unter „Standardformen" die gewünschte Form per Mausklick aus.
- Rufen Sie per Klick mit der rechten Maustaste das Kontextmenü auf und wählen Sie dort den Eintrag „AutoForm formatieren".
- Im folgenden Dialog klicken Sie im Register „Farben und Linien" in das Feld „Farbe". Im Dropdown-Menü wählen Sie den Eintrag „Fülleffekte". Im gleichnamigen Dialog wechseln Sie zum Register „Grafik" und klicken auf die Schaltfläche „Grafik auswählen". Suchen Sie im nächsten Dialogfenster im richtigen Ordner die gewünschte Grafik (das Bild) aus. Bestätigen Sie mit „OK", um wieder zu dem Dialog „Autoform formatieren" zurückzukehren.
- Diese erstellte Maske wird nach der Voreinstellung mit einer Rahmenlinie versehen. Um diese zu bearbeiten, wählen Sie im Dialog „Autoform formatieren" unter Linie im Feld „Farbe" die geeignete Farbe aus. Stellen Sie anschließend im Feld „Stärke" die Dicke der Linie ein. Tragen Sie hier etwa den Wert 3 ein. Klicken Sie auf die Schaltfläche „OK", um die Grafik in die Autoform einzupassen und den Rahmen hinzuzufügen.

Hochzeitszeitung *Aktionen für die Hochzeitsfeier*

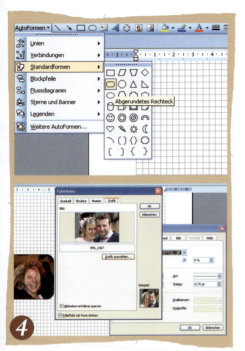

④

- Führen Sie den Mauszeiger auf das erste Foto Ihrer Bildergeschichte und ziehen Sie die Sprechblase auf.
- Um die Sprechblase richtig zu positionieren und ihr die passende Größe zuzuweisen, klicken Sie einmal auf den Rand der Sprechblase, um diese zu markieren.
- Klicken Sie auf den kleinen gelben Punkt am Ende der Gedankenblasen und legen Sie fest, an welcher Stelle im Foto die Sprechblase ansetzen soll. Mit gedrückter Maustaste ziehen Sie den gelben Punkt an die richtige Stelle im Foto. Ziehen Sie an den Eck- oder Seitenanfassern – wenn der Cursor zum Doppelpfeil wird, vergrößern Sie die Sprechblase. Wollen Sie die Position der Sprechblase ändern, klicken Sie auf deren Rahmen und verschieben die Legende in die gewünschte Richtung. Bewegen Sie den grünen Punkt, erhält sie eine andere Neigung.
- Wenn die Position und die Größe der Sprechblase stimmen, geben Sie den Text ein. Stellen Sie vorher die gewünschte Schriftart, -größe und -farbe ein. In diesem Fall bietet sich die Schriftart Comic Sans an. Die Schriftgröße passen Sie der Sprechblase an.

Gestalten Sie in ähnlicher Weise auch die folgenden Seiten Ihrer Hochzeitszeitung. Und vergessen Sie nicht, die Mitarbeiter der Zeitung in einem Impressum zu erwähnen. Sie werden sehen: Die Begeisterung der Hochzeitsgesellschaft wird grenzenlos sein.

- Damit der Rahmen für das nächste Foto die gleiche Größe erhält und die gleiche Rahmenlinie, verdoppeln Sie den Rahmen mit dem eingefügten Bild mit dem Befehl „Strg"+„D". Platzieren Sie den zweiten Rahmen neben dem ersten und drücken Sie die Tastenkombination („Strg"+„D") erneut. Wiederholen Sie die oben aufgeführten Schritte, um andere Bilder einzubauen.

❺ Sprechblasen einfügen

Was wäre eine Foto-Lovestory ohne Sprechblasen oder Erzählkästen? Um nicht nur eine ziemlich langweilige Bildergalerie zu präsentieren, bauen Sie also, wie bei Comics üblich, den Text in Sprechblasen ein.
- Klicken Sie in der Symbolleiste „Zeichnen" auf den Eintrag „AutoFormen". In dem folgenden Untermenü klicken Sie auf „Legenden" und suchen sich die passende Sprechblase per Klick aus. Das kann beispielsweise die wolkenförmige Legende sein.

⑤

Spiele sind umstritten: Auf manchen Hochzeiten sind sie unbedingt erwünscht, auf anderen wiederum strikt untersagt. Sagt das Brautpaar Nein zu Spielen, sollten Sie das respektieren und dieses Kapitel überblättern. Ist das nicht der Fall haben wir für Sie die schönsten Spiele zusammengestellt. Stunde der Wahrheit, Liebesduett, Herzblatt oder Löffelchens Reise: Für jedes Spiel gibt es konkrete Anleitungen und viele Tipps, damit alles reibungslos klappt.

6 SPIELE FÜR DIE HOCHZEITSFEIER

Mit dem Brautpaar	Seite 136
Spieleklassiker	Seite 144
Mit den Gästen	Seite 146
Spiele für Kinder	Seite 154

Spiele fürs Brautpaar

Wenn Braut und Bräutigam sich bei lustigen Aufgaben beweisen müssen, erfreut das die ganze Hochzeitsgesellschaft. Aber bitte Vorsicht: Übertreiben Sie die Späße nicht!

Eine Hochzeit ohne Spiele, das geht eigentlich in Deutschland nicht. Und auch wenn sich der eine oder andere zuerst zieren wird, haben am Ende alle Spaß. Das gilt auch – und vor allem – für das Brautpaar. Passen Sie aber auf, dass das Ganze nicht aus den Fugen gerät: Vielerorts sind zwar mehr oder weniger derbe Späße vor der Hochzeit beliebt, doch gerade während der Hochzeitsfeier sollen alle einfach nur Spaß haben. Bedenken Sie also, wenn Sie die Hochzeitsspiele planen, dass Sie das Brautpaar nicht kompromittieren oder in eine zu unangenehme Situation bringen! Versetzen Sie sich bei der Planung auch immer in die Situation des Brautpaars. Denn die einzigen Tränen am schönsten Tag des Lebens sollen Freudentränen sein – ansonsten sind nur die erlaubt, die man vor lauter Lachen vergießt.

Extra-Tipp: Die Spielregeln

✘ **Freigabe:** Bringen Sie vorher unbedingt in Erfahrung, ob das Paar für solche Spiele zu haben ist. Es gibt Leute, die finden nichts schrecklicher als Hochzeitsspiele.
✘ **Alles dabei:** Checken Sie vor Beginn des Spiels unbedingt, ob Sie auch wirklich an alle Utensilien gedacht haben.
✘ **In der Kürze liegt die Würze:** Planen Sie je nach Spiel maximal 20 Minuten ein.
✘ **Informationen an den Organisator:** Kündigen Sie Ihr Spielevorhaben bei den Personen an, die das Fest organisieren.

Matching-Spiele

Diese Spiele erfordern relativ wenig Vorbereitungszeit. Ziel ist unter anderem, dass die Gäste das Brautpaar besser kennen lernen.
Beteiligte Personen: Brautpaar, Moderator und Schriftführer.

Stunde der Wahrheit I

Das brauchen Sie: 10 bis 20 vorbereitete Fragen.
So läuft's ab: Das Brautpaar sitzt Rücken an Rücken vor den Gästen. Jeder bekommt in die eine Hand seinen eigenen Schuh und in die andere den Schuh seines Partners. Nun werden Fragen gestellt, die das Brautpaar durch Hochheben des entsprechenden Schuhs beantworten soll. Die beiden sollen dabei nicht sehen, was der Partner geantwortet hat. Dafür können zwei Helfer ein Betttuch zwischen den beiden hochhalten – oder Sie setzen dem Brautpaar eine hübsche rosa Schlafmaske auf (Preis ca. 5 Euro, *www.wonderland4u.com*).
Nach jeder Antwort wird das Tuch kurz gesenkt bzw. die Scheuklappen oder die Augenbinde abgenommen, damit Braut und Bräutigam auch sehen können, wie sich der Partner entschieden hat. Der Schriftführer notiert die Übereinstimmungen. Die Fragen sind so formuliert, dass die Antwort immer ER oder SIE lautet, wie zum Beispiel: Wer von euch ...
- flirtet mehr mit anderen?
- ist romantischer?
- verwaltet die Haushaltskasse?
- hat größere Angst vor dem Zahnarzt?
- ist pünktlicher?
- ist vergesslicher?

Mit dem Brautpaar *Spiele für die Hochzeitsfeier*

Ein Herz und eine Seele?

Das Übereinstimmungsspiel ist ein beliebter Klassiker für Hochzeiten. Es gibt viele tolle Ideen, wie man dieses Spiel noch ein bisschen aufpeppen kann.

- **Tanzeinlagen:** Bereiten Sie kleine Aufgaben vor, die das Brautpaar bei jeder nicht übereinstimmenden Aufgabe erledigen muss, beispielsweise kleine Tanzeinlagen. Überlegen Sie sich dafür einige verschiedene Tanznummern (Limbo, Schwanensee, Tschardasch, Schuhplattler, Ententanz, Tango).
- **Belohnungen:** Die Gäste bereiten vor dem Spiel kleine Gutscheine (z.B. Schuhe putzen, Abendessen etc.) vor. Die Gutscheine werden in einem Topf gesammelt. Für jede übereinstimmende Antwort darf das Brautpaar einen Gutschein aus dem Topf ziehen.
- **Alternative Symbole:** Statt Schuhen können Sie dem Brautpaar auch andere Gegenstände in die Hand geben, die jeweils Braut und Bräutigam symbolisieren: Nudelhölzer und Bierflaschen. Holzlöffel und Schraubenschlüssel. Zwei Din-A4-Farbbilder von ihr und ihm. Zwei Herzschilder, auf der Vorderseite steht jeweils der Namen der Braut, auf der Rückseite der Namen des Bräutigams. Zwei kleine Schiefertafeln, auf der Vorderseite steht „Sie" und auf der Rückseite „Er". Hübsche Herz-Schiefertafeln zum Beschriften finden Sie für etwa 18 Euro im Internet unter der Adresse *www.hals-ueber-krusekopf.de*.
- **Alt gegen Neu:** Sie können auch ein schon länger verheiratetes Paar gegen das Brautpaar antreten lassen. Mal sehen, wer besser abschneidet!
- **Tipps:** Die Gäste sollen vorher wetten, wie viele Übereinstimmungen es gibt.

Herz-Schiefertafel: **Perfekt für das Spiel und auch als Hochzeitsgeschenk geeignet.**

- ist nachtragender?
- ist sportlicher?
- hat den größeren Dickschädel?
- schnarcht nachts mehr?
- hat das letzte Wort?
- ist ordentlicher?
- kann besser kochen?
- verliert als Erster die Nerven?
- hat den Heiratsantrag gemacht?
- will sich nach einem Streit zuerst versöhnen?
- ist der bessere Autofahrer?
- ist der größere Couch Potatoe?
- steht unter dem Pantoffel?
- wird in ein paar Jahren nachts aufstehen, wenn der Nachwuchs kreischt?

Am Ende erfolgt die Auswertung – und die Überreichung des Oscars für Ehetauglichkeit:
0 bis 8 gemeinsame Antworten: Ihr fahrt in stürmische Gewässer – rückt enger zusammen!
9 bis 12 gemeinsame Antworten: Im ersten Ehejahr rumpelt es noch ein wenig – aber dann!
13 bis 16 gemeinsame Antworten: Ihr habt den idealen Partner gefunden.
16- bis 20 gemeinsame Antworten: Die Goldene Hochzeit ist bereits in Sicht!

Stunde der Wahrheit II

Das brauchen Sie: 10 bis 20 vorbereitete Fragen, zwei gleiche Schilder, beschriftet auf der einen Seite mit „Wahrheit", auf der anderen mit „Lüge".
So läuft's ab: Das Brautpaar wird Rücken an Rücken in die Mitte des Saales gesetzt und beide erhalten je ein Wahrheit/Lüge-Schild. Der Moderator liest Behauptungen vor, die das Paar als Lüge oder Wahrheit bestätigen muss. Zum Beispiel:
- Es war Liebe auf den ersten Blick.
- Der Bräutigam hat die Braut beim ersten Treffen ganz schön angebaggert.
- Die Braut war beim ersten gemeinsamen Treffen sehr aufgeregt.
- Der Bräutigam hat den Heiratsantrag gemacht.
- Der Bräutigam kann ohne seine Braut nachts sehr schlecht einschlafen.
- Wir streiten uns nur wegen kleiner Lappalien.
- Wir baden am liebsten gemeinsam.
- Dies ist der glücklichste Tag meines Lebens.

Ziel des Spiels ist es auch hier, so viele Übereinstimmungen wie möglich zu erreichen.

Stunde der Wahrheit III

Das brauchen Sie: ca. 10 vorbereitete Fragen jeweils zur Braut und zum Bräutigam.
So läuft's ab: Die Braut wird aus dem Saal geschickt und der Bräutigam muss in ihrer Abwesenheit einige Fragen beantworten. Dann wird die Braut wieder in den Saal geholt und muss die gleichen Fragen beantworten. Nun kann man zur Auswertung schreiten oder die Braut Fragen beantworten lassen, die dann der aus dem Saal geschickte Bräutigam ebenfalls beantworten muss. Am Spielende können Sie je nach Anzahl der Übereinstimmungen einen Preis an das Brautpaar übergeben. Hier einige Vorschläge für Fragen:
- Welches Deo benutzt deine Frau/dein Mann?
- Besitzt dein Mann noch Playboy-Hefte?
- Was wollte dein Mann als kleiner Junge später mal beruflich machen?
- Wie reagierst du, wenn sich deine Frau ein ganz hässliches Kleid gekauft hat?

Andere Länder, andere Sitten

Italien: Dem Bräutigam wird die Krawatte abgenommen, sie wird klein geschnitten und stückweise an die Gäste verkauft. Die Käufer feilschen um den Preis wie auf dem italienischen Wochenmarkt. Das Geld geht an das Hochzeitspaar.

Österreich: Freunde treten verkleidet auf und erzählen lustige Geschichten aus dem Leben von Bräutigam oder Braut. Der Erzähler ist ein Kasperl. Die Handlungen werden von maskierten Personen nachgestellt, von daher der Begriff „Maschkern".

- Was ist das Lieblingsgericht deiner Frau?
- Was ist der größte Wunsch deiner Frau?

Lego auf Ansage

Das brauchen Sie: Legosteine und zwei Legobrettchen.
So läuft's ab: Vor der Hochzeitsfeier wird eine Figur aus Legosteinen vorgebaut, z. B. eine Hochzeitstorte, und auf einem Legobrettchen aufgestellt. Auf der Hochzeitsfeier präsentieren Sie das Werk – und genau die gleichen Steine und ein zweites Brettchen. Allerdings darf nur die Braut das fertige Werk sehen! Das Paar sitzt Rücken an Rücken in der Saalmitte, vor dem Bräutigam steht ein Tisch mit Legosteinen. Die Braut bekommt 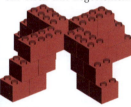 die Figur und muss dem Bräutigam, der vor dem Haufen Steine sitzt, genau beschreiben, wie die Figur gebaut ist. Der Bräutigam muss anhand dieser Anweisungen die Figur nachbauen. Die beiden dürfen sich dabei nicht anschauen, nur Worte sind erlaubt. Die Braut darf nicht sehen, was der Bräutigam ausführt, und auch die Zuschauer sollten nicht helfen.
Tipp: Die Figur sollte nicht zu kompliziert sein, damit das Spiel nicht zu lange dauert.

Actionspiele

Bei diesen Spielen soll das Ehepaar zeigen, wie gut es aufeinander eingespielt ist. Checken Sie aber vorher beim Paar, ob derartige Spiele gewünscht sind. Einige Paare möchten sich nämlich ungern während ihrer eigenen Hochzeitsfeier vor allen Gästen lächerlich machen.
Personen: Brautpaar, Moderator, zwei Helfer.

Zurück in die Kindheit des Bräutigams

Das brauchen Sie: ein Tischtuch oder Bettlaken, das präpariert wurde. In die Mitte schneidet man

Gutscheine angeln

Mit diesem Spiel können Gutscheine für kleine Aufmerksamkeiten an das Brautpaar verteilt werden. Zudem werden hier Geschicklichkeit und Zusammenspiel des Paares auf die Probe gestellt. Die Hochzeitsgäste notieren auf Papierbooten, welche Nettigkeit sie dem Brautpaar zukommen lassen möchten. Ideen für kleine Aufmerksamkeiten finden Sie auf Seite 149, 150. Bastelanleitungen für Papierboote finden Sie unter *www.basteln-gestalten.de* oder unter *www.mathematische-basteleien.de*.

Amüsanter Geschicklichkeitstest

Am besten falten Sie die Schiffchen bereits vor der Hochzeit und verteilen die fertigen Schiffe samt Stiften an die Gäste. Diese schreiben ihre Gutscheinideen und ihren Namen auf das Segel des Schiffchens. Zusätzlich bekleben Sie das Segel mit magnetischer Klebefolie oder magnetischen Klebeecken (unter *www.aufkleber-land.de*, 50 Klebeecken für ca. 3,20 Euro). Dann werden die Bötchen in einem mit Wasser gefüllten Plantschbecken zu Wasser gelassen. Dem Bräutigam werden die Augen verbunden und er bekommt eine Angel mit einem Magneten. Die Braut gibt die Anweisungen und der Bräutigam muss in einer bestimmten Zeit möglichst viele Gutscheine aus dem Plantschbecken angeln. Die Gäste, deren Versprechungen geangelt wurden, müssen diese natürlich einhalten.

Spiele für die Hochzeitsfeier Mit dem Brautpaar

Eigenes Kreuzworträtsel

Individuell auf das Brautpaar abgestimmt und in XXL auf ein Bettlaken gemalt: So ein Rätsel erheitert die ganze Hochzeitsgesellschaft – wenn's nicht zu schwer ist.

Für dieses Spiel müssen Sie eventuell etwas bei Geschwistern, Eltern oder Trauzeugen recherchieren. Aber die Mühe lohnt sich: Es macht wirklich Spaß zu sehen, ob das Brautpaar das Rätsel vor versammelter Gästeschar lösen kann. Auf ein großes weißes Bettlaken malen Sie mit Textilmalfarbe ein selbst gestaltetes Kreuzworträtsel. Alle gesuchten Begriffe haben etwas mit Lebensumständen, Charaktereigenschaften, Vorlieben oder Marotten des Brautpaares zu tun. Beispielsweise: Was war der erste Berufswunsch des Bräutigams? Oder: Welches war das erste Auto der Braut? Begriffe, die er wissen sollte, kennzeichnen Sie in Blau, Begriffe, die sie wissen sollte, in Pink. Wenn's zu schwer wird, können Sie dem Brautpaar einen Joker zugestehen.

Kreuzworträtsel mit dem PC erstellen

Sie können auch ein professionelles Kreuzworträtsel mit dem PC erstellen. Der Kreuzworträtselgenerator „Criss Cross" ist ein sehr benutzerfreundliches Programm zur einfachen und schnellen Erstellung von Kreuzworträtseln aus ausschließlich eigenen Begriffen. Eine zeitlich unbegrenzt lauffähige Shareware können Sie gratis unter *www.eigenekreuzwortraetsel.de* downloaden – allerdings ist in den Ausdrucken der Schriftzug Testversion hinterlegt. Gegen eine Gebühr von ca. 18 Euro kann eine komplett funktionsfähige Vollversion erworben werden, falls Sie das Rätsel etwa schön ausgedruckt verteilen wollen.

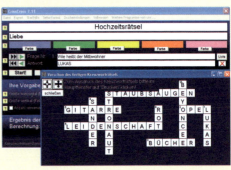

Software: Mit Criss Cross erstellen Sie im Handumdrehen ein individuelles Rätsel.

ein Loch in der Größe eines Kopfes. Darunter werden ein Kinderpulli und eine Kinderhose genäht. Dann schneidet man noch Löcher für die Füße und Hände aus. Zusätzlich benötigen Sie ein Paar Kinderschuhe, eine Mütze, ein Lätzchen, einen Waschlappen und ein Tuch zum Saubermachen. Zudem Accessoires, wie beispielsweise einen Becher, Rasiersachen, Zahnbürste, Brei usw. Alles sollte möglichst aus Plastik sein.

So läuft's ab: Zwei Helfer breiten das Laken aus und halten es hoch. Vor das Leintuch wird ein Tisch gestellt. Dann steckt der Bräutigam von hinten den Kopf durch das große Loch und die Hände durch die zwei kleinen Löcher, die für die Füße gedacht sind. Dann wird er angezogen: Mütze auf den Kopf, Lätzchen umbinden und Schuhe über die Hände. Die Braut steckt von hinten ihre Hände in die zwei Löcher für die Hände. Das Ganze soll aussehen wie ein Kind mit dem Kopf des Bräutigams. Dann wird der Tagesablauf in Reimform erzählt – und der Braut die passenden Gegenstände zum Vollzug der jeweiligen Anweisung in die durch das Tuch gesteckten Hände gegeben:

- Sehr verehrte Hochzeitsgäste, wir möchten Ihnen nun die ersten Lebensjahre von (Name Bräutigam) vor Augen führen.
- Im zarten Alter von einem Jahr der (Name Bräutigam) ein ganz normales Kind war. Als Säugling war er noch sehr brav und lasch, trank deshalb Milch aus seiner Babyflasch. (Die Braut muss versuchen, den Mund ihres Mannes mit der ihr gereichten Babyflasche zu erreichen.)
- Mit zwei Jahren, erwähnt noch sei, kämpft er tapfer mit dem Brei. Auch wenn der Mund war schwer zu finden, tat er sich doch stets überwinden, um abends, mittags und am Morgen für reichlich Nachschub zu sorgen. Das war damals so die Zeit, als anfing die Gefräßigkeit. Der Brei hatte, so wie ihm schien, viel zu wenig Kalorien. (Die Braut muss Brei in den Mund ihres Mannes bringen ...)
- Drum stellt er, gar nicht dumm, die Nahrung damals gänzlich um. Seit dieser Zeit im dritten Jahr er wie verändert war. Die Wurst schmeckte ihm viel besser, da wurde er zum richtigen Fresser. (Der Braut wird eine Handwurst gereicht.)
- Noch schlimmer kam es, als er war vier, da griff er schon zum edlen Bier. Davon bekam er bis heute nicht genug, leert jedes Glas auf einen Zug. (Nun muss die Braut ein Glas Bier zum Kopf ihres Mannes führen.)
- So lebte er in Saus und Braus, ließ auch gar kein Laster aus. Mit fünf dann entdeckte er auch seinen Hang zu Tabakrauch. Da stieg er sofort ganz groß ein, Zigarren mussten es schon sein. Auf der Zunge brennt's, im Gaumen sticht's, aber man gönnt sich ja sonst nichts. (Dem Baby werden eine Zigarre und ein Feuerzeug gereicht. Aber Vorsicht!!!)
- Das waren die Laster von (Name Bräutigam) bis zu seinem fünften Jahr, was er mit sechs dann tat, wollen wir uns schenken, das könnt ihr euch ja sicher denken. Denn das war eine wilde Zeit, aber das führt jetzt doch zu weit.

Tipps:
- Bitte beachten: Wenn Sie planen, den Bräutigam rasieren zu lassen, sollten Sie nur einen stumpfen, messerähnlichen Gegenstand verwenden – und Sprühsahne als Rasierschaum.

Andere Länder, *andere Sitten*

Russland: In Russland werden sehr viele Spiele veranstaltet – die meisten dienen dazu, Geld für das Brautpaar einzusammeln. Deswegen kommen die Gäste auch immer mit viel Barem auf eine russische Hochzeit. Mit dem Geldsammeln sind meist die Trauzeugen betraut. Sie sammeln beispielsweise in einem Kinderstrampler Geld – je nach Bein für einen Jungen oder ein Mädchen. Bei dem lauten Ruf „Gorko" (bedeutet so viel wie „Bieter") muss das Brautpaar aufstehen und sich küssen. Darauf wird von allen ein Wodka getrunken. Je später der Abend, desto öfters erfolgt dieser Ruf.

- Dieses Spiel sollte man erst zu vorgerückter Stunde veranstalten.
- Der Bräutigam sollte sich möglichst weit nach vorne über den Tisch beugen, damit sein Hochzeitsanzug nicht in Mitleidenschaft gezogen wird.
- Zum Säubern sollten ein Handtuch und ein Waschlappen bereitliegen.

Baby wickeln

Um zu sehen, ob sich das Brautpaar als zukünftige Eltern eignet, muss es sein Können beim gemeinsamen Wickeln eines Babys beweisen.

Das brauchen Sie: eine große Puppe oder einen Teddy in passender Babykleidung. Zusätzlich benötigen Sie Pampers-Windeln und ein XXL-Shirt, in das das Brautpaar gemeinsam hineinpasst – und zwar nebeneinander, so dass jeweils ein Partner nur einen Arm aus dem Ärmel stecken kann.

So läuft's ab: Aufgabe ist es, gemeinsam das Baby zu wickeln. Da die Brautleute allerdings in dem XXL-Shirt stecken, können sie die Pampers nur mit jeweils einer Hand anlegen. Übrigens: Zum Wickeln gehört auch Ausziehen, Saubermachen, Eincremen, Pudern und Wiederanziehen ...

Blind Rosen finden

Das brauchen Sie: ein Dreirad oder einen Kindertrecker, leere Plastikflaschen, Rosen, eine Augenbinde. Gut macht sich auch eine Trillerpfeife, mit der Sie das Rennen starten.

So läuft's ab: Der Ehemann wird auf das Gefährt gesetzt. Dann werden ihm die Augen verbunden und er muss in Schlangenlinien durch einen Flaschenparcours fahren. Dabei wird er von seiner Ehefrau mit Anweisungen unterstützt. In jeder Flasche steckt eine Rose, die er einsammeln muss. Den Rosenstrauß muss er natürlich am Ende bei seiner Frau abgeben – falls er es schafft, einen ganzen Strauß zusammenzubekommen ...

Tipp: Entfernen Sie vorher von den Rosen die Dornen, damit sich der Bräutigam nicht verletzt.

Hochzeitsnacht-Vorschau

Das brauchen Sie: Schnüre, Luftballons, Bobbycar, einen Stock mit einer Spitze (z. B. ein Nagel), Augenbinde, Tonband, Luftmatratze.

So läuft's ab: Die Schnüre werden quer im Raum aufgespannt, daran in unregelmäßigen Abständen Luftballons befestigt. Der Bräutigam setzt sich mit verbundenen Augen auf ein Bobbycar und erhält den Stab mit Spitze. Die Braut muss ihren Angetrauten nun per rechts-links-oben-unten-Anweisung leiten, so dass er es schafft, mit seinem Stab möglichst viele Luftballons platzen zu lassen. Das Ganze wird ohne das Wissen des Brautpaares auf Tonband aufgenommen. Anschließend dunkelt man den Saal etwas ab und lässt das Paar auf einem fiktiven Hochzeitsnacht-Bett Platz nehmen (z. B. Luftmatratze und Decke). Mit der Einleitung „So kann eure Hochzeitsnacht aussehen" wird das Tonband abgespielt. „Weiter rechts, rechts und jetzt nach oben!" – solche und ähnliche Sprüche werden die Hochzeitsgäste mit Sicherheit zum Lachen bringen.

Tipp: Klären Sie vorher unbedingt ab, ob die Gäste und vor allem die ältere Generation für solche Späße zu haben sind.

Spontane Spiele

Falls Sie während der Feier merken, dass die Stimmung nachlässt, sind diese Spiele ideal: Sie können sie auch ohne große Vorbereitung ganz spontan veranstalten.

Kuss auf Signal

Das Spiel kann sich durch die gesamte Feier ziehen. Zu Beginn sagen Sie dem Brautpaar, dass es sich immer, wenn ein bestimmtes Signal ertönt, küssen soll. Dieses Signal kann zum

© Miguel Angelo Silva, Batman2000 – FOTOLIA

Beispiel sein, dass sämtliche Gäste mit einem Löffel gegen ihr Glas schlagen – das ist besonders gut, weil es jeder beliebige Gast initiieren kann. Sobald also ein Gast damit anfängt, sollten die anderen einstimmen – und Braut und Bräutigam sich innig küssen.

Ein Liebesduett

Das Brautpaar muss, begleitet von der Band, ein Liebesduett singen. Schöne Liebeslieder finden Sie beispielsweise auf Seite 35.

Das richtige Bein

Die Braut muss ihren Bräutigam erkennen – indem sie mit verbundenen Augen eine Reihe von Männerbeinen abtastet. Die Braut verlässt dazu vorerst den Raum. Sechs Freiwillige, unter ihnen der Ehemann, stellen sich mit hochgekrempelten Hosenbeinen auf nebeneinander aufgereihte Stühle. Die Braut wird mit verbundenen Augen wieder hereingeführt und muss das richtige Bein ertasten.

Das Spiel kann man übrigens auch umdrehen: Der Bräutigam muss den Saal verlassen, bekommt ein Tuch über die Augen gebunden und wird wieder hereingeführt. In der Zwischenzeit stehen ca. zehn Damen in einer Reihe. Der Bräutigam muss seine Braut an der Hand erkennen – die Beine zu ertasten wäre wohl eher weniger angebracht.

Für dieses Spiel sollte Schmuck abgenommen und die Kleidung hochgeschlagen werden. Zur Verwirrung des Ehegatten trägt außerdem bei, wenn die Damen lautlos die Plätze tauschen. Nachdem der Bräutigam seine Braut mehrmals nicht gefunden oder eine andere identifiziert hat, ist der Jubel groß, wenn er sie dann endlich aufgespürt hat.

Checkliste
Hochzeitsspiele

Name des Spiels

Vorbereitung
Welches Material benötigen Sie?

Was müssen Sie kaufen?

Wo kaufen?

Preis?

Was können Sie ausleihen?

Was muss vor der Hochzeit erledigt werden?

Durchführung
Wer hilft bei der Organisation?

Wer spielt mit?

Um wie viel Uhr soll das Spiel stattfinden?

Wie lange dauert das Spiel?

Was muss vor Ort noch organisiert werden?

Nicht vergessen
Das müssen Sie zur Hochzeitsfeier mitnehmen!

Echte Klassiker

Traditionell bekommt die Braut von den Gästen besonders viel Aufmerksamkeit. Und wer etwas von ihr ergattert – Schleier, Schuh oder Strumpfband –, hat top Heiratschancen.

Unter den Hochzeitsspielen gibt es echte Klassiker – manche lassen sich hervorragend mit moderneren Varianten mischen. Etwa die Entwendung des Brautschuhs mit Versteigerungen. Hier dreht sich alles um die Braut und ihre wichtigsten Extras: das Strumpfband, den Brautstrauß und den Schleier.

Braut wecken mit Böllerschüssen

Zwischen 3 und 5 Uhr kommen Freunde vor das Haus zum Brautaufwecken – mit lauten Böllerschüssen! Nachdem sich die Braut von dem Schreck erholt hat, bittet sie die Ruhestörer herein und bietet ihnen eine Brotzeit an. Denken Sie aber an zwei Dinge: 1. Der Tag wird lang. Sie – und sicher auch das Brautpaar – werden großes Interesse daran haben, ausschlafen zu können. 2. Die armen Nachbarn werden eventuell nicht sonderlich begeistert sein.

Beide trinken aus dem Brautbecher

Der Brautbecher ist ein Becher in Frauengestalt mit einem zweiten drehbaren Gefäß, so dass Braut und Bräutigam gleichzeitig daraus trinken können. Der Legende nach hatte sich ein Goldschmied in die Tochter eines Herzogs verliebt. Doch der Herzog ließ den Goldschmied in den Kerker werfen. Seiner Tochter sagte er: „Wenn dein Goldschmied einen Becher schmieden kann, aus welchem zwei zur gleichen Zeit trinken können, ohne einen Tropfen zu verschütten, werde ich ihn freilassen und du darfst seine Frau werden." Der Schmied schaffte es: Er gestaltete auf einem rockförmigen Becher seine Geliebte, welche mit erhobenen Händen einen zweiten, beweglichen und drehbaren Becher hielt. So entstand der Brautbecher, der bis heute ein schönes Liebessymbol ist – erhältlich ab ca. 55 Euro unter *www.in-due.de*.

Schleiertanz

Bei der Feier beginnt das Brautpaar, unter dem Brautschleier zu tanzen. Der Schleier wird von den Trauzeugen gehalten. Jeder Gast darf gegen einen kleinen Obolus mit der Braut tanzen – einer nach dem anderen. So kommt wieder etwas Geld in

---

Andere Länder, andere Sitten

Frankreich: Das Strumpfband wird bei angehobenem Rock in Kniehöhe positioniert. Männer und Frauen spenden kleine Geldbeträge um die Wette in einen aufgestellten Korb. Für jede Spende eines Mannes wird das Strumpfband ein Stück höher geschoben. Für jede Spende einer Frau rutscht es wieder herunter. Das Spiel ist aus, wenn es die Männer geschafft haben, durch schnelles Spenden das Strumpfband bis oben hin zu bewegen. Der letzte Spender darf es dann eigenhändig abnehmen. Das eingesammelte Geld geht an das Brautpaar.

die Kasse des Paares – und der Schleier bleibt zumindest vorerst im Besitz der Braut.

Und wer heiratet als Nächstes?

Der Klassiker schlechthin: Nach der Trauung wirft die Braut den Brautstrauß in die Menge der versammelten weiblichen Gäste. Wer ihn fängt, so die traditionelle Bedeutung, wird als Nächstes heiraten. Früher durften nur Jungfrauen den Strauß fangen, heute alle Unverheirateten.

Das Pendant für die männlichen Gäste ist das Werfen des Strumpfbandes. Dabei schiebt der Bräutigam den Rocksaum des Brautkleides höher und höher und nimmt seiner Braut das Strumpfband ab. Er wirft es den Junggesellen zu und der Fänger wird als Nächster vor dem Traualtar stehen. Angeblich sollen aber einige Männer auch schon mal mit Absicht danebengreifen ...

Schleier zerreißen

Ist das Brautpaar um Mitternacht noch auf der Feier, wird der Brautschleier für die ledigen Gäste zum Zerreißen freigegeben. Es gilt: Je größer der Fetzen, desto bessere Heiratschancen.

Andere Länder, *andere Sitten*

Tschechien: Kreistanz. Die Braut tanzt mit geschlossenen Augen in einem Kreis von Männern, die sie beschützen. Die ledigen Frauen versuchen, durch den Kreis ein Stück vom Schleier abzureißen. Wer den Kreis durchbricht, verliert bald seine Jungfräulichkeit.

Österreich: Kranzlabtanzen. Der Braut wird der Schleier abgenommen, sie bekommt stattdessen Kopftuch und Schürze. Gäste werfen Kleingeld, das die Brautleute mit Besen und Schaufel einsammeln. Dieser Brauch symbolisiert den Zusammenhalt im Alltag.

Versteigerung des Strumpfbandes

Um die Haushaltskasse des Brautpaares aufzustocken, können Sie eine amerikanische Auktion veranstalten. Hier bietet jeder Gast mit und kann einen gehandelten Betrag beliebig aufstocken. Dieser neue Betrag gilt dann als Ausgangslage für den neuen Bieter, dieser muss lediglich die Differenz bezahlen. Der Erlös setzt sich so aus vielen Geboten zusammen und zum Schluss ist der zuletzt gebotene Betrag abzüglich des Startbetrages in der Kasse. Beliebt sind Versteigerungen von Brautschuh

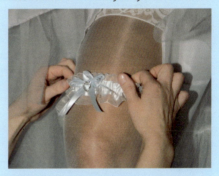

oder Strumpfband. Bei der Brautschuh-Versteigerung wird der Braut der Schuh „geraubt" und symbolisch unter den Hochzeitsgästen versteigert. Zum Schluss ersteigert der Bräutigam ihn natürlich zurück. Bei der Strumpfbandversteigerung muss die Braut zuerst das zu ersteigernde Objekt zeigen – am Bein natürlich! Der Käufer darf es selbst holen.

Tipps für die amerikanische Auktion

Für dieses Spiel benötigen Sie einen wortgewandten Auktionator, einen Geldeintreiber und eine Kasse.
- Vor der Auktion wird ausdrücklich darauf hingewiesen, dass der Erlös an das Brautpaar geht.
- Der Brautschuh sollte während der Auktion immer in der Hand des Auktionators bleiben, damit er den Schuh hochhalten und besser anpreisen kann.
- Der Kassier sollte in seiner Kasse bereits Kleingeld zum Wechseln bereithalten.

Spiele mit den Gästen

Manche lieben sie, manche hassen sie: Fakt ist, gut organisierte und zur Atmosphäre passende Spiele bringen eine Hochzeitsgesellschaft kräftig in Schwung.

Sie haben die Wahl: Wollen Sie eine Hochzeit feiern, bei der die Gäste Grüppchen bilden, sich nicht gegenseitig kennen lernen, die mehr oder weniger amüsanten Reden über sich ergehen lassen und dann nach einem halbwegs netten Abend wieder nach Hause gehen? Oder Sie bieten originelle Spiele an, die Groß und Klein in ihren Bann ziehen. Sicher können Hochzeitsspiele auch nerven und es gibt genug Gäste und auch Paare, die sie eigentlich ablehnen. Aber am Ende haben doch alle Spaß und Freude. Wenn es die richtigen Spiele waren – und auch nicht überhand nimmt. Achten Sie darauf, dass es nicht zu viel für die Gäste wird – und sprechen Sie sich möglichst mit den Organisatoren der Feier ab (wenn Sie das nicht selbst sind), um ein Überangebot zu vermeiden.

Ratespiele

„Wer wird Millionär?" ist eine der erfolgreichsten TV-Sendungen. Menschen lieben Ratespiele. Und ganz sicher auch auf Hochzeitsfeiern!

Geld oder Glück

Personen: Brautpaar, Spielleiter, alle Gäste.
Das brauchen Sie: 10 große Zettel (mindestens DIN A4), auf denen Sie 10 Substantive aufgeschrieben haben, die etwas mit dem Thema Hochzeit zu tun haben, z. B. Treueschwur, Hochzeitsnacht oder Brautwalzer. Zusätzlich 10 Geldscheine à 50 Euro (Monopoly-Spielgeld).
So läuft's ab: Braut und Bräutigam müssen sich auf zwei Stühle setzen, Gesicht zum Publikum. Der Moderator zeigt den Gästen die Zettel, das Paar sieht nichts davon. Die Gäste müssen das Wort pantomimisch darstellen – das Brautpaar muss raten. Für jedes erratene Wort bekommen die beiden 50 Euro (stellvertretend erst mal das Spielgeld). Am Spielende haben sie hoffentlich 500 Euro zusammen.
Aber nun stellt der Spielleiter die gemeine Frage: Seid ehrlich – was ist euch eigentlich lieber, Geld oder Glück? Das jung vermählte Paar wählt, wie es sich gehört, natürlich das Glück. Der Spielleiter nimmt ihnen daraufhin die 500 Euro wieder ab, zerreißt sie und wirft die Schnipsel mit den Worten „Ihr habt mir viel Geld gespart" über das Paar. Problematisch wird dieses Spiel aber, falls Sie zufällig ein geldgieriges Paar vor sich sitzen haben.

Lebende Buchstaben

Zwei Gruppen treten gegeneinander an. Welche setzt das gesuchte Wort schneller zusammen?
Personen: Spielleiter, ca. acht Gäste.
Das brauchen Sie: zweimal acht Kartons im Format DIN A4. Auf jeden Karton schreiben Sie einen Buchstaben, nämlich U, S, F, T, E, A, R und N. Nun werden je zwei Buchstaben zusammengebunden, nämlich U + S, F + T, E + A und R + N. Zum Zusammenbinden können Sie zwei Schnüre à 80 cm verwenden, so dass die Buchstabenpaare wie tragbare Plakate umgehängt werden können. Das Ganze benötigen Sie zweimal, weil ja zwei Teams antreten.
So läuft's ab: Es werden zwei Gruppen à vier Personen gebildet. Jeder Mitspieler erhält ein Buchstabenpaar, so dass ein

Buchstabe auf der Brust und der andere auf dem Rücken sichtbar ist. Der Spielleiter nennt beiden Teams nun einen Begriff – gesucht wird allerdings wie beim Kreuzworträtsel ein Synonym. Das gesuchte Wort muss durch richtiges Aufstellen der Personen schnellstmöglich gebildet werden. Umlaute benötigen zwei Buchstaben – also etwa UE für Ü. Die Gruppe, die das richtige Wort schneller anzeigen kann, erhält den Punkt. Am Schluss gewinnt die Gruppe, die mehr Punkte gesammelt hat. Beispiele:

- Flussrand = UFER
- Filmberühmtheit = STAR
- Überbleibsel = REST
- Gewürzpaste = SENF
- Angelgerät = RUTE
- Hauseingang = TUER
- Vogelbau = NEST
- Gattin = FRAU
- Ruhe = RAST
- Holzmaß = STER

Tipps: Bilden Sie je eine Gruppe mit Frauen und mit Männern. Das macht das Spiel noch interessanter. Geben Sie während des Spiels immer wieder den Punktestand bekannt. Dies animiert weiter zu Höchstleistungen.

Scharade

Scharade ist ein Spiel mit pantomimischer Darstellung. Geräusche und Zeichen sind tabu.
Personen: Brautpaar, Spielleiter, ca. zehn Gäste.
Das brauchen Sie: Schreiben Sie auf zehn kleine Zettel Begriffe, die aus zwei zusammengesetzten Substantiven bestehen. Die Zettel werden zusammengefaltet und in einem Hut gesammelt.
So läuft's ab: Das Brautpaar sitzt in der Mitte des Raumes. Bitten Sie zehn Freiwillige nach vorne und lassen Sie jeden Mitspieler einen Zettel ziehen. Jeder Gast muss nun sein Wort dem Brautpaar pantomimisch erklären. Die Wortteile können auch einzeln erklärt werden. Beispiele:

- Kater/frühstück
- Trink/geld
- Spiegel/bild

> **Extra-Tipp: Die Spielregeln**
>
> ✗ **Gute Vorbereitung:** Wenn Sie die Utensilien für die Spiele während der Feier zusammensuchen müssen, entgeht Ihnen nicht nur ein Teil der Feier, auch die Gäste werden ungeduldig.
> ✗ **Passende Spiele:** Schneiden Sie die Spiele auf den Stil der Hochzeit zu. Bei einer Polterhochzeit können Sie ausgelassener sein als bei einer Hochzeit im Luxushotel. Beim klassischen Empfang sind Spiele fehl am Platz!
> ✗ **Mitspieler:** Kündigen Sie die Spiele an, damit niemand überrumpelt wird. Zwingen Sie niemanden mitzuspielen! Wer nicht will, darf sitzen bleiben und sich an den Spielen erfreuen!

Tipps: Je gegenständlicher die Begriffe bzw. die Wortteile, desto einfacher ist es, sie darzustellen.

Wer bin ich?

Testen Sie, wie gut das Brautpaar die Gäste kennt. Schreiben Sie auf große Blätter sechs bis sieben Gruppierungen wie etwa: alle, die Freunde der Braut sind; alle, die von weiter als 50 km angereist sind; alle, die den Beruf des Bräutigams haben; alle, die Geschwister der Brautleute sind; alle, die älter als 60 sind; alle Kinder, die schon in die Schule gehen; alle Frauen, die verheiratet sind; alle Gäste, die heute richtig feiern wollen etc. Die Gruppen sollten Sie auf die Gäste abstimmen. Die Blätter halten Sie so, dass nur die Gäste sie lesen können. Wer sich mit der Gruppierung angesprochen fühlt, steht auf. Die Brautleute müssen herausfinden, was diese Personen verbindet.

Herzblatt

Personen: Brautpaar, Moderator, zwei männliche Gäste, ca. drei Helfer.
Das brauchen Sie: einen Paravent, vier Stühle, eine Liste mit fünf Fragen für die Braut, mit Helium gefüllte Luftballons, eine Augenbinde.

So läuft's ab: Die Braut wird kurz nach draußen gebeten. Der Bräutigam setzt sich mit zwei weiteren männlichen Kandidaten hinter den Paravent. Jetzt ertönt die Melodie der Originalsendung. Sie finden diese im Internet unter www.br-online.de/bayerisches-fernsehen/herzblatt.
Der Moderator stellt wie in der TV-Show zu Beginn einige Fragen an die männlichen Gäste:
- Herzlich willkommen bei dieser Sondersendung von Herzblatt. Auf geht's zur ersten Runde ... Schönen guten Abend, Kandidat 1, wenn Sie sich bitte vorstellen?
- Was machen Sie beruflich?
- Wie sieht Ihre Traumfrau aus?
- Was tun Sie so, um Frauenherzen zu erobern?
- Wie verbringen Sie Ihre Freizeit?

Alle drei Kandidaten werden so vorgestellt.
- Das war die Vorstellungsrunde, vielen Dank. Bitte um die Wand.

Helfer tragen den Paravent herein.
- Und hier kommt (Brautname) aus (Wohnort)!

Helfer führen sie mit verbundenen Augen herein, setzen sie auf die andere Seite des Paravents.
- Hallo! Wenn Sie sich bitte kurz vorstellen!
- Aus welcher Stadt kommen Sie?
- Was machen Sie beruflich?
- Was machen Sie in Ihrer Freizeit?
- Wie stellen Sie sich Ihren Traummann vor?
- Und jetzt stellen Sie bitte Ihre Fragen.

Braut stellt ihre Fragen. Geben Sie ihr dazu eventuell eine Liste mit fünf möglichen Fragen in die Hand. Die drei Kandidaten müssen auf jede Frage antworten. Allerdings halten alle drei mit Helium gefüllte Luftballons in der Hand und atmen das Gas vor jeder Antwort ein, damit die Braut die so verzerrten Quietschstimmen nicht erkennt. Ideen für die richtigen Herzblatt-Fragen:
- Kandidat 1: Ich gehe gern aus. An welchem Ort würdest du Kandidat 3 abends vermuten?
- Kandidat 2, wo finde ich Kandidat 1?
- Und Kandidat 3, wo treffe ich Kandidat 2 an?

Am Ende der Fragerunden gibt „Susi" eine Zusammenfassung: So, liebe Braut, wer soll nun dein Herzblatt sein? Die Braut muss sich entscheiden, mit welchem Kandidaten Sie die Reise im Herzblatt-Hubschrauber antreten will. Ob es wohl tatsächlich der Bräutigam ist?

Andere Länder, andere Sitten

Griechenland: Jeder Gast bekommt bei der Begrüßung eine Mpumpuniera. Das sind gebrannte und mit Zuckerguss überzogene Mandeln, verpackt in Tüll. Dann wird bis in den Morgen gefeiert: laut, lustig, mit viel Essen, Trinken und Tanz, aber meist ohne Spiele.

Schweden: Wenn die Braut während des Festes den Raum verlässt, hat jede anwesende Frau das Recht, den Bräutigam zu küssen. Besonders bei hübschen Männern bilden sich da Schlangen aus weiblichen Gästen. Ist die Braut zurück, hat die Küsserei ein Ende.

Montagsmaler

Beim Montagsmaler werden Begriffe auf Kärtchen geschrieben und einem Kandidaten gezeigt. Dieser malt den Begriff als Bild auf einen Diaprojektor oder auf ein Flipchart. Die Gäste müssen raten, um welchen Begriff es sich handelt.
Personen: Brautpaar, Spielleiter, acht Gäste für die beiden Teams, alle anderen Gäste zum Raten.
Das brauchen Sie: zehn Stühle, Kärtchen mit gesuchten Begriffen, Diaprojektor, Folien und Folienstifte (oder auch Flipchart und dicke Stifte).
So läuft's ab: Braut und Bräutigam suchen sich jeweils vier Mitspieler für ihr Team aus, am besten je nach Geschlecht. Jedem Team werden auf einem Zettel die Begriffe gezeigt. Ein Teammitglied nach dem anderen muss die Begriffe malen – abwechselnd das Frauenteam gegen das Männerteam. Die Gäste müssen den gesuchten Begriff erraten. Gewonnen hat das Team, das in 15 Minuten mehr Begriffe erraten hat.
Beispiele für Begriffe: Rosenblätter, Ringkissen, Streukörbchen, Autoschleifen, Gastgeschenk, Hoch-

zeitsplaner, Strumpfband, Alleinunterhalter, Kirchenbankdeko, Kirchenmusik, Hochzeitsmandeln, Hochzeitsvideo, Jawort.

Verlosungen

Kein Wunder, dass sich diese Hochzeitsspiele großer Beliebtheit erfreuen – schließlich können die Gäste etwas gewinnen. Lose können Sie ganz einfach selbst machen: Gewinne oder Nummern auf kleine Zettel (ca. 4 x 4 cm) schreiben. Einen dickeren Trinkhalm in ca. 1 cm lange kleine Ringe zuschneiden, Zettel aufrollen und jeweils einen Zettel durch einen kleinen Ring schieben.
Die Lose werden auf der Feier für jeweils 0,50 bis 1 Euro verkauft, den Erlös erhält das Brautpaar.

Tombola mit Trick I

Jeder Gast findet an seiner Tischkarte eine Wäscheklammer, die mit einer Zahl gekennzeichnet ist. Holzklammern mit Herzen, auf die Sie die Nummern schreiben können, finden Sie unter www.party-deko-shop.de (6 Stück für ca. 1,30 Euro). Alle Gäste müssen sich die Herzklammern anstecken oder unbemerkt einem anderen Gast anstecken. Zudem brauchen Sie eine Liste mit zwölf Gutscheinaktionen für jeden Monat des Jahres und passend dazu kleine Symbolgegenstände. Im Laufe des Abends muss das Brautpaar zwölf Nummern nennen – bis zur höchsten Klammer-Nummerierung. Der, an dem die entsprechende Klammer zu der Zeit haftet, muss nach vorn kommen – und bekommt nach der Reihenfolge der Monate einen Gewinn überreicht, der etwas mit der Aktion oder Aufgabe zu tun hat, die er im jeweiligen Monat für das Brautpaar durchführen muss. Beispiele:

- Januar: Christbaumkugel (Baum entsorgen)
- Februar: Luftschlangen (Wohnung des Paares mit Faschingsdeko schmücken)
- März: Flasche Sidolin (Fenster putzen)
- April: Blumenerde (bei der Balkon- oder Gartenbepflanzung helfen)
- Mai: Marmelade (Sonntagsbrunch mit frischen Semmeln vorbereiten)
- Juni: Sonnencreme (Ausflug mit Picknick an einen Badesee)
- Juli: Grillsauce (Grillparty organisieren)
- August: Gießkanne (Blumen während des Sommerurlaubes gießen)
- September: Fahrradflickzeug (Radtour organisieren)
- Oktober: Kerze (Candlelight-Dinner kochen)
- November: Eiskratzer (Auto enteisen und Weg zum Haus freischippen)
- Dezember: Plätzchenausstecher (Weihnachtsplätzchen vorbeibringen)

Tombola mit Trick II

Der Witz dieser Tombola liegt in den Gewinnen, die zwar alle klangvolle Namen haben, sich aber dann als etwas ganz anderes herausstellen. Die Tombola wird lautstark, am besten vom DJ oder von der Band, angekündigt. Denn es gibt schließlich Superpreise zu gewinnen, die das Brautpaar extra für die Gäste spendiert hat! Von der Obstschale bis zum Weinabend ist alles dabei. Jedes zweite Los ist ein Gewinn. Die Preise werden vor Ort an die glücklichen Gewinner übergeben. Wichtig ist, dass der Moderator wegen der „launigen Übergabe" ein guter Entertainer sein sollte. Hier einige Beispiele für Gewinne und die passende Umschreibung (auf dem jeweiligen Los steht natürlich nur die Umschreibung):

- Einen Kuss von der Braut = Paket Schokoküsse
- Eine gefüllte Obstschale = Banane
- Italienisches Essen für zwei = Packung Miracoli
- Eine Kneippkur = Flasche Mineralwasser
- Einen Weinabend für zwei = zwei Zwiebeln
- Eine bewegte Nacht = Abführmittel (Rizinusöl)
- Ein Bügeleisen = ein Drahtbügel
- Einen Retter in der Not = Toilettenpapierrolle

Jeden Monat eine gute Tat

So vergisst niemand, was er für das Brautpaar tun darf: Der Kalender wird bei einer Verlosung mit den Fotos der zwölf glücklichen Gewinner gefüllt.

Für diese Aktion brauchen Sie einen Bastelkalender, Lose (Nieten und zwölf Gewinne) und eine Polaroidkamera (mit mindestens zwölf Bildern auf dem Film). Im Vorfeld bereiten Sie die Lose vor: Nieten und zwölf Gewinne. Die Zahl der Lose sollte in etwa die gleiche sein wie die Anzahl der Gäste, damit jeder eines bekommt und auch keine Lose übrig bleiben. Jeder Gewinn steht für einen Monat. Dazu denken Sie sich zwölf Preise oder Aufgaben aus, die in den einzelnen Monaten eingelöst werden sollen, und schreiben diese in die jeweiligen Seiten des Kalenders.

Die Lose werden während der Hochzeitsfeier verkauft, den Erlös bekommt am Ende das Brautpaar. Nachdem alle Lose verkauft wurden, bitten Sie das Brautpaar nach vorne und überreichen den noch leeren Kalender. Dann werden die Gewinner der jeweiligen Monate aufgerufen, mit oder ohne Brautpaar fotografiert und die Fotos direkt im Kalender in den jeweiligen Monat geklebt.

Am besten beginnt der Kalender im Monat nach der Hochzeit und endet am ersten Hochzeitstag.

Ideen für monatliche Aktionen

- **Januar:** Bringt dem Brautpaar eine Flasche Glühwein vorbei, danach Schneeschippen und Auto freikratzen.
- **Februar:** Geht mit dem Brautpaar Schlitten fahren.
- **März:** Unterstützt das Brautpaar bei der Frühlingsbepflanzung des Balkons.
- **April:** Bringt einen selbst gemachten Osterkorb vorbei.
- **Mai:** Bringt das Auto des Brautpaares auf Hochglanz.
- **Juni:** Ladet das Brautpaar zu einer romantischen Bootsfahrt mit anschließendem Picknick ein.
- **Juli:** Ladet das Paar zu einem Grillabend ein.
- **August:** Ladet das Brautpaar zu einem Badeausflug ein (Schwimmbad, See, Meer oder Therme).
- **September:** Ladet das Brautpaar zu einer Radtour mit Biergartenbesuch ein.
- **Oktober:** Bringt einen herbstlichen Blumenstrauß beim Brautpaar vorbei.
- **November:** Schenkt dem Brautpaar einen (selbst gebastelten) Adventskalender.
- **Dezember:** Geht mit dem Brautpaar einen Christbaum kaufen und dann auf einen Weihnachtsmarkt.

- Eine Schlossbesichtigung = altes Fahrradschloss

Weitere Ideen für lustige Gewinne finden Sie unter *www.deingedicht.de*.

Actionspiele

Bei diesen Spielen müssen sich die Gäste bewegen. Und das ist doch nach all den tollen Leckereien genau das Richtige, oder?

Reise nach Jerusalem

Dieses Spiel ist schnell vorbereitet und Sie benötigen nicht viele Requisiten. Auch hier müssen die Gäste während des nächsten Jahres kleine Gefälligkeiten für das Brautpaar übernehmen.

Personen: Brautpaar, Spielleiter, 13 Gäste.

Das brauchen Sie: zwölf Stühle, Liste mit zwölf zu erledigenden Aufgaben, zwölf Gutscheine für verschiedene Gefälligkeiten.

So läuft's ab: Stellen Sie zwei Stuhlreihen in der Mitte des Tanzsaales auf. Immer zwei Stühle werden mit dem Stuhlrücken gegeneinandergestellt. Das Brautpaar darf sich 13 Gäste aussuchen, die sich zur Mitte der Tanzfläche begeben. Anders als bei der bekannten Reise nach Jerusalem spielt aber keine Musik. Stattdessen liest das Brautpaar jeweils eine Aufgabe vor, die die Gäste erledigen müssen. Wer erfolgreich war und den jeweiligen Gegenstand organisiert hat, darf sich auf einen Stuhl setzen. Wer die Aufgabe zu langsam oder auch gar nicht gelöst hat, findet zum Schluss keinen Sitzplatz mehr – denn es steht immer ein Stuhl zu wenig zur Verfügung. Danach geht es mit der nächsten Aufgabe weiter – so lange, bis nur noch ein Spieler übrig ist: der Gewinner. Alle anderen Teilnehmer müssen nach ihrem Ausscheiden einen Gutschein ziehen und sich für Aufgaben verpflichten. Jeden Monat ist dann ein anderer Gast an der Reihe, dem Brautpaar eine Freude zu machen. Sie können dem Brautpaar einen Kalender überreichen, auf dem die Aufgaben und Verpflichteten vermerkt werden. Der Gewinner des Spiels muss dafür sorgen, dass alle ihre Gutscheine einlösen, und wird zum Dank dafür vom Brautpaar zum Essen eingeladen.

Beispiele für Sammelgegenstände:
- eine Brille
- drei Päckchen Tempo-Taschentücher
- zwei verschiedene Schnürsenkel
- eine Rolle Toilettenpapier
- drei linke Herrenschuhe
- eine Anzug-Fliege
- Führerschein, der vor 1970 ausgestellt wurde
- ein 100-Euro-Schein
- ein Regenschirm
- fünf 1-Cent-Stücke
- Hosenträger
- ein Kondom

Tipp: Bei den teilnehmenden Personen sollte man drauf achten, dass diese dem Brautpaar nahe stehen (bloß nicht den Chef oder die Tante dritten Grades auswählen). Die Teilnehmer sollten Spaß verstehen und körperlich fit sein. Achten Sie darauf, dass die Spieler nach jeder Runde die Gegenstände wieder zurückbringen.

König und Königin

Rasantes Bewegungsspiel, auch unter dem Namen Kutscherspiel bekannt.

Personen: Brautpaar, ein Spielleiter, sieben Gäste.

Das brauchen Sie: neun Stühle, die wie eine Kutsche auf der Tanzfläche aufgebaut werden: vorn zwei Stühle für die beiden Pferde, dahinter ein Stuhl für den Kutscher, dahinter zwei Stühle für das Königspaar. Um die Kutsche werden vier Stühle für die Räder platziert.

So läuft's ab: Das Brautpaar ist natürlich das königliche Paar. Als Kutscher sollte jemand ausgesucht werden, der körperlich sehr fit ist. Die anderen werden zufällig ausgewählt und setzen sich auf die Stühle. Dann wird eine Geschichte vorgelesen, und jeder, dessen Bezeichnung genannt wird (also Kutscher, Räder, Pferde, König und Königin), muss jeweils bei

© Andrea Leone – FOTOLIA

Nennung seines Namens eine Runde um den Pulk laufen.

Hier die Geschichte:

Eines Tages – es war im Sommer an einem wunderschönen Nachmittag – sagte die Königin zum König: „Lass uns doch den Kutscher rufen und eine Fahrt über Land machen." „Ah, das ist eine schöne Idee", sagte der König und rief: „Kutscher!!!! Kutscher, spann Er die Pferde ein, wir wollen eine Fahrt machen." Der Kutscher ging in den Stall, holte die Pferde und spannte sie vor die Räder. Dann rief der Kutscher die Königin und den König und bat sie einzusteigen. Das rechte Pferd setzte sich sogleich in Bewegung, während sich das linke Pferd erst durch einen Peitschenhieb des Kutschers in Bewegung setzte. Ach, was war das für ein schöner Tag. Die Sonne schien, ein laues Lüftchen wehte, die Räder klapperten über die Straße, die Pferde schnaubten, und der Kutscher pfiff ein fröhliches Lied. Die Karosse fuhr über einen besonders steinigen Weg, da sagte die Königin zum König: „Sage dem Kutscher, er soll langsamer fahren." Der König sagte zum Kutscher: „Kutscher, Kutscher, lass die Pferde langsam laufen. Die Karosse schaukelt so stark, dass der Königin übel wird." „Ach, was für einen schönen Tag wir uns hier ausgesucht haben", sagte die Königin. „Ja", sagte der König zur Königin, „da hast du wohl recht." Plötzlich jedoch zogen dunkle Wolken auf. Es fing an in Strömen zu regnen, es blitzte und donnerte, die Pferde wurden unruhig, und bei dem nassen Wetter blieben die Räder auch nicht mehr so gut auf der Straße. „Oh, Kutscher, beeil Er sich!", rief die Königin. „Wir müssen schnell nach Hause, bevor die Pferde uns ausbrechen oder wir die Räder verlieren!" „Jawohl!", rief der Kutscher, knallte mit der Peitsche und bemühte sich, auf dem schnellsten Weg ins Schloss zurückzufahren. Als sie wieder zu Hause waren – der König, die Königin, der Kutscher, die Pferde und die Kutsche mit vier heilen Rädern –, sagte der König: „Aber ein schöner Ausflug war es trotzdem, und wie gut, dass wir den Kutscher haben!"

Löffelchens Reise

Bei diesem Spiel werden Kochlöffel einmal ganz anders eingesetzt.

Personen: Brautpaar, acht Gäste.

Das brauchen Sie: zwei Kochlöffel, zwei ca. 20 Meter lange Schnüre.

So läuft's ab: Braut und Bräutigam suchen sich je vier Mitspieler. Jedes Team stellt sich nebeneinander auf, die Brautleute stehen jeweils am Anfang. Jetzt muss jedes Team den Kochlöffel so schnell wie möglich von oben nach unten durch die Kleidung fädeln (z. B. beim Mann durch Hemd und Hose). Ist der Löffel beim Letzten angelangt, geht das Ganze retour. Gewonnen hat das Team, das den Löffel am schnellsten wieder zu Braut bzw. Bräutigam zurückgefädelt hat.

Tanzspiele

Jeder kennt das: Die Band spielt zum ersten Mal auf, der Bräutigam tanzt mit der Braut, sonst aber traut sich niemand auf die Tanzfläche. Dagegen helfen ganz schnell Tanzspiele.

Berühmte Paare

Personen: alle Gäste, Moderator, Band oder DJ.

Das brauchen Sie: Bereiten Sie je nach Anzahl der Gäste kleine Zettel vor, auf die Sie die Namen berühmter Paare schreiben. Damen- und Herrenzettel werden getrennt gesammelt.

So läuft's ab: Während der Hochzeitsfeier zieht jeder Anwesende einen Zettel und muss sich den gezogenen Namen gut merken, bis der DJ oder die Band zum Tanz aufspielt. Dann verliest der Moderator nach und nach die Paare. Sollte sich ein Tanzpartner nicht auf der Tanzfläche einfinden, muss er ein Bußgeld in die Brautkasse zahlen. Hier einige Beispiele:
- Adam und Eva
- Asterix und Obelix
- Batman und Robin
- Bonnie und Clyde
- Caesar und Kleopatra

- Don Camillo und Peppone
- Donald Duck und Daisy Duck
- Erkan und Stefan
- Ernie und Bert
- Fix und Foxi
- Hänsel und Gretel
- Harry und Sally
- Homer und Marge Simpson
- Jim Knopf und Lukas der Lokomotivführer
- John Lennon und Yoko Ono
- Max und Moritz
- Micky Maus und Minnie Maus
- Robinson Crusoe und Freitag
- Schneeweißchen und Rosenrot
- Susi und Strolchi
- Tarzan und Jane

Schlüssel gesucht

Verpacken Sie Ihr Hochzeitsgeschenk in einer schönen Kiste mit vielen Vorhängeschlössern. Die Schlüssel dazu unter den Gästen verteilen. Überreichen Sie die Kiste an das Brautpaar mit dem Hinweis, dass es im Laufe des Abends die einzelnen Schlüssel sammeln muss. Da das Brautpaar nicht weiß, welcher Gast einen Schlüssel besitzt, und nur bei einem Tanz nachfragen darf, muss es mit jedem Gast tanzen. Alternativ dürfen die Gäste die Brautleute zu vorgerückter Stunde auch selber zum Tanz auffordern, damit sie zu ihrem Geschenk kommen.

Herz gewinnt

Dieses Spiel funktioniert im Prinzip wie die Reise nach Jerusalem. Schneiden Sie aus rotem Tonpapier große Herzen zu, etwa im Format 40 x 40 cm. Tonpapier im Format 50 x 70 cm finden Sie unter www.creativ-discount.de (10 Bögen ca. 2 Euro). Diese Herzen werden auf der Tanzfläche ausgelegt. Der Clou: Es liegt immer ein Herz weniger aus, als Paare tanzen. Sobald die Musik aussetzt, müssen die Paare versuchen, auf einem der Herzen zu stehen. Das Paar, das kein Herz erwischt hat, muss aussetzen. Das Gewinnerpaar kann einen Preis erhalten. Geschenkideen rund ums Thema Herz unter www.alles-herz.com.

Der Babywalzer

Benötigt werden ein großer Sonnen- oder Regenschirm (keinesfalls schwarz!) und ein wasserfester Stift. In einem Nebenraum unterschreiben alle Gäste den Schirm. Dann dekorieren Sie den Schirm mit allen möglichen Utensilien zum Thema Baby. Nachdem Sie den Schirm an das Brautpaar überreicht haben, wird ein langsamer Walzer gespielt und das Brautpaar tanzt unter dem Schirm. Während der Tanzeinlage stehen alle Gäste in einem Kreis um das Paar herum. Die Gäste werfen, während das Paar innig umschlungen tanzt, Konfetti oder Luftschlangen auf den Schirm – eine romantische Erinnerung und ein tolles Fotomotiv.

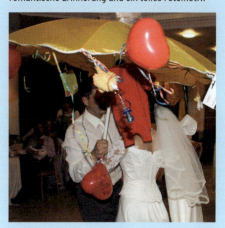

Beliebte Variante: Papierwalzer

Hierfür benötigen Sie zusätzlich acht Rollen reißfestes Toilettenpapier. Die Gäste bilden auf der Tanzfläche einen Kreis um das Brautpaar. Acht Personen bekommen je eine Rolle Toilettenpapier in die Hand. Nun wird das erste Blatt des Toilettenpapiers an der Spitze des Schirms befestigt. Das Brautpaar tanzt zu dem Walzer und muss sich immer in die gleiche Richtung drehen. Ziel ist es, das Brautpaar von oben nach unten (und wieder nach oben ...) einzuwickeln. So werden alle acht Rollen aufgebraucht. Am Schluss darf sich das Brautpaar befreien und küssen.

Viel Spaß für Kinder!

Die schönste Hochzeitsfeier kann für die kleinen Gäste schnell langweilig werden. Wer ein paar schöne Spiele vorbereitet, tut Kindern und Eltern einen riesengroßen Gefallen.

An einer Hochzeitsfeier nehmen meist auch Kinder teil. Nur wird's für die kleinen Gäste schnell langweilig, während sich die Großen bei launigen Reden und tollen Ratespielen amüsieren. Doch auch die kleinen Gäste haben ein Recht auf gute Laune – und sind viel pflegeleichter, wenn sie mit den passenden Spielen beschäftigt werden.

Spiele für drinnen

Nicht immer kann man die Kleinen einfach nach draußen in den Garten schicken. Doch auch drinnen kann man toll spielen – entweder mit den Erwachsenen zusammen oder einem freiwilligen (oder auch für diese Gelegenheit engagierten) Spielleiter und Animateur, der sich gerne um das Amüsement der Kinder kümmert.

Erbsen zählen

Kinder gehen mit einem Glas voller Erbsen durch die Hochzeitsgesellschaft und lassen die Gäste schätzen, wie viele Erbsen im Glas sind. Der Gewinner darf einen Tanz mit der Braut tanzen – die Kinder werden für ihre Mühe durch kleine Leckereien belohnt.

Pharao und Mumie

Jeweils zwei Kinder spielen zusammen gegen andere Paare. Das Ziel ist es, möglichst schnell ein Kind mit Toilettenpapier einzuwickeln, bis es aussieht wie eine Mumie. Das Kind, das eingewickelt wird, kann durch leichtes Drehen des Körpers mithelfen. Nach Ablauf einer Zeitvorgabe gibt es ein Stoppsignal. Sieger ist das Paar mit dem am weitesten eingewickelten Kind.
Tipp: Stabiles Papier verwenden, sonst reißt es.

Mund auf, Augen zu

Es werden sechs verschiedene Geschmackssorten Joghurt benötigt, von jeder Sorte zwei Becher. Jeweils zwei Mädchen und Jungs bilden Teams. Nun verbindet man ihnen die Augen und sie müssen die Joghurtsorten am Geschmack erkennen. Wer die meisten erkennt, ist Sieger.

Würstchen schnappen

Sie brauchen: eine Schnur, Würstchen, eine Augenbinde. Spannen Sie die Schnur durch ein Zimmer und binden Sie die Würstchen daran. Die Schnur sollte so hoch hängen, dass die Spieler mit dem Mund nach den Würstchen schnappen können, wenn sie ein wenig nach oben springen – die Hände dürfen nicht benutzt werden. Binden Sie dem ersten Spieler das Tuch um die Augen, führen Sie ihn zur Schnur – und los geht's. Sie können an der Leine auch Süßigkeiten befestigen.

Spiele für draußen

Am schönsten für kleine Gäste ist es, wenn das Wetter mitmacht und sie draußen spielen können. Eine Location mit einem großen, umzäunten Garten wäre natürlich von Vorteil.

Bierdeckellauf

Hier treten immer zwei Kinder gegeneinander an. Sie bekommen zwei Bierdeckel, um eine festgelegte Strecke auf diesen möglichst schnell zurückzulegen. Dazu müssen sie einen Bierdeckel in Schrittweite vor sich werfen und daraufstellen. Dann den freiliegenden Deckel von hinten aufnehmen und wieder nach vorn werfen usw.

Schneller, höher, weiter

Olympiaden kommen bei Mädchen und Jungen jeder Altersgruppe sehr gut an. Beim Wattebauschpusten und Erbsensaugen haben auch die Betreuer viel Spaß.

Hier ist alles wie bei einer echten Olympiade: Zum Auftakt werden Fahnen geschwenkt, die Mannschaften aufgestellt, gemeinsam Hymnen gesungen. Krönender Abschluss ist die große Siegesfeier mit Urkunden.

Die olympischen Disziplinen

- **Taschentuchweitwurf:** Tuch flach auf der Hand ausbreiten, hinter der Wurflinie aufstellen und das Tuch möglichst weit wegstoßen. Wer wirft am weitesten?
- **Wattebausch pusten:** Wattebausch auf die flache Hand legen, tief Luft holen und wegpusten. Welcher fliegt am weitesten?
- **Zeit schätzen:** Jeder bekommt einen Gegenstand in die Hand, z. B. Löffel, Bauklotz. Genau 30 Sekunden nach dem Startkommando soll der Gegenstand fallen gelassen werden. Wer schätzt richtig?
- **Salzstangenwettessen:** Jeder setzt sich einen Hut auf, an dem vorher ein Faden befestigt wurde, der ungefähr bis zum Kinn geht. An dem Faden hängt eine Salzstange. Auf ein Kommando legen alle los. Wer hat seine Salzstange zuerst aufgegessen?
- **Bierdeckelwerfen:** Gegenstand in die Mitte eines Kreises legen und Wurflinie markieren. Wer wirft seinen Bierdeckel am nächsten an den Gegenstand?
- **Bauchtanz:** Vor jedem Spieler steht eine leere Flasche. Dann eine Kordel um den Bauch binden, an deren Ende ein Stift verknotet ist. Jetzt den Stift in die Flasche bugsieren. Wer schafft es als Erster?
- **Erbsensaugen:** Jeder Spieler bekommt zehn Erbsen, einen Teller und einen Strohhalm. Auf Kommando müssen alle die Erbsen mit dem Strohhalm ansaugen und auf den Teller legen. Wer ist Erster?
- **Schokokuss-Wettessen:** Jeder isst, ohne die Hände zu benutzen. Wer ist am schnellsten?
- **Hindernislauf:** Der Weg, der abgelaufen werden soll, wird mit Plastikflaschen verstellt. Nachdem sich die Hindernisläufer die Aufstellung angeschaut haben, werden die Augen verbunden. Wer wirft beim Lauf durch den Parcours am wenigsten Flaschen um?
- **Ballonhüpfen:** Wetthüpfen mit einem Luftballon zwischen den Knien. Wer den Ballon verliert, fängt noch mal am Startpunkt an. Wer ist als Erster im Ziel?

Zauberhafte Kinderbetreuung

Eine Hochzeit ist für Erwachsene ein tolles Erlebnis, Kinder langweilen sich aber oft schnell. Professionelle Eventagenturen kümmern sich darum, dass die Kinder jede Menge Spaß und Action haben – und die Eltern ungestört feiern können. In der Kinderecke werden Geschichten vorgelesen, Spiele gespielt, gebastelt, gebaut und getobt und all das getan, was Kinder gerne tun. Ein Schminkclown verzaubert die kleinen Gäste in bunte Schmetterlinge, wilde Tiger, wunderschöne Feen und Prinzessinnen – oder eben in das, was sich die Kleinen wünschen. Oder er modelliert für die Kinder Luftballonfiguren als Geschenk zum Mitnehmen.

Die besten Adressen
- **Pierrolinchen Kinderschminkservice,** 19077 Lübesse, www.pierrolinchen.de.
- **Kinderanimation Katja Friedl,** 10999 Berlin, www.kinderanimation-katjafriedl.de.
- **Kidsevent,** 22605 Hamburg, www.kidsevent-hamburg.de.
- **FUN 4 KIDS,** 47805 Krefeld, www.fun4kids.info.
- **Kinder-Events,** 53229 Bonn, www.kinder-events.de.
- **Anjas-Kinder-Events,** 63755 Alzenau, www.anjas-kinder-events.de.
- **Tausendschön Kinderschminken,** 75428 Illingen, www.tausend-schoen.de.
- **eCom-Marketing eVents,** deutschlandweit, www.kinderschminken-spass.de.

Schatzsuche im Sand

Benötigt werden ein großer Haufen Sand und kleine runde Kieselchen, welche man vorher mit Symbolen verziert (wasserfester, schwarzer Filzstift). Der Sandhaufen wird nun mit einer Menge unmarkiertem Kies und mit einer Hand voll markiertem Kies vermischt. Die Kinder haben die Aufgabe, möglichst viele markierte Steinchen aus dem Sand zu suchen. Alternativ lässt sich das Spiel auch mit anderen kleinen Gegenständen, Spielzeug, Gegenständen aus der Natur usw. durchführen, welche gesucht werden müssen.

Preisetreten

Beim Preisetreten werden eine größere Menge Luftballons auf dem Spielgelände verteilt. Die Menge der Luftballons richtet sich nach der Anzahl der Kinder, die am Spiel teilnehmen. Pro Kind sollten drei bis fünf Ballons eingeplant werden. In einem Teil der Ballons befindet sich ein Zettel mit der Gewinn-Nummer eines Preises. Nette kleine Preise für Kinder finden Sie im Internet unter *www.kinder-spielzeuge.de* (z.B. Kaleidoskop Sterne für ca. 1 Euro).

Paarlauf mit Ballon

Für den Ballonpaarlauf müssen immer zwei Kinder als Paar zusammen spielen. Der Wettlauf ist gar nicht so einfach: Zwei Spieler stehen Rücken an Rücken und haben einen Luftballon zwischen sich eingeklemmt. Nach dem Startpfiff streben sie zu zweit dem Ziel entgegen. Der Luftballon darf nicht zerplatzen und nicht verloren gehen.

Ballon-Wettrennen

Beim Ballonwettrennen geht es darum, dass ein Luftballon mit dem Handrücken immer wieder in die Luft befördert wird. Der Ballon darf nicht festgehalten werden und nicht auf dem Boden aufkommen. Auf diese Art und Weise muss eine vorgegebene Strecke zurückgelegt werden. Wer es schafft, seinen Luftballon als Erster über die Ziellinie zu befördern, hat gewonnen und bekommt bei der Siegerehrung einen Preis.

Der große Piraten-Test

Ein Schiff entern, nach Schätzen tauchen, in die Segel klettern: Eine Reihe von Prüfungen hält die Kleinen in Atem und lässt die Großen entspannt feiern.

Ein echter Pirat sollte schon einiges beherrschen. Schwindelfrei sollte er sein, mit Enterhaken und Säbel sollte er gut umgehen können. Wer diese Spiele mit Bravour besteht, darf sich wirklich Pirat nennen. Nettes Zubehör, wie beispielsweise Augenklappen, finden Sie unter www.geburtstagsgeschenk-online.de (4 Augenklappen mit Ohrringen für ca. 3 Euro).

Prüfungen für angehende Piraten

- **Über Planken laufen:** Der Pirat muss schwindelfrei sein und darf das Gleichgewicht nicht verlieren. Die Kinder müssen mit verbundenen Augen über ein am Boden liegendes Brett laufen.
- **Oben in den Segeln:** Auch hoch oben muss sich ein Pirat auf einem schwankenden Schiff sicher bewegen können. Spannen Sie zwei Seile, über die die Kinder gehen müssen. Die Seile können von Baum zu Baum in einer Höhe von 25 bis 50 cm gespannt werden.
- **Strickleiter:** Ein Pirat sollte an einer Strickleiter hochklettern können. Eine Strickleiter für ca. 8 Euro finden Sie unter www.kids.edingershops.de.
- **Entern:** Wie Tarzan am Seil schwangen sich die Piraten auf das zu kapernde Schiff. An einem Baum wird ein Seil befestigt. Von einer Bank aus schwingt sich der Pirat auf sein Ziel (Ziellinie, zweite Bank o.ä.).
- **Säbelkampf:** In einem Kreis stehen sich zwei Kontrahenten gegenüber. Jeder bekommt einen Holzsäbel, der an der Spitze mit Holzkohle eingefärbt wurde. Die Treffer sind dadurch gut zu sehen. Aber Vorsicht, dass die Kinder nicht zu heftig aufeinander einhauen! Piratensäbel finden Sie unter www.holzspielzeug-discount-shop.de ab ca. 5 Euro.
- **Knoten machen:** Wer in der Seefahrt tätig ist, muss Knoten beherrschen. Für diese Aufgabe werden drei bis vier Knoten auf Abbildungen vorgegeben, die dann mithilfe eines Taus geknotet werden müssen. Abbildungen unter www.janmaat.de.
- **Schatztauchen:** Nehmen Sie eine Wanne voll Wasser und leeren Sie eine Tüte Gummibärchen hinein. Wer kann in einem Tauchgang die meisten Gummibärchen mit dem Mund herausfischen? Die Hände dürfen dabei aber nicht zu Hilfe genommen werden.

Die Hochzeitsrede ist fester Bestandteil der Feier. Hier sind traditionell die Väter von Braut und Bräutigam und auch die Trauzeugen gefragt. Für viele ist diese ehrenvolle Aufgabe eher unangenehm. Dabei kann eine Rede richtig Spaß machen – das fängt bei der Stoffsammlung an und hört beim Schlussapplaus auf. Hier bekommen Sie das nötige Handwerkszeug, um eine gelungene und originelle Hochzeitsrede selbst zu verfassen und souverän vorzutragen.

7 HOCHZEITSREDE

Ihre Hochzeitsrede

In drei bis fünf Minuten eine kleine Geschichte erzählen, die dem Brautpaar große Freude macht: Dafür müssen Sie kein rhetorisches Genie sein. Mit guter Vorbereitung kann's jeder.

Von dem amerikanischen Autor Mark Twain stammt der schöne Satz: „Das menschliche Gehirn ist eine großartige Sache; es funktioniert bis zu dem Zeitpunkt, wo du aufstehst, um eine Rede zu halten." Und dann passieren komische Dinge: Man gerät ins Stottern oder bekommt kein Wort mehr heraus. Man erkennt seine eigene Stimme nicht mehr; vor lauter Aufregung klingt sie, als hätte man Helium inhaliert. Die Hände zittern, der Puls rast, zu allem Unglück kommt auch noch unschöne Transpiration. So stellen sich viele den Moment vor, wenn sie aufstehen, um eine Rede zu halten. Kein Wunder, dass sich die Vorfreude in Grenzen hält.

Es hilft nichts. Hochzeitsreden lassen sich nur bedingt delegieren. Anstelle des Vaters der Braut könnte die Mutter der Braut sprechen, weitere Stellvertreter gibt es nicht. Die Trauzeugen können auch keine Stuntmen schicken. Schon gar nicht das Brautpaar, das seine Dankesrede selbstverständlich selbst halten muss.

Die gute Nachricht: Für Hochzeitsreden gibt es in Büchern oder im Internet jede Menge Vorlagen; drei kleine Beispiele für Hochzeitsreden finden Sie auch in diesem Kapitel. Wer sie kopiert oder variiert, hat schnell eine Rede zusammen. Es gibt auch professionelle Redenschreiber, die gern behilflich sind. Es kann also nichts schiefgehen. Oder?

Die schlechte Nachricht: Es kann. Eine gelungene Hochzeitsrede – das ist eine Rede, die ihr Publikum und vor allem natürlich das Brautpaar wirklich berührt – ist von A bis Z handgemacht. Da hilft kein Redenschreiber, da helfen auch selten Vorlagen. So eine Rede ist aufwendig, aber seien Sie sicher: Es ist auch ein großartiger Moment für den Redner, wenn er spürt, wie seine Rede ankommt, wie er Menschen bewegt – auch ohne große Worte und Gesten zu gebrauchen.

Bevor Sie jetzt das Handwerkszeug bekommen, um selbst eine gelungene Hochzeitsrede zu verfassen und vorzutragen, noch ein wichtiger Hinweis: Weil Reden aus Worten bestehen, meint man, die Worte seien die Rede. Das stimmt nicht. Die Rede ergibt sich aus Ihren Worten plus Ihrer Haltung, Ihren Gesten, Ihrer Tonlage – es geht um den Gesamteindruck. Mehr als 50 Prozent

Checkliste Hochzeitsrede

- **Thema:** Muss von Anfang an fesseln
- **Struktur:** Einstieg – Hauptteil – Schluss
- **Qualität:** Gründlich und zeitig vorbereiten
- **Anschaulich:** Reden ist Kino im Kopf
- **Kürze:** Weniger reden, mehr sagen
- **Zeit:** 3 bis 5 Minuten sind die ideale Länge
- **Klarheit:** Verständlich sprechen (Pausen!)
- **Natürlichkeit:** Bleiben Sie Sie selbst
- **Engagement:** Begeisterung übertragen
- **Publikum:** Immer den Kontakt halten

dieses Gesamteindrucks bestimmt nicht das mit Worten Gesagte, sondern die Körpersprache, also das, was der Körper an Botschaften sendet.

Was bedeutet das für den Hochzeitsredner? Selbst wenn die Rede noch so perfekt gelernt ist, der Körper wird Unsicherheit oder Unwohlsein offenbaren. Und das ist gut so. Kein Mensch erwartet die perfekte Rede oder den perfekten Redner. Viel wichtiger ist die Botschaft, die insgesamt in Ihrer Rede transportiert werden sollte: Sie sind glücklich, weil das Brautpaar glücklich ist. Ihre Rede soll das Glück verstärken, unterstreichen, betonen. Insofern haben Hochzeitsreden eigentlich nur ein einziges Thema: Es geht – ganz gleich, was Sie sagen – um Zuneigung und Freude.

Themen der Rede

Fangen wir so an: Garantiert kein Thema für eine Hochzeitsrede ist die hohe Scheidungsrate in Deutschland, mit detailgenauen Statistiken. Dennoch gibt's immer wieder Brautväter, die sich das Thema aussuchen, auf einer lustigen Feier 20 Minuten über Scheidungsstatistik reden und dabei ihr Publikum ganz aus dem Auge verlieren. Verdrehte Augen und Gähnen sind typische Reaktionen der Gäste auf solche Spaßstopper. Kommt so ein Thema beim Brautpaar an? Unwahrscheinlich. Es gibt sehr viele Themen für Hochzeitsreden – aber eben auch einige Tabuthemen. Wichtig ist, dass sich der gewählte Stoff eignet, um einen Bezug zum Brautpaar herzustellen. Schön ist es auch, wenn charakteristische Eigenschaften des Brautpaares pointiert werden. Einige Beispiele:

• Die Geschichte des Brautpaares oder Anekdoten aus dem Leben des Brautpaares, z. B. wie sich die beiden kennen gelernt haben
• Parallelen in der Geschichte des Brautpaares und der Brauteltern / der Brautgroßeltern
• Parallelen in der Geschichte des Brautpaares und der Geschichte von Film-, Theater- oder Literatur-Brautpaaren
• Kinder- und Jugenderlebnisse von Braut und Bräutigam

Wie schön wäre jetzt eine spontane Rede!

„Magst du nicht gleich mal eine kleine Hochzeitsrede halten? Wir würden uns so freuen!" Was soll man darauf antworten, wenn einem das Brautpaar diese Frage stellt, während das Fest in vollem Gange ist? Jedenfalls nicht nein – auch wenn's noch so schwer fällt. Erbitten Sie sich einige Minuten Vorbereitungszeit und ziehen Sie sich kurz zurück, um Ihre Gedanken zu sortieren. Letztlich tun Sie dann nichts anderes als in diesem Kapitel beschrieben: Sie verfassen systematisch eine Rede – allerdings im Zeitraffer. Wichtig: keine Panik! Zehn Minuten sind eine sehr lange Zeit, wenn man entspannt bleibt und Schritt für Schritt vorgeht.

5 Tipps: Stegreifrede ohne Stress

• **Recherche:** Halten Sie sich an das Brautpaar oder denjenigen, der Sie um eine Rede gebeten hat. Sind bestimmte Inhalte oder Pointen erwünscht?
• **Gliederung:** Legen Sie sich eine simple Gliederung zurecht. Beispiel: Als Freund, der das Paar aus der Anfangszeit der Beziehung kennt, werden Sie gebeten, über diese Zeit zu sprechen. Einleitung: Eindruck, den Sie hier und heute vom Brautpaar haben. Hauptteil: Aber – es war ja alles gar nicht so einfach. Anekdote aus der holprigen Anfangszeit (keine peinliche Anekdote, bitte). Schluss: Freude über die positive Entwicklung und das Happy End.
• **Stichwortzettel:** Notieren Sie sich die Gliederung oder die Hauptpunkte Ihrer Rede in Stichworten auf einem Zettel. Eine Serviette oder ein Bierdeckel tun's auch. Versuchen Sie gar nicht erst, perfekt zu formulieren, die Zeit wird nicht reichen.
• **Einprägen:** Merken Sie sich die Gliederung und die Kernformulierungen so gut wie möglich. Mehr aber auch nicht. Die spontane Rede wirkt, gerade weil sie nicht perfekt ist. Jeder weiß das und niemand wird sich beschweren, wenn Sie mal ins Stottern geraten.
• **Durchatmen:** Freuen Sie sich auf Ihre Rede. Sie machen dem Brautpaar damit ein Geschenk! Durchatmen, aufstehen, um Gehör bitten und los!

Filmreife Hochzeitsrede

Vier Hochzeiten und ein Todesfall: traumhafte Liebeskomödie mit genialen Texten. Hugh Grants Trauzeugen-Rede ist ein großartiges Lehrstück für britischen Humor.

„Meine Damen und Herren, ich störe Sie nur ungern bei Ihrem festlichen Dessert. Es gibt da ein oder zwei Kleinigkeiten, die ich als Trauzeuge glaube sagen zu müssen. Dies ist das zweite Mal, dass ich Trauzeuge bin. Ich hoffe, ich hab das damals gut gemacht. Jenes Paar redet jedenfalls noch mit mir. Leider ist es so, dass sie nicht mehr miteinander reden. Die Scheidung wurde vor kurzem rechtskräftig. Aber ich bin sicher, dass das mit mir überhaupt nichts zu tun hatte. Anscheinend wusste Paula, dass Piers mit ihrer jüngeren Schwester geschlafen hatte, bevor ich es in meiner Rede erwähnt habe. Doch überraschend war, dass er auch mit ihrer Mutter geschlafen hatte. Aber ich glaube, das war nur nebensächlich bei dem Albtraum der gegenseitigen Beschuldigungen und der Gewalt, zu dem ihre zweitägige Ehe wurde. Also genug davon. Ich habe heute den Job, über Angus zu sprechen. Und es sind keine Leichen in seinem Keller zu finden – so dachte ich jedenfalls. Ich komme darauf gleich zurück. Ich möchte nur so viel sagen: Ich stehe wie immer in fassungsloser Ehrfurcht vor jedem, der eine solche Verpflichtung eingeht, wie Angus und Laura am heutigen Tag. Ich weiß, ich könnte es nicht, und ich finde es wundervoll, dass sie es können. Jedenfalls – wieder zurück zu Angus und den Schafen … Also, meine Damen und Herren, erheben Sie Ihre Gläser auf das entzückende Paar. Vielen Dank."

So haben Sie die Lacher auf Ihrer Seite

Funktioniert so eine Rede auch im wirklichen Leben? Aber sicher! Jeder Zuhörer versteht sofort, dass er hier unterhalten werden soll, und nimmt das positiv auf – Humor ist der Schlüssel für die geniale Hochzeitsrede. Wer sich so vorstellt wie Hugh Grant, der hat die Lacher ganz sicher auf seiner Seite. Und eine sichere Basis für echte Gefühle geschaffen, die sonst schnell kitschig wirken. Dass der Redner etwas verspricht, das er später gar nicht einhält, ist nicht wichtig. Die Andeutung einer peinlichen Geschichte über den Bräutigam reicht, um diesen ins Schwitzen zu bringen und die Hochzeitsgesellschaft zu fesseln. Wer will denn jemanden bloßstellen?

- Betrachtungen über die Ehe, die Liebe oder das Glück im Allgemeinen

Die Reden können dabei besinnlich, heiter, beratend, feierlich oder unterhaltend sein. Wie es am besten zum Brautpaar – und natürlich auch zum Redner passt.

Steht das Thema fest, folgt die Recherche. Neben allgemeiner Recherche im Internet, in Büchern oder Zeitungen und Zeitschriften bieten sich Gespräche mit dem Brautpaar, mit dessen Verwandten oder Freunden an. Gehen Sie auch Ihren eigenen Erfahrungsschatz durch. Die besten Themen ergeben sich in der Verknüpfung Ihrer Welt mit der des Brautpaares. Je näher Sie dem Brautpaar stehen, desto leichter ist das natürlich.

Das Ziel ist, ca. drei bis fünf Minuten zu reden. Deshalb sollten Sie, nachdem Sie Ihr Thema präzisiert haben, den größten Teil Ihrer Stoffsammlung wieder vergessen. Sonst verliert sich die Rede allzu leicht in Details und Sie reden wie der eingangs erwähnte Brautvater mit seinem 20-minütigen Vortrag über Ehescheidungen Ihr Publikum in den Schlaf oder die Melancholie.

Aufbau der Rede

Eine Rede besteht aus drei Teilen: Einleitung, Hauptteil, Schluss. Das mag schulmeisterlich klingen und selbstverständlich kann jeder seine Rede auch ganz anders gliedern. Tatsächlich aber hat sich diese Struktur schlichtweg seit Jahrtausenden bewährt.

Begrüßung/Einleitung

Die Begrüßung sollten Sie nicht unterschätzen oder womöglich auslassen. Es ist zwar nur ein Satz, aber der sollte sitzen. Beispiel für einen offiziellen Anlass: „Sehr geehrter Herr Bürgermeister, sehr geehrter Herr Pfarrer, sehr geehrte Brauteltern, liebes Brautpaar, liebe Freunde." Beispiel für eine private Feier mit Familie und Freunden: „Liebe Conny, lieber Ronald, liebe Hochzeitsgäste." Oder: „Liebe Freunde, liebe Verwandte, vor allem aber: liebes Brautpaar."

Beispiel 1: Rede des Vaters der Braut

Liebe Miriam, lieber Gunnar, liebe Hochzeitsgäste!

Ich bin kein Mann der großen Worte. Ich halte mich daher beim Reden gern an Vorbilder.

Von einem ehemaligen Esso-Präsidenten erzählt man sich folgende Anekdote: Er sollte eine Rede halten, für die seiner Meinung nach nur sehr wenig Zeit zur Verfügung stand, und er sagte: „Ich habe nur 20 Minuten Zeit für meinen Vortrag und ich weiß gar nicht, wo ich beginnen soll." Ein Zwischenrufer aus dem Publikum half ihm auf die Sprünge: „Beginnen Sie bei der neunzehnten!"

Eine wundervolle Idee, die ich für meine Rede heute gern aufgreifen will. Hier kommen die neunzehnte und die zwanzigste Minute.

Vor einigen Wochen war ich auf dem Dachboden unseres Hauses. Ich fand dort Miriams erstes Fahrrad, das Puppenhaus, das ich ihr gebaut hatte, ihre alten Tennisschläger. Dann war da noch ein Album mit Familienbildern. Auf jedem Foto schenkt uns Miriam ihr Lachen. So war sie als Kind und als Teenager, so ist sie bis heute: fröhlich, offen und optimistisch in allen Lebenslagen.

Miriam, für mich ist dein strahlendes Lachen das schönste Lachen der Welt.

Ich habe mich immer mit der Vorstellung schwer getan, meine Tochter mit einem anderen Mann zu teilen. Ich hatte sogar ein wenig Angst davor.

Aber ich sehe, wie viel ihr zusammen lacht. Das macht mich sehr glücklich. Und ich weiß, dass du, lieber Gunnar, genau der Richtige für Miriam bist.

Ich wünsche euch alles Gute für eure gemeinsame Zukunft! Lasst uns auf das Brautpaar anstoßen!

Bonmots für Ihre Rede

Ein gutes Zitat würzt jede Hochzeitsansprache – aber mehr bitte auch nicht. Hier finden Sie spritzige Bonmots über Liebe, Ehe, Männer und Frauen.

Das Glück ist das Einzige, was sich verdoppelt, wenn man es teilt. *(Albert Schweitzer)*

Die wirkliche Liebe beginnt, wo keine Gegenliebe mehr erwartet wird. *(Antoine de Saint-Exupéry)*

Liebe ist die starke Übertreibung des Unterschieds zwischen einer Person und allen anderen. *(George Bernard Shaw)*

Liebe ist kein Solo. Liebe ist ein Duett. Schwindet sie bei einem, verstummt das Lied. *(Adelbert von Chamisso)*

Die Summe unseres Lebens sind die Stunden, da wir lieben. *(Wilhelm Busch)*

Die Liebe ist eine Dummheit, die zu zweit begangen wird. *(Napoleon)*

In unserem monogamischen Weltteile heißt heiraten, seine Rechte halbieren und seine Pflichten verdoppeln. *(Arthur Schopenhauer)*

Heirat ist gegenseitige Freiheitsberaubung in beiderseitigem Einvernehmen. *(Oscar Wilde)*

Die Ehe ist und bleibt die wichtigste Entdeckungsreise, die der Mensch unternehmen kann. *(Sören Kierkegaard)*

Die Frauenseele ist für mich ein offenes Buch – geschrieben in einer unverständlichen Sprache. *(Ephraim Kishon)*

Richtig verheiratet ist der Mann, der jedes Wort versteht, das seine Frau nicht gesagt hat. *(Alfred Hitchcock)*

Glücklich allein ist die Seele, die liebt. *(Johann Wolfgang von Goethe)*

Wir bewundern Menschen wegen ihrer Stärken, aber wir lieben sie wegen ihrer Schwächen. *(Peter Ustinov)*

Allein ist der Mensch ein unvollkommenes Ding. Er muss einen zweiten finden, um glücklich zu sein. *(Blaise Pascal)*

Eine große Liebe lässt sich durch die Wirklichkeit des Geliebten nicht stören. *(Hannah Arendt)*

Junggesellen sind Männer, die nur halb aufs Ganze gehen. *(Tatjana Sais)*

Alter schützt vor Liebe nicht, aber Liebe vor dem Altern.
Coco Chanel

Eheleute, die sich lieben, sagen sich tausend Dinge, ohne zu sprechen. *(Chinesisches Sprichwort)*

Der ideale Ehemann ist ein unbestätigtes Gerücht. *(Brigitte Bardot)*

Liebe macht blind. *(Platon)*

Die Einleitung führt zum Thema hin und sie erzeugt Spannung – etwa durch eine Frage, ein Zitat oder eine humorvolle Bemerkung. Platitüden wie „Ich würde gern etwas zur Hochzeit meiner Schwester sagen" oder „Anni und Karl haben mich gebeten, hier etwas zu ihrer Hochzeit zu sagen" sind tabu. Allzu abgedroschene oder öde Zitate sollten Sie ebenfalls meiden, das will keiner mehr hören.

Beispiel für einen guten Einstieg: Liebe Katrin, lieber großer Bruder! „Liebe auf den ersten Blick ist ungefähr so zuverlässig wie Diagnose auf den ersten Händedruck." So sagt der irische Schriftsteller George Bernard Shaw. Stimmt das auch umgekehrt? Ist Liebe auf den zweiten oder dritten Blick so zuverlässig wie eine ärztliche Diagnose? Dann hättet ihr die perfekte Wahl getroffen.

Hauptteil

Hier greifen Sie das eigentliche Thema der Rede auf. Lassen Sie sich dabei ruhig von Ihrem Gefühl leiten – ohne jedoch sentimental oder gar indiskret zu werden. Vergessen Sie nicht, dass das Brautpaar im Mittelpunkt der Rede stehen sollte und dass Sie möglichst keinen von beiden bevorzugen. Falls Sie nur einen Teil des Brautpaares gut kennen, sollten Sie für Ihre Rede die Wissenslücken bei Verwandten oder Bekannten stopfen.
Es gibt drei große Themenbereiche:
- Allgemeine Reflexionen über Liebe und Ehe
- Die Geschichte / Gegenwart des Brautpaares
- Die Zukunft des Brautpaares

Für den letzten Punkt, die Zukunft, sollten Sie die Pläne des Brautpaares recherchieren: Soll ein Haus gebaut werden? Ist Nachwuchs geplant? Steht ein Wohnortwechsel an?

Schluss

Der Schluss einer Rede sollte nicht weiter schwer sein – meint man. Doch leider merkt man vielen Rednern an, wie froh sie sind, ihre Rede überstanden zu haben. Wendungen wie „Das war's dann" oder „Mehr habe ich nicht zu sagen" markieren zwar unverkennbar ein Ende, aber wahr-

Beispiel 2: Rede der Mutter des Bräutigams

Liebe Lara, lieber Klaus, liebe Gäste!

Ich hätte bis heute nicht geglaubt, dass ihr euch tatsächlich das Jawort gebt. Es gab für mich so viele Gründe zu heiraten. So viele gute Gelegenheiten. Aber ihr habt alle verstreichen lassen, um jetzt wie aus heiterem Himmel zu heiraten.

Ich freue mich wirklich sehr für euch. Aber ich frage mich auch, was ist passiert? Warum jetzt heiraten?

Der erste Grund, da werden jetzt sicher einige von Ihnen lachen, das waren die Steuern. Ihr hättet meiner Meinung nach wirklich eine Menge Geld sparen können in der Zeit, wo du, liebe Lara, schon gearbeitet hast, während Klaus studierte. Geld sei kein Grund zu heiraten, habt ihr damals gesagt. Was hätte ich darauf antworten sollen?

Der zweite Grund, das war Felix. Als er auf die Welt kam, war auch das für euch kein Grund zu heiraten. Ich kann mich gut erinnern, wie ihr Robert und mir kurz und bündig erklärt habt: Wir wollen lieber noch eine Weile ohne Trauschein zusammenleben. Ich verstand damals die Welt nicht mehr.

Und plötzlich hieß es: Du, Mama, wir wollen nächstes Jahr heiraten. Ich war sprachlos. Jetzt also doch? Warum nur? Ich kann mich an die Antwort nur zu gut erinnern, auch an euer Grinsen: Ja, weißt du, wir hatten einfach mal wieder Lust auf eines schönes Fest ...

Ich musste lachen. Robert musste lachen. Ihr musstet lachen. Und der kleine Felix auch.

Na, dann wollen wir auf euch anstoßen. Auf eure wundervolle Art, so gelassen glücklich zu sein. Und auf ein gelungenes Fest!

lich kein besonders schönes. Hier sind drei Alternativen:
- Toast: Bitten Sie die Anwesenden aufzustehen, ihre Gläser zu erheben und auf das Brautpaar anzustoßen. Das Brautpaar bleibt dabei sitzen.
- Glückwünsche: Ein beliebter Abschluss für eine Rede ist eine Gratulation, verbunden mit guten Wünschen für das Brautpaar.
- Fazit: Ein gelungener Schluss ist die Zusammenfassung Ihrer Gedanken. Bringen Sie diese noch einmal auf den Punkt.

Stil der Rede

Der Stil der Rede sollte zu Ihnen passen. Sind Sie ein ernster Typ, dann sollte Ihre Rede eher ernst und sachlich sein. Sind Sie ein humorvoller, lockerer Typ, sollte Ihre Rede humorvoll und locker sein. Seien Sie einfach Sie selbst. Bloß keine sprachlichen Verrenkungen!

Denken Sie auch an das Publikum. Es findet keinen Gefallen daran, wenn sie Fest-Chinesisch sprechen. Man will Sie verstehen und mögen, wie Sie wirklich sind. Ganz wichtig: Nachdem Sie die Rede formuliert haben, lesen Sie sich diese laut vor. So bekommen Sie ein Gefühl dafür, wie gut sich der Text sprechen lässt.

Die wichtigsten Elemente eines guten Redestils:
- Kurze, prägnante Sätze
- Verben bevorzugen (statt Substantive)
- Fremdwörter vermeiden
- Bilder, Metaphern und Beispiele verwenden
- Rhetorische Fragen einsetzen
- Zitate verwenden (aber ganz sparsam)

Der Vortrag

Viele meinen, wenn die Hochzeitsrede auf dem Papier steht, dann sei sie fertig. Das stimmt und stimmt doch nicht. Denn jetzt geht es an den Vortrag. Zur

> **Extra-Tipp: So klingen auch abgelesene Reden gut**
>
> Wer sich sicherer fühlt, wenn er seine Rede abliest, sollte Folgendes berücksichtigen:
>
> ✘ **Knackige Sätze:** Das Manuskript sollte kurze Hauptsätze enthalten. Schreiben Sie so, wie Sie die Geschichte wirklich erzählen würden.
>
> ✘ **Regie-Anweisungen:** Schreiben Sie Anweisungen ins Manuskript (Pause, Blick schweifen lassen, Wort betonen). Markieren Sie diese, etwa mit einem Magic Marker.
>
> ✘ **Langsam lesen:** Wenn Ihnen das Lesetempo zu langsam vorkommt, ist es genau richtig. Die meisten Redner lesen viel zu schnell ab.

Vorbereitung gehört, dass Sie sich genau über die Rahmenbedingungen erkundigen: Wo spreche ich? Wann bin ich dran? Gibt es Vorredner? Wie viele sind es? Gibt es ein Zeitlimit? Benötige ich ein Mikrofon? Wer genau sitzt im Publikum? Ist der allgemeine Rahmen eher feierlich oder leger? Wer diese Fragen beantwortet, kann sich viel besser auf die Situation einstellen.

Dann gilt es noch grundsäzlich zu entscheiden: Will ich ablesen? Dann müssen Sie das Ablesen üben. Will ich mit Stichwortzettel sprechen oder gar ganz frei, ohne Hilfsmittel? Dann sollten Sie genau das üben.

Hilfsmittel Karteikarten

Für das Redemanuskript oder für eine Stichwortliste sind Karteikarten ideal. Drucken Sie Ihren Text am besten am Computer aus, wählen Sie dafür eine große Schrift (14 oder 16 Punkt), damit Sie Ihre Aufzeichnungen auch bei eventuell schlechtem Licht noch lesen können. Schneiden Sie die Textpassagen aus und kleben Sie diese auf die Karten, falls Ihr Drucker diese nicht direkt bedrucken kann. Besondere Stellen mit Farbe markieren. Beschriften Sie diese Karteikarten nur auf einer Seite, dann können Sie sie – wie ein Moderator im Fernsehen – einfach nach hinten stecken. Die Seitenzahlen nicht vergessen. Perfekte Karteikarten sind auf ihrer Rückseite passend zum Anlass gestaltet – beispielsweise mit einem Bild des Brautpaares.

Die freie Rede

Der freie Vortrag wird am höchsten geschätzt, weil er sozusagen ohne Netz und doppelten Boden auskommt. Ein geübter Redner merkt sich den Inhalt einer Rede sinngemäß. Alle wichtigen Formulierungen und Zitate lernt er vorher auswendig. Und falls das Gedächtnis doch einmal aussetzt, findet der geübte Redner meistens einen eleganten Weg, das zu überspielen. Aber: Bei aller Hochachtung für die freie Rede – Karteikarten mit Stichworten sind die bessere Lösung. Wer sie nicht mehr braucht, kann diese ja einfach ablegen und völlig frei sprechen.

Lampenfieber nutzen

Viele Stars haben Lampenfieber. Sie haben aber gelernt, diese Energie positiv für sich zu nutzen, und das geht folgendermaßen:
- Sie fühlen sich ruhig und sicher, weil Sie Ihre Rede auswendig können. Außerdem haben Sie Ihre Rede mehrfach vor Testpublikum geprobt und die Leute waren von Ihrem Vortrag immer sehr angetan.
- Sie entspannen sich kurz vor der Rede an einem geistigen Relax-Ort – Sie spazieren über einen Strand, Sie carven eine Skipiste hinunter, Sie sitzen in einem Garten. Innerlich lächeln Sie.
- Sie atmen tief und ruhig ein und aus, bevor Sie für Ihre Rede aufstehen.
- Sie lächeln für einige Sekunden in die Runde, nehmen mit einigen Gästen Blickkontakt auf.
- Sie beginnen ganz gelassen, aber energiegeladen zu sprechen. Sie freuen sich, Ihre Stimme zu hören, die so druckvoll und klar ist.

Beispiel 3: Rede eines Trauzeugen

Liebe Jenny, lieber Lukas, liebe Hochzeitsgäste!

Im chinesischen Horoskop gibt es die Regentschaft der Tiere. Wie kam es dazu? Buddha wollte einst den Neujahrstag im Kreise von Tieren verbringen und lud sie alle zu einem Fest ein. Aber nur zwölf Tiere kamen. Als Erster hätte eigentlich der Büffel eintreffen müssen, doch die Ratte war auf seinem Rücken mitgeritten und rechtzeitig abgesprungen, um Siegerin im Rennen zu Buddha zu sein. In der Reihenfolge ihres Erscheinens bekamen die Tiere zur Belohnung die Regentschaft über ein Jahr.

Und wie es so ist, passen Menschen, die im Zeichen verschiedener Tiere geboren sind, nicht unbedingt zusammen – sagen die Chinesen. Ich will aber lieber auf Nummer Sicher gehen, was eure Ehe betrifft. Gucken wir mal nach euren Tierkreiszeichen.

Liebe Jenny, du bist im Jahr des Affen geboren. Menschen, die in diesem Zeichen stehen, gelten als intelligent und flexibel. Sie lösen viele Probleme mit Leichtigkeit, packen Aufgaben sofort an, sind meist sehr erfolgreich. Sie müssen aber aufpassen, dass sie nicht überheblich werden.

Nun zu dir, lieber Lukas. Du bist im Jahr der Ratte geboren. Leute, die im Jahr der Ratte geboren sind, gelten als intelligent, selbstbewusst, optimistisch. Sie arbeiten hart und gelten als Perfektionisten. Sie müssen aber aufpassen, nicht geizig zu werden.

Passt das?

Ja, sagen die Chinesen. Ratte und Affe, das passt. Ich kann's bestätigen – auch wenn meine Erkenntnis nur auf schnöder Erfahrung beruht.

Hoch mit den Gläsern! Auf Affefrau und Rattemann – auf Jenny und Lukas, das Brautpaar!

Je näher die Hochzeit rückt, desto wichtiger wird eine Frage: Was schenke ich nur? Hier finden Sie über 60 Ideen für Geschenke, an denen das Brautpaar lange Freude haben wird. Champagner-Pyramide oder Schokobrunnen, französische Brautkugeln oder handgefertigte Weddingdress Box, Zauberer oder Lasershow, individuelles Liebeslied oder poppiges Porträt, Patenschaften mit Herz oder kleine Schutzengel - eine Auswahl für jeden Geschmack und Geldbeutel.

8 GESCHENKIDEEN

Für die Feier	Seite 170
Mit Erinnerungswert	Seite 174
Ganz persönlich	Seite 176
Orte zum Träumen	Seite 180
Patenschaften	Seite 182
Kleine Präsente	Seite 184
Der Hochzeitstisch	Seite 188

Das gewisse Extra

Eine Hochzeitsfeier ist der ideale Ort für überraschende Geschenke, die oft viel mehr wert sind, als sie kosten: Die Erinnerung an den schönsten Tag wird durch sie noch schöner.

Stellen Sie sich das vor: Das Brautpaar kommt aus der Kirche zum Ort der Feier. Alles ist so, wie es sich das Brautpaar vorgestellt hat. Zumindest denken das die beiden. In Wirklichkeit ist es noch besser. Dafür haben Sie gesorgt. Aber bitte vergessen Sie nicht, Ihre Überraschung vorher mit den Hochzeitsorganisatoren abzusprechen.

Champagner-Pyramide

Mit einer Pyramide aus Champagner-Gläsern punktet man nicht nur bei den trinkfreudigeren Gästen. Den edlen Tropfen ins oberste Glas schütten. Sobald dies voll ist und überläuft, füllt es automatisch auch die unteren Gläser. Entweder Sie lassen die Pyramide durch einen Kellner befüllen oder lassen dem Brautpaar die Ehre des Eingießens vor allen Gästen. Für 30 Gläser benötigen Sie ca. acht Flaschen Champagner.

Eisskulpturen

Ob Schwan, Prinzessinnenburg oder sogar das Brautpaar – Eisskulpturen sind ein Blickfang für das Hochzeitsbuffet. Sie erfüllen aber nicht nur dekorative Zwecke: Eisskulpturen sind auch perfekt zur Kühlung von Speisen wie Fisch oder Obst. Besonders stimmungsvoll ist es, wenn die kalten Kunstwerke – mit oder ohne Farbwechsel – von innen beleuchtet werden. Das Ganze ist nicht mal so teuer: Ein ca. 75 cm hoher Eisschwan kostet Sie mit Beleuchtung ca. 35 Euro. Einige Cateringunternehmen gewähren auch Rabatt auf die Eisskulpturen, wenn Sie bei ihnen das Buffet in einem bestimmten Warenwert bestellen. Dies macht beispielsweise die Cateringfirma Marienberg Menü Bloi (*www.bloi.de*). Fragen Sie auf jeden Fall bei der jeweiligen Cateringfirma oder dem Restaurant, in dem die Feier stattfindet, danach. Mehr Infos zu Eisfiguren unter *www.eisfiguren.de*.

Es geht auch günstiger: Statt Champagner kann es auch Sekt oder Prosecco sein.

Besonders stimmungsvoll: Der Schwan kann von innen beleuchtet werden.

Schokobrunnen: Sieht gut aus – und ist auch noch was für Naschkatzen.

Einmalig: Nach dem Rundflug landet das Brautpaar vor der Hochzeits-Location.

Schokobrunnen

Ein Schokoladenbrunnen kann als Alternative zur Hochzeitstorte oder als Ergänzung zum Dessertbuffet eingesetzt werden. Wenn viele Hochzeitsgäste erwartet werden, ist es sinnvoll, einen Schokobrunnen zu mieten. Dann sind Personal, Schokolade, Früchte und sonstiges Material im Mietpreis inbegriffen. Die Mietpreise staffeln sich nach Brunnengrößen. Ein Medium-Brunnen für 90 Personen inkl. Fullservice kostet ca. 370 Euro. Mehr Informationen im Internet unter *www.schokoteam.de*. Den kleinen Bruder können Sie im Internet unter *www.funice.de* für ca. 70 Euro kaufen.

Mit 1500 PS zur Hochzeit

Schicken Sie das Brautpaar in den siebten Himmel: Ein Hochzeitshubschrauber holt es vom Kirchplatz ab und fliegt die beiden in die neue Zukunft. Das Brautpaar erlebt unvergessliche Minuten in der Luft – da kann keine Limousine mithalten. Buchen können Sie dies unter *www.helikurier.de*. Das Unternehmen bietet nicht nur deutschlandweit Hubschrauberflüge an, sondern hilft Ihnen auch bei der Organisation der Start- und Landeerlaubnis und weiterer Genehmigungen. Aber Vorsicht: Erkundigen Sie sich vorher, ob die Braut oder der Bräutigam Flugangst hat ...

Herz-Brille

Setzen Sie der Hochzeitsgesellschaft die rosa Brille auf: Wer damit in eine Lichtquelle (z.B. Wunderkerzen) blickt, sieht nur noch Herzen. Unter *www.rosabrille.net* gibt's eine Wedding-Box: 50 Rosabrillen, 50 Wunderkerzen, eine Musikempfehlung. Ca. 95 Euro.

Foto-Torte

Essbare Fotos auf der Hochzeitstorte: Auf diese Weise bekommt auch das Kuchenbuffet eine ganz

Wedding-Box: Die Rosabrille ist eine tolle Idee für die Hochzeitsfeier.

persönliche Note. Für diese Idee brauchen Sie nicht einmal eine komplette Torte mit Bild zu kaufen. Die Firma *www.sugar-art.de* druckt das Foto des Brautpaares (und natürlich jedes andere) in Zuckerguss auf den Tortenaufleger und schickt ihn direkt zu Ihnen nach Hause. Form und Größe Ihres Kuchens sollte sich dann nach dem Format des Foto-Auflegers richten. Diese kosten je nach ihrer Größe ab ca. 22 Euro.

Weiße Tauben

So romantisch – und niemals außer Mode: weiße Tauben, die bei Hochzeiten auffliegen und so das Glück der frisch Vermählten besiegeln. Am besten begleitet von einem Gedicht, das ein Freund kurz vor dem Öffnen der Käfige vorliest.
Da Brieftauben immer ihren Weg nach Hause finden, sind sie ideal für diesen Zweck. Wenn der Heimatschlag der Tauben nicht zu weit entfernt von Ihrer Hochzeits-Location ist, ist der Start der Tauben fast immer möglich. Sogar bei Hochzeiten, die im Herbst, Winter und Frühjahr stattfinden. Ausnahmen: starker Nebel, wolkenbruchartige Regenfälle, Gewitter, geschlossene Schneedecke oder Schneefall und Dämmerung. Je nach zurückgelegter Entfernung zahlen Sie zwischen 150 und 240 Euro für 24 bis 30 weiße Tauben. Infos: *www.hochzeitstauben.de*.

Zauberer

Dem schönsten Tag im Leben wohnt auf jeden Fall ein ganz besonderer Zauber inne. Da liegt es nahe, auch das Brautpaar und die Gäste verzaubern zu lassen. Der passende Zeitpunkt für diese Showeinlage ist nachmittags zwischen Kaffee und Abendessen oder als Eisbrecher vor den Darbietungen und Einlagen der Gäste.
Die Preise für einen Zauberer sind sehr individuell. Sie beginnen bei etwa 200 Euro und können je nach Showart, Showpaket, technischen Anlagen, Anfahrt etc. bis zu 3000 Euro ansteigen. Infos über Zauberer unter *www.zauberer.de*.

Lasershow

Ein ungewöhnliches, aber mit Sicherheit eindrucksvolles Geschenk ist eine Lasershow während der Hochzeitsfeier. Es gibt zwei Arten von Lasershows: Bei der Projektionsshow werden mit dem Laser Bilder und Animationen auf einer Wand abgebildet. Bei der Beamshow werden die Laserstrahlen in Richtung der Betrachter in den Raum hineinprojiziert. Durch im Raum befindlichen Dunst oder Nebel sehen die Gäste flächige Muster oder Linien, die sich räumlich ausdehnen. Eine Lasershow kann speziell auf die Wünsche des Brautpaares abgestimmt werden, eine indivi-

Weiße Tauben: Seit dem Barock als Symboltier bei Hochzeiten bekannt.

Zauberkunst: Das berühmte Kaninchen im Hut begeistert Groß und Klein.

Für die Feier *Geschenkideen* | 173

Bunte Lasershow: Durch Rauch oder Nebel ergeben sich tolle Effekte.

Brautpaar mal anders: Bernhard Prinz hat viel Sinn für die kleinen Details.

duelle Lasershow ganz nach Ihren persönlichen Wünschen und Ideen ist möglich. Mehr Infos unter *www.light-force.de*.

Schnellzeichner

Karikaturen und Schnellporträts sind eine tolle Geschenkidee und bei Hochzeiten eine bleibende Erinnerung für Brautpaar und Hochzeitsgäste.
Die Gäste werden meistens direkt an ihren Plätzen gezeichnet und erhalten nach ca. 10 Minuten eine verblüffend ähnliche Karikatur, bei deren Entstehung sie unterhaltend miteinbezogen werden. Als besonderes Highlight kann der Schnellzeichner das Brautpaar malen – das Bild kann dann am Abend unter den Gästen versteigert werden, was die Kasse des Brautpaares zusätzlich etwas auffüllt. Gute Karikaturisten und Schnellzeichner finden Sie im Internet, beispielsweise den bayerischen Profi Bernhard Prinz, der mit seiner grafischen Umsetzung des „Steuer-Songs" 2002 ganz Deutschland begeistert hat. Mehr Infos und Buchung unter *www.bernhard-prinz.de*.

Jongleur

Hier kommt Bewegung in die Hochzeit. Gekonnt hantiert ein Jongleur mit Bällen, Stäben oder Fackeln. Eine Jonglage kann auf einer Bühne oder auch mitten im Publikum stattfinden. Gute Jongleure bieten unterschiedliche Showeinlagen für fast jeden Event an. Beispielsweise der professionelle Jongleur Detlef Vogt, der neben Balljonglage und Feuerjonglage auch die Leuchtjonglage beherrscht und damit Brautpaar und Hochzeitsgesellschaft fasziniert. Besonders beliebt für Hochzeiten sind Leuchtjonglagen: Leuchtende Bälle und tanzende Keulen schaffen ein fesselndes Farbenspiel zu mitreißender Musik. Die Show dauert 3 - 20 Minuten, kann drinnen oder draußen stattfinden und ist auch mit mehreren Künstlern möglich. Demovideo und Buchungsanfragen für ganz Deutschland im Internet bei *www.derflammenwerfer.de*.

High-Light-Show: Im Dunkeln ziehen bunte Bälle und Keulen ihre Bahn.

© www.pantografie.de

Erinnerungswerte

Eine edle Box für das Hochzeitskleid, eine handgemachte Künstlerkerze, eine einzigartige Brautkugel: Diese Geschenke erinnern das Brautpaar immer an die Hochzeitsgäste.

Das Schlimmste, was dem Hochzeitsgeschenk passieren kann, ist das Vergessen. Das wird diesen Geschenken aber garantiert nicht widerfahren.

Hochzeitsschatulle

Eine Sammelbox für die schönsten Erinnerungen. Ganz in Weiß und aus edlem Holz. Auf der Schatulle ein Fotorahmen, silberne Eheringe und der Schriftzug „Our Wedding". In der Box: Ein kleines Fotoalbum für die schönsten Hochzeitsbilder. Preis: ca. 60 Euro unter *www.timetime.de*.

Weddingdress Box

Eine handgefertigte Box ist perfekt für die langjährige und sichere Aufbewahrung des Brautkleides – und viel stilvoller als etwa ein Kleidersack. Damit kann die Braut ihr Brautkleid auf traditionelle und natürliche Weise schützen: Die Box verhindert das Eindringen von Licht, Schmutz und Staub. Zu bestellen unter *www.emptybox.co.uk*. Die Boxen gibt es in drei Größen und mehr als 40 Farb- und Mustervarianten. Preis je nach Größe: ab ca. 35 Euro (zzgl. ca. 20 Euro Versandkosten).

Hochzeitskerze

Der Brauch der Hochzeitskerze war lange Zeit in Vergessenheit geraten. Erst in den letzten Jahren ist ein Aufblühen dieser Tradition zu beobachten. Die Kerze ist wieder das Symbol für Liebe, Wärme und Licht. Sie ist kein Muss bei einer kirchlichen Trauung, kann aber wunderbar in die Zeremonie eingebaut werden. Viele Paare zünden die Kerze später noch zu jedem Hochzeitstag an. Als besondere Geschenkidee bietet sich ein handgefertigtes Unikat an. Die Kerzen der Berliner Künstlerin Maha Alusi zeigen ein farbenprächtiges Schauspiel. Verschiedenfarbige Tropfen rinnen herab und hinterlassen ein buntes Bild aus wieder erstarrtem Wachs. Verschiedene Ausführungen ab 22 Euro, Infos unter *www.alusi.de*.

Besondere Aufbewahrung: *Schatulle für Hochzeitsfotos und Erinnerungsstücke.*

Künstlerische Kerzen: *Beim Abbrennen wechseln Farben und Zahl der Flammen.*

Französische Brautkugel

Katholische Tradition und wieder très chic: Das Frankreich des 19. Jahrhunderts bewahrte die Erinnerungsstücke des Ehelebens unter einer Glasglocke auf.

Die Brautkugel – Globe de Mariée – wurde früher von einem Uhrmacher nach den Wünschen des Brautpaares angefertigt. Zusätzlich zu der traditionellen Brautkrone aus Orangenblüten, den kunstvollen Messingverzierungen und Spiegeln kamen im Laufe der Ehejahre symbolische Gegenstände dazu: Haarlocken, ein Blumenstrauß in einer kleinen Porzellanvase, heilige Stücke, Andenken an die Taufe der Kinder, Porzellanengel und so fort. Nach der Hochzeit war sie das schönste Schmuckstück des neuen Foyers.

Traditioneller Inhalt der Brautkugel
- **Die kleinen Spiegel im Inneren der Kugel:** Die Anzahl der kleinen rautenförmigen Spiegel stellte die gewünschte Anzahl der Kinder dar. Der Spiegel in der Mitte stand für Treue, die rechteckigen Spiegel stellten die Jahre zwischen Verlobung und Eheschließung dar.
- **Die Girlanden aus Blättern, Früchten oder Blumen:** Die Traube stand für Wohlstand, Weizen für Fruchtbarkeit, das Lindenblatt für Treue, Efeu für Verbundenheit und das Eichenblatt für Beständigkeit der Ehe.

Die moderne Variante
Die Brautkugel kann nach der Hochzeit mit Brautstrauß, Ringkissen, Hochzeitskerze und anderen Erinnerungsstücken befüllt werden. Die Pretiosen (Holzsockel und Glocke) gibt es in verschiedenen Größen. Info und Bestellung unter *www.hornbergerstilmittel.de*. Preis je nach Größe: ab ca. 140 Euro.

Schöner wohnen: Stilvoller lässt sich der Brautstrauß kaum aufbewahren.

Ganz persönlich

Das Brautpaar als Schokobild, Weinlabel, Comicpärchen oder Warhol-Bildnis: Es gibt viele originelle und amüsante Angebote für individualisierte Geschenke.

Hochzeitsgeschenke gibt es viele. Und jeder Gast will etwas Besonderes schenken – das eine, das sich von allen anderen unterscheidet. Wir haben Ihnen die Suche abgenommen und besonders individuelle Präsente gefunden.

Doppelgänger

Überraschen Sie das Brautpaar mit den eigenen Comicfiguren: Die Figuren sind ca. 12 cm hoch und dem Brautpaar wie aus dem Gesicht geschnitten, denn sie werden individuell nach Fotovorlagen angefertigt. Die Pärchen gibt es ab ca. 130 Euro. Die Lieferung erfolgt ca. vier Wochen nach Zahlungseingang. *www.unusually.de*.

Lovesong

Unter *www.my-lovesong.de* können Sie ein eigenes Liebeslied für das Brautpaar produzieren lassen. So geht's: Bei der Bestellung geben Sie einige Stichworte zur Liebesgeschichte des Brautpaares an. Texter machen aus Ihren Vorgaben einen Liedtext, der genau zur gewünschten Melodie passt. Nachdem Sie den Textentwurf freigegeben haben, wird das Lied produziert. Für Cover und Label der CD können Sie zwischen verschiedenen Motiven wählen. Preis: ca. 100 Euro.

Lovestory

Die Geschenkidee für Brautpaare, die gerne mal Hauptfiguren in einem Roman wären. Unter *www.personalnovel.de* gibt es personalisierbare Romane, in denen Sie die Rollen verteilen: So schlüpft die Braut zum Beispiel in die Rolle einer Schauspielerin und der Bräutigam stellt einen Grafen dar. Das Prinzip ist einfach: Bei der Buchbestellung per Internet machen Sie einige persönliche Angaben, die in die Romanvorlagen eingearbeitet werden: die Namen des Brautpaares, Augen- und Haarfarben, das Lieblingsparfum, den Namen des Haustiers oder die Automarke. Heraus kommt ein ganz persönlicher Roman, in dem das Brautpaar Seite für Seite die Hauptrolle spielt. Sie können unter verschiedenen Genres wählen, wie beispielsweise Liebe, Klassiker oder auch Mystery. Für ca. 25 Euro bekommen Sie einen 200 Seiten dicken Roman in den Varianten Paperback, Hardcover oder Ledereinband.

Gravierte Gläser

Komm schnell, ich trinke Sterne! Dies soll der Erfinder des Schaumweines Dom Pierre Perignon entzückt ausgerufen haben, nachdem er seinen Champagner probiert hatte. Noch besser

Miniatur-Ausgaben: Das Brautpaar als kleine Figuren – wenn das nichts ist!

Hochzeitsbären: Individuell in der Steiff-Manufaktur gefertigt.

schmeckt das edle Getränk aus den eigenen Hochzeitsgläsern. Die Gläser werden nach Ihren Wünschen mit Datum, Namen, Motiv etc. graviert und in einem Geschenkkarton versandt. Unter *www.geschenke-gravuren.tradoria.de* bekommen Sie für ca. 29 Euro zwei Spiegelau-Sektgläser.

Teddy mit Tattoo

Personalisierte Hochzeitsteddys von Steiff werden Stück für Stück individuell in der Steiff-Manufaktur gefertigt. Die Braut ist festlich geschmückt mit Schleier und Brautstrauß. Der Bräutigam tritt mit schwarzer Weste, Zylinder und Fliege auf. Die Fußsohlen der Braut- und Bräutigam-Teddybären zeigen rechts den Vornamen, links das Hochzeitsdatum mit Ringen. Die Fertigungszeit beträgt ca. vier Wochen. Preis pro Teddy: ca. 160 Euro. *www.steiff.de*.

Eigener Wein

Unter *www.dein-eigener-wein.de* können Sie Weinflaschen mit individuell bedruckbaren Etiketten bestellen. Dank unterschiedlicher Designs mit zahlreichen Platzhaltern für Fotos, Grußworte oder Sprüche ist im Handumdrehen für jeden Anlass ein schönes Motiv erstellt.

Die etikettierten Weinerzeugnisse können Sie im Onlineshop bestellen. Zur Auswahl stehen Einzelflaschen aller Preisklassen: Das Angebot reicht vom Montepulciano D' Abruzzo für ca. 10 Euro über Riesling bis hin zu einem exquisiten Champagner für ca. 40 Euro – das individuelle Etikett ist im Preis enthalten. Sie können übrigens auch Weinbrände, Likör und sogar Essig & Öl mit einem persönlichen Etikett bestellen.

Poppiges Porträt

Man braucht nicht mehr berühmt zu sein für ein eigenes Warhol- oder Lichtenstein-Porträt. Schenken Sie dem Brautpaar sein Foto als einzigartiges

Hochzeitswein: Personalisierte Etiketten geben dem Tropfen die besondere Note.

Pop-Art hausgemacht: Das Porträt der beiden Liebenden im Warhol-Stil.

Pop-Art-Kunstwerk. Dazu müssen Sie nur ein Digitalfoto der beiden organisieren und das Foto auf die Website *www.personal-art.de* hochladen. Dann die gewünschte Größe, Ausführung, Material (Papier oder Leinwand) und nach Bedarf einen Rahmen festlegen. Es muss aber nicht allein Warhol sein: Es gibt auch den Cartoon-Stil von Roy Lichtenstein, den hippen Lounge-Stil oder den ganz neuen Apple-iPod-Stil. Die Bilder kosten je nach Format und Ausstattung ab ca. 85 Euro.

Tipp: Wenn auch weitere gute Freunde des Brautpaares auf der Suche nach einem Geschenk sind, dann tun Sie sich zusammen und bestellen Sie den Warhol mit den Fotos der Freunde in einer Neunfach-Darstellung – jedes Feld ein anderes Foto. Eine tolle Erinnerung für das Brautpaar!

Schokofoto

Ihre Glückwünsche für das Brautpaar können Sie auch auf die süße Weise übermitteln – und zwar mit einem Schokoladen-Foto. Ein Schokofoto ist ein Foto, das mit Lebensmittelfarben auf weißer Schokolade gedruckt wird. Für einen Preis ab ca. 16 Euro bedruckt die Hamburger Firma Schokofoto Tafeln mit jedem gewünschten Bild. Die Fotos bestehen aus Lebensmittelfarbe und können bedenkenlos gegessen werden. Gedruckt wird grundsätzlich auf weißer Schokolade.

Zusätzlich zu dem Foto können Sie noch einen eigenen Spruch auf die Schokolade aufdrucken lassen. Weitere Informationen und Bestellung im Internet unter *www.schokofoto.de*.

Retro-Gemälde

Die Wittener Künstlerin Yanar malt einzigartige Porträts im grafischen Retrostil nach Fotovorlagen. Die Leinwand ist aus hochwertiger Baumwolle, gespannt auf Holzrahmen. Gemalt wird mit der Hand und mit Acrylfarbe. Der Bestellvorgang ist unkompliziert: Bei *www.malblock.com* kann man Beispiele, Formate und Preise einsehen und direkt bestellen. Die Kosten für ein Bild hängen von der Größe und der Anzahl der abgebildeten Personen ab. Ein Pärchenporträt, 30 cm x 40 cm, kostet ab 110 Euro. Nach Zahlungseingang erstellt Yanar zunächst eine Skizze, die Ihnen per Mail zugeschickt wird. Wenn Sie Ihr Okay geben, beginnt die Arbeit. Nach etwa zwei Wochen kommt das Porträt per Post ins Haus.

Freigestellte Fotos

Kennen Sie das: Das Foto passt eigentlich in keinen Rahmen, denn entweder ist der Kopf angeschnitten, die Frisur platt gedrückt oder der Rahmen ist zu groß. Und nach wenigen Tagen hat die

Süße Wünsche: Fotos und andere Motive werden auf Schokolade gedruckt.

Kunst im Retrostil: Eine Künstlerin malt das Brautpaar nach einer Fotovorlage.

Fotobuch

Rahmenlos: Ein freigestelltes Foto ohne Rahmen ist ein echter Hinkucker.

Ein professionell gedrucktes und gebundenes Fotobuch dokumentiert das Leben des Brautpaares. Unter www.myphotobook.de können Sie kostenlos die schönsten Bilder zu einem ansprechenden Fotoalbum zusammenstellen – es kostet erst etwas, wenn Sie es bestellen. Bei der Gestaltung des Fotobuchs stehen viele Möglichkeiten zur Verfügung. Das Seitenlayout mit Bild und Text kann individuell erfolgen. Nach Auswahl der Farben und der Art der Bindung bestellen Sie das Fotobuch per Mausklick. Mithilfe eines professionellen Druck- und Bindeverfahrens wird ein echtes Buch erstellt. Preise, je nach Umfang und Ausstattung: ab ca. 10 Euro.
Tipp: Sie bekommen 20% Rabatt! Geben Sie bei der Bestellung des Fotobuchs dazu den Gutscheincode „pday2mpx" ein (gültig bis 31.12.2009).

Erinnerung an den letzten Traumurlaub Schlagseite bekommen und droht im Rahmen zu versinken. Unter www.fotofigur.de können Sie diese Probleme umgehen und jedes beliebige Foto in eine rahmenlose, frei stehende Fotofigur verwandeln! Kein Bild ist zu komplex, denn die Fotofigur wird manuell erstellt und von Designern optimiert. Optional kann ein Text eingefügt werden. Nach der Optimierung wird das Foto auf hochwertigem Fotopapier ausgedruckt und hinter Acrylglas aufgezogen. Das Foto wird danach mittels eines hochmodernen Laserverfahrens den Konturen entsprechend ausgeschnitten. Durch das mitgelieferte Standbein kann die Fotofigur frei stehen. Der Preis der Fotofigur beträgt je nach Größe ab ca. 10 Euro.

Morgengruß

Wäre es nicht schön, jeden Morgen von der Stimme des/der Liebsten geweckt zu werden – auch dann, wenn er/sie nicht anwesend ist? Unter www.echt-wahnsinn.de gibt es den besprechbaren Wecker (Talking Clock), den man 10 Sekunden lang besprechen kann. Preis: ca. 25 Euro.

Foto auf Leinwand

Unter www.posterxxl.de können Sie das Lieblingsfoto vom Brautpaar in ein hochwertiges, auf Leinwand gedrucktes Kunstwerk verwandeln. Die Drucke werden fertig auf Holzrahmen gespannt geliefert. Pfiffige Deko-Idee: Die einzelnen Leinwände können auch zum Paravent zusammengeschraubt werden – so entsteht der individuellste Sichtschutz der Welt. Die Preise für eine Fotoleinwand beginnen ab ca. 40 Euro. Die Lieferung der Leinwand erfolgt in der Regel innerhalb von sieben Werktagen nach Bestelleingang.

Familienbaum

Omas, Opas, Onkel, Tanten, Großtanten – wer gehört zu wem? Ein Familienbaum bietet den Überblick. Die Stammbaum-Skulptur ist eine clevere Möglichkeit, die Familie darzustellen. Das Starterset für 40 Familienmitglieder kostet ca. 50 Euro, Infos unter www.familienbaum.com. Sie können sich auch einen naturalistischen Familienstammbaum zeichnen lassen, Preis: ab 150 Euro, unter www.heinerstellmach.de. Oder aber Sie stellen Ihr eigenes Familienpuzzle zusammen! Ab ca. 12 Euro finden Sie unter www.frameland.eu Puzzlebilderrahmen, die Sie wie bei einem Puzzle zusammenstecken können.

Orte zum Träumen

Nichts für Materialisten: Diese romantischen Geschenke versetzen das Brautpaar in ferne Länder und Sphären, ohne dafür reisen zu müssen. Es braucht nur ein wenig Fantasie ...

Diese Geschenke kann man nicht greifen – sie sind aber für so manches Paar genau das Richtige. Denn welche Liebenden können sonst schon von sich behaupten, dass ein Stern nach ihnen benannt wurde, dass ihnen ein Stück Schottland gehört, ein Grundstück auf dem Liebesplaneten oder (als Teilstück) ein Weingut auf Mallorca? Fantastische Geschenkideen zum Träumen.

Sternstunden

Ein wahrhaft himmlisches Geschenk ist ein Stern, der den Namen des Brautpaares trägt. Das geht tatsächlich, auch wenn mit dem romantischen, aber eben doch nur symbolischen Akt keinerlei Besitzanspruch verbunden ist. Am Nachthimmel gibt es schließlich Hunderttausende namenloser Sterne. Doch bei einem wird sich das ändern, er wird auf den Namen des Brautpaares getauft. Die Sterntaufe wird sogar offiziell registriert, und Sie erhalten das entsprechende Zertifikat für das Brautpaar. Im Preis inbegriffen sind weitere Unterlagen, um diesen besonderen Stern am Himmel zu finden, etwa Sternkarten, das Buch „Sternenzauber" und zusätzliche Literatur. Der Preis variiert je nach Umfang des Paketes und beginnt ab ca. 160 Euro. *www.mystar.de*.

Ein Stück Highland

Schottland ist berühmt für seine ursprüngliche Natur. Und wer würde nicht gerne in den exklusiven Kreis der dort ansässigen keltischen Landbesitzer aufsteigen – auch wenn sich der Grundbesitz nur über eine 30 x 30 cm großen Parzelle beschränkt. Möglich ist das auf der Insel Sanday. Als schottischer Grundbesitzer erhalten Sie das verbriefte Recht, den traditionellen Titel „Laird/Lady of Kingsdale" zu führen. Außerdem dabei: eine Urkunde, mit Namen und Grundstücksnummer sowie eine Inselkarte mit detaillierten Zugangsdaten zum gekauften Land. Preis ab 75 Euro, mehr Infos unter *www.scotch-laird.de*.

Du bist mein Stern: Das Brautpaar erhält seinen eigenen Stern am Nachthimmel.

Trauminsel: Die Strände von Sanday sind ein Paradies für Vögel und Seehunde.

Der Planet der Liebe: Ein Grundstück auf der Venus ist sogar erschwinglich.

Für Weinliebhaber: Ein eigener Weinberg – wenn auch nur für ein Jahr.

Ein Grundstück auf der Venus

Wegen seines prachtvollen Glanzes wurde der Planet Venus der Göttin der Liebe und der Schönheit zugeschrieben, und in der Astrologie ist der Planet unter anderem das Symbol des Bindungsvermögens. Wie wäre es also mit einem Grundstück zwischen 1000 und 10 000 Quadratmetern auf dem Planeten der Liebe? Das Grundstück hat natürlich nur ideellen Wert, denn Bauland wird die 480 Grad heiße Venusoberfläche sicher nie.
Dafür bekommt der Käufer ein Besitz-Zertifikat, das die genaue Lage seines Landes bezeichnet. Der Grundbesitz beruht übrigens auf einer irdischen Gesetzeslücke: Zwar regelt ein internationales Abkommen, dass keine Regierung Anspruch auf extraterrestrischen Grundbesitz hat, von Privatpersonen ist im „Outer Space Treaty" aber nicht die Rede. Der Mond und die meisten Planeten unseres Sonnensystems sind ganz offiziell Eigentum des Geschäftsmannes Dennis Hope, eingetragen im Grundbuchamt von San Francisco. Der Preis variiert je nach Umfang des Paketes, das Startpaket mit einer Grundfläche von 1000 Quadratmetern beginnt bei ca. 30 Euro. Unter *www.mondmakler.de* können Sie übrigens auch Mond- und Marsgrundstücke erwerben.

Ein Weinberg auf Mallorca

Vielleicht sind Braut und Bräutigam ja leidenschaftliche Weintrinker und haben schon immer von einem eigenen Weinberg geträumt – und von selbst gekeltertem Wein aus eigenen Reben. Dann haben wir etwas für die beiden: einen Weinberg auf einem der renommiertesten Weingüter Mallorcas, der diesen Wunsch wahr werden lässt. Na ja, zumindest so viel, dass es zum Träumen und für zwei Flaschen Wein reicht.
Der Weinberg ist je nach Paket eine bis zu 30 Quadratmeter große Parzelle auf dem Weingut Can Majoral. Die Beschenkten bekommen einen Wein, den es im Handel nicht zu kaufen gibt und der ausschließlich für das Brautpaar exklusiv gekeltert wird — auf Wunsch mit eigenem Etikett. Die Paketpreise beginnen mit dem kleinen Weinberg für 99 Euro. Darin enthalten ist für die Dauer eines Jahres eine ca. 15 Quadratmeter große Fläche des Weinberges, ein Besitz-Zertifikat, der dazugehörige Lageplan mit individueller Weinbergnummer – und Lieferung von zwei 0,75-Liter-Flaschen Wein vom eigenen Weinberg direkt aus Mallorca frei Haus. Zudem erhalten Sie die Möglichkeit, Ihren Weinberg auch einmal vor Ort zu besuchen. Infos unter *www.aristaeos.de*.

Das Glück steht Pate

Was schenkt man einem Brautpaar, das sowieso schon alles hat? Ein Stück von einem Traum – und das gute Gefühl, etwas von seinem Glück weitergegeben zu haben.

Hochzeitsgeschenke sollten einen gewissen Symbolwert besitzen. Den hat das gute Tafelsilber von Oma zwar auch, es gibt jedoch ein paar Geschenke, die die Seelen und Herzen des Brautpaares auf besondere Weise berühren: Patenschaften für Pflanzen, Tiere und Menschen.

Apfelbaum

Ein Apfelbaum ist das perfekte Hochzeitsgeschenk: Die Verliebten können gemeinsam die eigenen Äpfel pflücken – und der Bräutigam hat für den berühmten Baum gesorgt. Allerdings hat nicht jedes Brautpaar einen Garten. Kein Problem: Schenken Sie den beiden die Patenschaft für einen Apfelbaum! Dieser spezielle Baum steht inmitten eines wahren Apfelparadieses – nämlich auf einem Obstbauernhof im Alten Land in Jork (im Umland von Hamburg). Dabei können Sie aus fünf verschiedenen Sorten auswählen. Der Baum wird mit dem Namen des Brautpaares gekennzeichnet, und die Paten erhalten eine individuelle Urkunde mit den genauen Standortangaben ihres Baumes und einer Widmung.

Die Patenschaft für ein Jahr kostet 44 Euro. Dafür hat das Brautpaar die Möglichkeit, den Baum jederzeit während der Öffnungszeiten zu besuchen, etwa zur romantischen Apfelblüte. Im Herbst kann das Paar den Baum selbst abernten oder aber die Äpfel auf dem Obsthof abholen. Garantiert wird ein Mindestertrag von 20 Kilogramm Äpfeln. Die Paten werden laufend per E-Mail über ihren Baum, die Blüte und die Erntetermine auf dem Laufenden gehalten. *www.apfelpatenhof.de*.

Exotische Tiere

Haben die frisch Vermählten ein ganz besonderes, exotisches Lieblingstier? Dann können Sie sie beschenken, auch ohne mit dem Artenschutzgesetz in Konflikt zu kommen: In den meisten deutschen Zoos kann man schon ab 50 Euro im

Reife Äpfel: Auch ohne Garten kann das Brautpaar einen Baum besitzen.

Katta aus Madagaskar: Adoptieren Sie ein exotisches Tier aus dem Zoo.

Frische Oliven: Mediterranes Lebensgefühl für das glückliche Brautpaar.

Jahr Tierpate für Zebras, Gorillas, Affen und Krokodile werden. Mit der Übernahme der Tierpatenschaft unterstützen Sie den Zoo bei der Haltung und Pflege der Tiere. Die Kosten sind von Tier zu Tier unterschiedlich und orientieren sich an den Pflegekosten für ein Jahr. Der Pate erhält eine Mappe mit Urkunde, einem Steckbrief und einer Abbildung seines Tieres. Zudem werden Paten von den meisten Zoos zu einem „Patentag" eingeladen, bei dem sie ihre Tiere kennen lernen und auch mal hinter die Kulissen des Zoos schauen können. Mehr Informationen finden Sie auf den jeweiligen Internetseiten Ihres Zoos.

Olivenbaum

Viele Menschen träumen vom Leben im sonnigen Süden. Schenken Sie dem Brautpaar doch zum Start in die gemeinsame Zukunft einen Olivenbaum – ein kleines Stück mediterraner Kultur. Eine Olivenbaum-Patenschaft kostet je nach Region für ein Jahr ca. 35 Euro. Sie können zwischen vier Orten wählen: der Toskana, dem Süden Griechenlands, dem Norden Portugals oder Australien. Im Preis inbegriffen ist ein Zertifikat in einer Präsentmappe. Dazu bekommen Sie einmal im Jahr 1,5 Liter Olivenöl nach Hause geliefert. Und auf Wunsch kann „Ihr" Baum auch besucht werden. Der Olivenbaum gilt übrigens als heiliger Baum und ist ein Symbol für Fruchtbarkeit und Überfluss. *www.olivenland.de*.

Schenken und Helfen

Mehr als nur symbolisch: Mit diesen Geschenken können Sie wirklich helfen und etwas Gutes tun.

Erhaltung des Regenwalds

Mit einer Regenwald-Baumpatenschaft leisten Sie einen persönlichen Beitrag zum Erhalt der Regenwälder. Denn für 35 Euro pro Baum wird ein junger Urwaldriese für das Brautpaar im Patuca-Nationalpark (Zentralamerika) gepflanzt. Der junge Baum braucht Pflege und Schutz. Kleinbauern sorgen deshalb für den Baumsetzling, bis er sich selbst überlassen werden kann. Das dauert etwa zwei Jahre. Die Patenschaft unterstützt also nicht nur die Natur, sondern auch die Pfleger. Ein guter Gedanke. Weitere Infos und Beantragung der Patenschaft unter *www.patuca.org*.

Lebenshilfe für Menschen in Not

Zwei Moskitonetze für 20 Euro, Hahn und Hennen für 25 Euro, Obstbaumsetzlinge für 30 Euro, Saatgut und Werkzeuge für die nächste Ernte für 50 Euro – mit diesen Geschenken machen Sie gleich zweimal Freude. Erstens den Menschen in Not, die das Geschenk erhalten, und zweitens dem Brautpaar, in dessen Namen Sie spenden. Unter *www.worldvision.de* steht eine Vielzahl nützlicher Geschenke in verschiedenen Preisklassen zur Auswahl – eine andere Art von Gabentisch für Brautpaare, die damit ein bisschen von ihrem Glück an weniger Begünstigte weitergeben können.

Kleine Zugaben

Sie suchen noch das i-Tüpfelchen fürs Hochzeitsgeschenk? Vom Badeenten-Brautpaar bis zum modernen Haussegen gibt es viele liebevolle Ideen zum kleinen Preis.

Oft möchte man sein Hochzeitsgeschenk noch etwas aufpeppen – hier sind die zauberhaften Extra-Geschenke für den kleinen Geldbeutel und den großen Aha-Effekt.

Bis 5 Euro

Dafür bekommt man heute nicht mal mehr zwei Kaffee – aber Geschenke, die Herzen erwärmen.

Eimerweise Sonne

Hier keimt die Sonne: mit Sonnenblumensamen im kleinen Eimerchen. Und wenn es regnet, hat das Brautpaar die Sonne immer als Blume im Topf. Ca. 4 Euro unter *www.catapult.de*.

Magnetisches Brautpaar

Das drollige Brautpaar in der Kutsche hat an der Rückseite einen Magneten und eignet sich besonders als Kühlschrankmagnet. Preis pro Magnet: ca. 4,50 Euro, im Internet unter *www.weddix.de*.

Wunderbare Wunderkerze

Die Wunderkerze ist im wahrsten Sinne eine funkensprühende Botschaft und macht sich prima im Blumenstrauß. Verschiedene Motive, z.B. Herz oder Stern. Ca. 1,45 Euro, *www.alles-herz.com*.

Sorgenpüppchen

Vor dem Zubettgehen erzählen die Kinder in Guatemala den Püppchen ihre Sorgen. Unters Kopfkissen gelegt, zaubern diese über Nacht alle Sorgen weg! Wer weiß: Vielleicht hilft es auch dem Brautpaar. Für 2,50 Euro, unter *www.catapult.de*.

Teelicht mit Botschaft

Das Glückslicht zur Hochzeit! Einfach die Flamme des Fortune Light entzünden und die Glücksbotschaft für die künftige Ehe abwarten. Während sich das Wachs der Kerze verflüssigt, wird die Botschaft für das Brautpaar langsam immer deutlicher sichtbar. Ca. 2,20 Euro, *www.styleon.de*.

Die Sonne im Topf: Ein komplettes Sonnenblumenset für die Wohnung.

Besondere Botschaft: Die Herz-Wondercandle sagt mehr als 1000 Worte.

Quaaaak: Und nach der Feier geht's mit dem Brautpaar in die Badewanne!

Glücksklee in der Dose: Einfach Dose öffnen und regelmäßig gießen!

Bis 10 Euro

Für den Preis einer guten Pizza schenken Sie diese wunderschönen Extra-Präsente.

Blühendes Herz

Das Keramikherz hat eine Metallic-Lackierung und wirkt sehr edel. Mit einem Goldstift können Sie Glückwünsche direkt auf das Herz schreiben. Es ist gefüllt mit Samen, Wachstumsgranulat und Dünger. Nach dem Öffnen und Gießen des Herzens beginnen die Samen zu sprießen. Schon nach wenigen Tagen sieht man die ersten Pflänzlein und bald auch die ersten farbenfrohen Blüten. Erhältlich mit verschiedenen Pflanzensorten z. B. Sonnenblumen. Preis: ca. 10 Euro, www.styleon.de.

Enten-Ehepaar

Unter www.duckshop.de finden Sie mehr als 500 verschiedene Quietsche- und Badeenten. Natürlich gibt es sie auch als Braut & Bräutigam. Ca. 8 cm hoch. Preis für das Brautpaar: ca. 9 Euro.

Girlande Just Married

Die Hochzeit soll kein Geheimnis bleiben! Die Hochzeitsgirlande – verpackt in einer Metalldose – passt prima an die Rückscheibe des Hochzeitsautos oder über die Wohnungstür: ca. 9 Euro, unter www.styleon.de.

Kleiner Schutzengel

Handgefertigter Talisman aus Ton. Schlicht, schön und schützend. Damit der Engel weiß, wen er beschützen soll, schreiben Sie die Namen des Brautpaares auf den beiliegenden Schutzbrief. Für ca. 6 Euro, unter www.catapult.de.

Glücksklee

Vierblättrigen Glücksklee gibt es auch aus der Dose! Er braucht zum Wachsen nur Wasser und viel Sonne. Für ca. 6 Euro, unter www.design-3000.de.

Extra-Tipp: Lottoschein

Ein paar Kreuze, ein bisschen Glück – und vielleicht hat das Brautpaar ja wirklich sechs Richtige. Ideen für Verpackungen:

✗ **6 Tischtennisbälle:** Schreiben Sie die Zahlen des Hochzeitsdatums auf die „Lottokugeln" und legen Sie den Lottoschein bei.

✗ **Glücksklee-Kondensmilch:** Dekorativ verziert mit verschiedenen Glücksmotiven. Holzstreuteile mit Glücksbringer-Motiven gibt es unter www.vbs-hobbywelt.de (24 Stück für 2,45 Euro).

✗ **Mini-Schatztruhe:** Verzierte Massivholz-Truhen in verschiedenen Größen ab ca. 17 Euro finden Sie unter www.bambus-dreams.com.

Bis 20 Euro

Wenn Sie für diesen Betrag das Brautpaar zum Essen einladen wollen, reicht's vielleicht gerade für die Pommes-Bude. Damit können Sie sicher nicht besonders punkten. Also besser, Sie folgen unseren Vorschlägen und investieren die 20 Euro in diese netten Präsente:

Glücksfee mit Kristall

Ein zauberhafter Glücksbringer aus dem Feenreich, der die Dunkelheit erhellt und Trübsal wegbläst. Der Bergkristall der Glücksfee verstreut Lichtreflexe im Raum. Das zarte Kunstwerk ist handgearbeitet, voll beweglich und ca. 17 cm hoch. Preis: ca. 15 Euro, *www.tuujuu.de*.

Kühlschrankpoesie

Ein Kühlschrank zum Verlieben. 301 Worte stehen zur Verfügung, um den Liebsten oder die Liebste jeden Morgen an der Kühlschranktür oder an einem anderen Ort mit kleinen Liebesbotschaften zu überraschen – und das ist einfach zauberhaft! Erhältlich als internationale Version „I love you, je t´aime, ti amo, Ich liebe dich" oder als deutsche Ausgabe „Liebesbotschaften" von Elke Heidenreich. Die Kühlschrankposie kostet jeweils ca. 20 Euro und ist im Internet bei *www.sanssouci-verlag.de* zu bestellen.

Niete oder Hauptgewinn: **In dieser Dose steckt das große Glück zweier Menschen.**

Liebeslose in der Dose

Frischen Wind für die Partnerschaft. Einfach ein Los ziehen und sich von der Idee auf dem Los inspirieren lassen. Der Fantasie sind bei der Umsetzung der kleinen Aufgaben auf den Losen keine Grenzen gesetzt. Inhalt: 39 Lose. Preis: ca. 16 Euro, unter *www.catapult.de*.

Achtung! Liebe

Das beleuchtete Schild ist der Renner. Per Knopfdruck fängt es an zu leuchten und dann ist Zutritt zum Zimmer des Brautpaars verboten. Preis: ca. 20 Euro, *www.geschenk-hochzeit-hochzeitstag.de*.

Magnetische Blättchen: **Mit Wörtern und Buchstaben nach Herzenslust schreiben.**

Liebes-Leuchtschild: **Dem Notausgang- oder On-Air-Schild nachempfunden.**

Die Wasserwaage zeigt's: Wie hängt der Haussegen der frisch Verheirateten?

Alles Glück der Erde: ... kommt verpackt in einer netten schwarzen Schachtel.

Mehr als 20 Euro

Okay, langsam reicht's fürs Fastfood-Restaurant. Doch das ist ja angeblich ungesund – nicht so unsere wunderbaren Ideen, die mehr als 20 Euro kosten und die Herzen der Brautleute erobern.

Moderner Haussegen

Früher gehörte in jeden Haushalt ein Haussegen. Er hing über der Tür, und wenn nach einem Krach die Tür zugeschlagen wurde, verrutschte er und hing schief. Den modernen Haussegen gibt es inklusive Wasserwaage, so dass jederzeit kontrolliert werden kann, ob er noch gerade hängt. Preis: in Handarbeit gefertigt, Preis ca. 40 Euro, im Internet unter *www.tomwet.de*.

Brautpaar-Spieluhr

Nostalgisch schön. Das 22 cm hohe, liebevoll gearbeitete Brautpaar aus Porzellan dreht sich zur Melodie des traditionellen Hochzeitsmarschs von Mendelssohn-Bartholdy. Preis: ca. 36 Euro, im Internet unter *www.musikkeller.de*.

Zeitung von damals

Was ist persönlicher als eine Originalzeitung vom Tag der Geburt aus der Geburtsstadt? Eine originale, vollständige Tageszeitung oder Illustrierte aus den Jahren 1900 bis 1990 kostet 39 Euro, in einer Geschenkmappe aus Karton und Echtheitsurkunde mit Namenseindruck 41 Euro. Mehr Informationen und Bestellung im Internet unter *www.historische-zeitungen.de*.

Happy Hufeisen

Hufeisen sind Glücksbringer Nummer eins! Sie werden mit zwei passenden Hufnägeln und dem Büchlein „Viel Glück" geliefert. Preis: ab ca. 25 Euro. *www.gluecksgeschenk.de*.

Extra-Tipp: Alles gratis ...

... und das Brautpaar freut sich trotzdem:

✗ **Liebeslied im Radio:** Rufen Sie am Hochzeitstag oder am Morgen nach der Hochzeit beim lokalen Radiosender an und fragen Sie, ob man ein Lied für das Brautpaar spielt. Dann wecken Sie die beiden und bitten sie, einfach nur das Radio einzuschalten.

✗ **Ihre Zeit:** Bieten Sie sich als Babysitter, Housesitter oder Hundesitter an.

✗ **Ihre Talente:** Sind Sie ein guter Handwerker – dann helfen Sie beim Häuslebau! Können Sie ein Instrument spielen – komponieren Sie einen Song und spielen Sie ihn bei der Feier!

Wünscht euch was!

Der Hochzeitstisch erspart Verlegenheitskäufe und enttäuschte Gesichter beim falsch beschenkten Paar. Das unkomplizierte Hochzeitsshopping klappt sogar im Internet.

Er verhindert, dass Brautpaare dreimal ein Kaffeeservice und fünf Salz- und Pfefferstreuer-Sets bekommen, aber dafür keinen einzigen Topf: Der Hochzeitstisch (auch Hochzeitsliste) ist eine Aufstellung von Geschenkwünschen des Paares. Die Hochzeitsgäste können sich aussuchen, was ihrem Geschmack und Geldbeutel entspricht.

Traditionell: im Fachgeschäft

Seit Jahrzehnten bewährt ist der Hochzeitstisch in einem Fachgeschäft. Hier werden den Gästen all die Gegenstände präsentiert, die sich das Brautpaar wünscht. In Ruhe und durch das Verkaufspersonal – das die Geschenke sicher auch schön verpackt – beraten, können Sie sich nun aussuchen, womit Sie Braut und Bräutigam beschenken wollen. Doppelte Geschenke werden vermieden – denn was bereits vergeben ist, wird vom Tisch genommen und von der Liste gestrichen.

Und so geht's

Wenn sich ein Brautpaar beispielsweise Geschenke aus dem Küchenbereich wünscht, geht es vor der Hochzeit in ein Küchenfachgeschäft. Hier suchen sich die Eheleute in spe das aus, was sie gerne in ihrer gemeinsamen Küche hätten – also etwa Porzellan, Besteck und Haushaltsgeräte. Alles wird von den Mitarbeitern des Ladens in eine Wunschliste eingetragen und auf dem Hochzeitstisch im Verkaufsraum dekoriert. Gäste werden in der Einladung auf den Tisch hingewiesen und können sich vor Ort ein Geschenk für das Brautpaar aussuchen.

Die Nachteile

- Der größte Nachteil bei einem Hochzeitstisch am Wohnort des Paares ist, dass auswärtige Hochzeitsgäste die Geschenke vom Hochzeitstisch nicht (oder nur schlecht) kaufen können.
- Alle Wünsche des Brautpaars müssen sich im Sortiment des Geschäfts wiederfinden.
- Nicht alle Fachgeschäfte bieten den Service eines Hochzeitstisches an.

Modern: im Internet

Der Nachteil des Hochzeitstisches in einem Fachgeschäft ist, dass es eben nur ein bestimmtes Geschäft ist – mit naturgemäß beschränktem Sortiment. Viele Paare, die heute heiraten, wohnen aber vielleicht schon lange zusammen, brauchen keinen komplett neuen Hausstand, sondern nur das ein oder andere Extra. Hier hilft der Hochzeitstisch im Internet. Denn bei der Onlinevariante ist das Brautpaar nicht an ein Geschäft gebunden und kann sich Hi-Fi-Produkte, Bilder, Bücher, Reisen, Handtücher, Bettwäsche oder einfach 100 rote Luftballons wünschen.

Die Gäste können sich auch vom virtuellen Hochzeitstisch das passende Präsent aussuchen und vermeiden so Verlegenheitskäufe, Enttäuschungen und Doppelgeschenke. Internet-Hochzeitstische finden Sie etwa unter www.was-wir-uns-wuenschen.de, www.wunsch-galerie.de, www.amazon.de oder www.vanlisten.de. Auf vielen Seiten können Sie sich Demo-Hochzeitstische ansehen. Bei den meisten Anbietern ist der Service für das Brautpaar und die Gäste kostenlos.

Und so geht's

- Als Erstes erstellt das Brautpaar eine Wunschliste mit Produkten aus verschiedenen Onlineshops, die zum Partnernetzwerk des jeweiligen Hochzeitstisch-Anbieters gehören.
- Durch verschiedene Texteingaben nach Vorgaben des Anbieters erstellt das Brautpaar eine kleine Webseite mit den gewünschten Artikeln.
- Viele Hochzeitstische sind individuell gestaltbar, so kann das Brautpaar beispielsweise ein Foto von sich hochladen und die Gäste mit einer persönlichen Botschaft willkommen heißen.
- Der Hochzeitsgast wird vom Brautpaar per Mail oder Brief über den Hochzeitstisch und ein eventuell nötiges Zugangspasswort informiert – auch das geht bei den meisten Anbietern automatisch.

Die Vorteile

- Wenn die Produkte auf der Liste knapp werden, weil die Gäste schenkfreudiger als erwartet sind, kann sie schnell vom Brautpaar ergänzt werden.
- Das Brautpaar ist nicht an das Sortiment eines einzigen Fachgeschäftes gebunden.
- Die Gäste können rund um die Uhr von der ganzen Welt aus einkaufen.
- Selbst Gäste, die das Brautpaar nicht so gut kennen, können sicher sein, etwas zu kaufen, was den beiden garantiert gefällt.
- Geschenke können in kleine Pakete geteilt werden, so dass die Malediven-Reise für den Einzelnen nur 50 Euro kostet.
- Es kostet nichts: Es entstehen keine zusätzlichen Nutzungsgebühren für Wünschende oder Schenkende.

Die Nachteile

- Nicht jeder Gast hat auch einen Internetanschluss oder kann überhaupt mit dem Internet umgehen. Die Lösung: Ein guter Online-Hochzeitstisch bietet die Möglichkeit, die Geschenkeliste auszudrucken und mit der herkömmlichen Post zu verschicken. Der Empfänger kann dann per Telefon seine Bestellung an den Anbieter des virtuellen Hochzeitstisches durchgeben.
- Das Brautpaar sieht die Geschenke auch nur als Fotos, die Beratung durch Experten entfällt.
- Versandkosten: Einige Shops verlangen Porto- und Verpackungsgebühren. Das hängt meist vom Bestellwert und Gewicht ab.

> **Extra-Tipp: Kombinieren!**
> Gute Fachgeschäfte bieten an, die Hochzeitslisten auch im Internet zu verwalten.
> ✗ **Beratung vor Ort:** Die Brautpaare lassen sich vor Ort im Fachgeschäft beraten und wählen ihre Geschenkwünsche aus.
> ✗ **Hochzeitstisch:** Die Geschenke werden auf einem Hochzeitstisch dekoriert und auf Wunsch zusätzlich im Internet verwaltet.
> ✗ **Einkauf:** Die Gäste kommen zum Einkaufen entweder direkt in den Laden oder informieren sich im Internet über die Wunschliste des Brautpaares. So kann auch von jedem beliebigen Ort aus per Internet bestellt werden.

© WMF

Ob man es mag oder nicht: Geldgeschenke liegen im Trend. Wer schon alles hat, freut sich einfach am meisten über einen Zuschuss für die Flitterwochen, den geplanten Hausbau oder die Erfüllung eines lang gehegten Wunsches. Die Kunst besteht darin, dem Geldgeschenk eine ganz persönliche Note zu verleihen, indem Sie es fantasievoll verpacken - in Seife gegossen, in Eiswürfel gefroren, in einer Papiertorte oder in einem Ziegelstein versteckt, als Puzzleball oder Schatzinsel.

9 GELDGESCHENKE

Ein anderes Wort für Geld	Seite 192
Für den Hausbau	Seite 196
Für die Wohnung	Seite 198
Für die Flitterwochen	Seite 200
Für Genießer	Seite 202
Originelle Übergaben	Seite 204

Beim Wort genommen!

Kohle, Mäuse, Schotter, Kies, Kröten – der Volksmund kennt viele Wörter und Symbole für Geld. Daraus ergeben sich originelle Ideen für die Verpackung der Geldgeschenke.

Dem Brautpaar einfach nur ein dickes Bündel oder einen Umschlag zu überreichen ist ziemlich fade. Wer die vielen geflügelten Worte, Synonyme und Sprichwörter rund ums Geld ganz wörtlich nimmt, hat plötzlich ganz tolle Ideen ...

Geldregen

Sie brauchen: einen Regenschirm, Perlonfäden.
So funktioniert's: Das Geld in kleine Röllchen drehen und von innen mit den Fäden an den Schirm hängen. Wenn er geöffnet wird, fließt der Geldregen auf das Paar hinunter. Sie können auch eine Zinkgießkanne (ca. 6 Euro unter *www.ikea.de*) mit dem Schild „Geldregen" dekorieren und das Münzgeld in das Innere der Gießkanne legen.

Goldesel

Sie brauchen: Plüschesel (etwa bei *www.ebay.de*), Stecknadeln, eine Geschenkschachtel und Heu.
So funktioniert's: Heu in die Schachtel legen und Esel hineinstellen. Geldscheine mit Stecknadeln in Maul und Hintern des Esels befestigen. Zusätzlich Münzen im Heu verstecken.

Mäuse

Sie brauchen: eine Bratpfanne (evtl. Spielzeug), doppelseitiges Klebeband, Speckmäuse (30 Riesen-Mäuse für ca. 5 Euro unter *www.aseli-sweets.de*), gelben Topfschwamm und eine Mausefalle (ca. 5 Euro, *www.geschenke-versandhaus.de*).
So funktioniert's: In den Schwamm kleine Löcher schneiden, Geld aufrollen und hineinstecken. Schwamm und Mausefalle mit Klebeband in der Pfanne ankleben, Mäuse dazudekorieren.

Schatztruhe

Sie brauchen: Schatztruhe (z.B. Holz-Weinkiste), ausreichend Schokotaler, damit die Kiste voll wird,

Geldregen: Mit Lackstift können Sie den Schirm mit Glückwünschen beschriften.

Viele Mäuse in der Falle: Jetzt fehlt nur noch das Geld des edlen Spenders.

> **Extra-Tipp: Geldgeschenke**
>
> ✗ **Vorsicht geboten:** Weisen Sie das Brautpaar darauf hin, wie Ihr Geldgeschenk aussieht und wo Sie es deponieren. Gerade auf großen Veranstaltungen passiert es immer wieder, dass Geldgeschenke spurlos verschwinden.
> ✗ **Wirklich große Summen** sind am besten in einem diskreten Umschlag aufgehoben, den Sie persönlich übergeben.
> ✗ **Nette Geste:** Wenn sich das Brautpaar Geld für einen bestimmten Gegenstand wünscht, wäre es eine nette Geste, wenn die beiden nach der Hochzeit ein Foto von dem Gegenstand an die Gäste als Dankeschön schicken.

(ca. 185 Milchschokolademünzen für 16 Euro bei www.worldofsweets.de), Goldlack (Metallicspray für 3,40 Euro unter www.creativ-discount.de).
So funktioniert's: Holzkiste mit Goldlack besprühen. Vorsichtig die Schokolade aus einigen Münzen nehmen, dabei darf die Folie nicht kaputtgehen. Statt der Schokolade einen echten Euro einlegen und Folie wieder zudrücken. Die Geldtaler kommen mit den Schokotalern in die Kiste.
Tipp: Kaufen Sie einige Taler mehr auf Vorrat, da beim Basteln einige Folien kaputtgehen werden.

Nicht anbeißen: Im Inneren der Schokotaler verstecken sich echte Euromünzen.

Und Geld wächst doch auf Bäumen

Die ideale Verpackung für ein Gemeinschaftsgeschenk mehrerer Gäste. Sie brauchen:
- Grünpflanze
- Tonkarton, eventuell gemustert
- Goldenen Lackstift
- Bastelbast
- Schere und Cutter
- Geldscheine

So wird's gemacht
- Herzen aus dem Fotokarton ausschneiden.
- Herzen mit Stickern bekleben oder beschriften.
- In die Herzen mit dem Cutter zwei Einschnitte machen.
- Geldscheine zu einer Ziehharmonika falten.
- Geldscheine in die Einschnitte hineinstecken.
- Bast an den Herzen befestigen und die Geldherzen in die Grünpflanze hängen.

Geldwäsche

Gießen Sie das Geld in Seife.
Sie brauchen: Glycerinseife transparent und Reliefformen, evtl. Duftöl und Farbstoffe, Euromünzen. Zubehör unter *www.creawalz.com*.
So funktioniert's: Durch Erwärmen wird die Seife flüssig und lässt sich in beliebige Formen gießen. Man kann Duftöle und Farbstoffe hinzugeben. Vor dem Erhärten die Euromünzen mit in die Formen legen. So entstehen echte Geldseifen-Unikate.

Ganz viele Kröten: Allerdings wird das Brautpaar auf andere Kröten hoffen.

Geldhahn

Sie brauchen: Leitungsrohr und Wasserhahn, einen kleinen Eimer, Perlonschnur, einen großen Blumentopf und Gips.
So funktioniert's: Das Leitungsrohr in den Blumentopf eingipsen. Den Wasserhahn oben auf das Rohr montieren. Aus dem Wasserhahn hängt die Perlonschnur, an der das Geld aufgefädelt wird. Das Geld tropft quasi aus dem Wasserhahn. Unter dem Hahn steht ein kleiner Eimer mit Münzgeld.

1 Mio. Euro

Sie brauchen: sechs Zehn-Euro-Scheine, einen Glas-Bilderrahmen, Tesafilm.
So funktioniert's: Die Zehn-Euro-Scheine müssen so gefaltet werden, dass von dem ersten die „10" zu sehen ist und von den anderen fünf Stück jeweils nur die „0". Die sechs Scheine so nebeneinanderlegen, dass man 1 000 000 sieht. Nun das Ganze mit Tesafilm fixieren und in den Bilderrahmen einbauen.

Knete, Kröten etc.

• **Ein Sack voll Kohle:** Einen Plastiksack mit (Grill-)Kohle füllen und in einen Jutesack stecken. Die Münzen und Scheine in Frischhaltefolie verpacken und daruntermischen. Jutesäcke für ca. 2 Euro unter *www.stoffhaus-kepper.de*. Aber Vorsicht: Die Braut im weißen Kleid wird die schwarze Kohle nicht besonders schätzen …
• **Ein paar Kröten:** Eine Kröten-Sparbüchse aus Holz finden Sie unter *www.catapult.de* für 7 Euro. Sie füllen sie mit Geld und Fruchtgummi-Fröschen, die es zum Beispiel bei *www.sweeteria.com* gibt (Haribo, 150 Stück für ca. 5 Euro).
• **Geld wie Heu:** Eine Kiste mit Heu (aus der Tierhandlung) füllen, Geld dazwischen verstecken.
• **Etwas Schotter:** Ein rechteckiges Glasgefäß schichtweise mit verschieden großen Kieselsteinen befüllen, dazwischen Münzen legen.
• **Ohne Moos nix los:** Ein dekoratives Körbchen mit Steinen, Moos, vielen Cent- und Eurostücken füllen.

Im Notfall Scheibe einschlagen: Geschickte Falttechnik macht's möglich.

Ohne Moos nix los

Mit Showeffekt: Ein Gast trägt diese Verse vor, ein zweiter überreicht auf Stichwort lustige Geschenke rund ums Geld. Zum Abschluss kommt der Umschlag mit Barem.

- Wir wollen euch was Tolles schenken, haben lange überlegt und versucht zu denken. Es gibt vieles, dachten wir, das wäre gar nicht schlecht. Aber ist euch das auch wirklich recht? Drum zogen wir aus in die weite Welt, ein Geschenk zu finden, das euch gefällt.
- Einen Kohlenhändler fragten wir ganz frei, was wohl das Richtige für euch sei. „Mit Kohle darf man nie geizen, schließlich muss man sein Heim ja heizen." Also haben wir mit Bedacht euch ein Säckchen Kohle mitgebracht.
- Doch die Bedenken waren nicht zu zerstreuen, werden sie sich über Kohle freuen? Einen Förster fragten wir dann, ob er uns das richtige Geschenk sagen kann. „Nur auf Moos, da stehen die beiden und alle Gäste werden sie darum beneiden." Also haben wir nachgedacht und einen Beutel Moos mitgebracht.
- Doch auch diesmal waren die Bedenken nicht zu zerstreuen, werden sie sich über Moos wohl freuen? Eine Nanny fragten wir ganz frei, was wohl das Richtige für euch sei. „ Auf Knete, da steht jedermann, und was man damit alles machen kann." Also haben wir mit Bedacht, euch ein paar Stangen Knete mitgebracht.
- Doch gegen unsere Bedenken kam nichts an, ob man uns in der Zoohandlung helfen kann? „Mäuse oder Kröten, das wird es sein, Haustiere sind immer fein." So haben wir überlegt und beides schnell dazugelegt.
- Doch unsere Bedenken waren nicht zu zerstreuen, werden sie sich über die Tierchen freuen? Wir fragten in einem Baumarkt dann, was man euch so schenken kann. „Auf Kies, da stehen die beiden, alle Gäste werden sie beneiden." Also haben wir mit Bedacht auch noch ein Beutelchen Kies mitgebracht.
- Der Verzweiflung nah, mit schlechtem Gewissen – die Eltern könnten noch was wissen. Also fragten wir sie in unserer Not, denn wir sahen allmählich rot. Sie rieten uns: „Schenkt ihnen Geld, das ist es, was ihnen am meisten gefällt!"
- Jetzt haben sich die Bedenken zerstreut. Wir hoffen, ihr seid hoch erfreut! Denn ohne Kohle, Asche, Moos, ohne das ist echt nichts los. Mit Knete, Kies, Kröten, Mäusen oder Schotter, damit geht alles wirklich flotter. Egal ob Flocken oder Rubel, ohne sie gibt´s keinen Trubel. Viel Glück und viel Spaß beim Ausgeben.

Bares fürs Bauen

Wer ein Haus baut, freut sich über jeden Zuschuss. Die Bandbreite für stilechte Verpackungen des Geldgeschenkes reicht von Ziegelsteinen bis hin zu Zementeiern.

Ein eigenes Heim ist das große Ziel eines jeden Ehepaares. Manchmal müssen sie es erst noch bauen, freuen sich also über finanzielle Unterstützung. Hier unsere Ideen für die passende Verpackung. Und übrigens: Es muss nicht immer Bargeld sein. Schenken Sie zusammen mit Freunden und Verwandten einen Bausparvertrag!

Grundstein

Überreichen Sie den Grundstein für den gemeinsamen Hausbau des frisch vermählten Paares!
Sie brauchen: einen Ziegelstein, Schleife.
So funktioniert's: In die Löcher des Ziegelsteines werden zusammengerollte Geldscheine gesteckt. Anschließend wird der Stein mit einer schönen Schleife dekoriert. Als Zugabe können Sie noch einen Spatel, einen Hammer und ein Lot dazulegen – so haben die Beschenkten schon mal einen kleinen Grundstock an Material.

Ziegelsteine: So bekommen die Brautleute gleich auch noch Baumaterial ...

Backhaus

Für den Bau des Traumhauses müssen Sie kein Architekt oder Bäckermeister sein, denn mit einer Backmischung und der passenden Kuchenform wird in wenigen Schritten das Traumhaus Wirklichkeit. Nur verzieren müssen Sie es noch selbst. Für ca. 20 Euro erhalten Sie eine Backform in Hausform, eine Backmischung und das passende Rezept. Etwa unter *www.shop-orange.de*.

Der 1. Spatenstich

Ein harter Brocken Zement wird dem Brautpaar gemeinsam mit Schutzbrille, Handschuhen, Hammer und Meißel hingestellt. Jetzt müssen die Häuslebauer ihr Talent beim Freilegen der einzementierten Schätze beweisen.

Extra-Tipp: Wünsch dir was

Der Hochzeitstisch für baufreudige Paare mit ganz konkreten Materialwünschen:
✘ Das Brautpaar erstellt eine Liste mit verschiedenen Gegenständen, die es zum Bauen braucht, z. B. Briefkasten, Mauersteine, Kieselsteine oder Blumenkübel. Mit dabei steht immer der jeweilige Preis.
✘ Jeder Gast kann sich je nach der Größe seiner Spendierhose einen Gegenstand aussuchen und den genauen Betrag überreichen oder auf das Hochzeitskonto überweisen.
✘ So haben die Gäste das Gefühl, dass sie trotz Geldgeschenk etwas Konkretes schenken.

Sie brauchen: einen Eimer, Zement, Schutzbrille, Handschuhe, Hammer und Meißel, gelbe Kunststoff-Kapseln aus Überraschungseiern – im Internet unter www.eierlei.de (100 Stück für 5 Euro).
So funktioniert's: Die Kapseln werden mit Münzen oder kleinen Geldscheinen befüllt. Zement anrühren und die gelben Behälter gut verteilt hinzugeben. Den ausgehärteten Zementblock aus dem Eimer nehmen und dem Paar präsentieren.
Tipp: Geben Sie auch Nieten (z. B. Spielgeld) hinein, das macht das Ganze noch spannender.

Papierhaus

Überreichen Sie ein hübsches Papier-Traumhaus mit ganz besonderen Fenstern.
So funktioniert's: Aus Pappe ein Haus zuschneiden und – wie bei einem Adventskalender – viele Fenster und Türen ausschneiden. Dahinter Geldscheine oder Münzen kleben. Fertige Bastelanleitungen für Papierhäuser (Stadthaus oder Reihenhaus) finden Sie im Internet beispielsweise unter www.lutzkasper.de. Wer sein bastlerisches Talent nicht überfordern möchte, kann ein fast fertiges Blanko-Knusperhäuschen unter www.creativ-discount.de bestellen. Das muss dann nur noch zusammengeklebt und mit den Geldscheinen präpariert werden. Preis: ca. 5,50 Euro.
Tipp: Schreiben Sie in jeden Fensterhintergrund einen schönen Spruch zum Thema Ehe.

Schubkarre

Dieses Geldgeschenk sorgt garantiert für Gelächter – allerdings muss das Brautpaar tagelang Sand sieben und Münzen abspülen.
Sie brauchen: eine Schubkarre mit Sand, etwas Zement, einen Teelöffel, ein Küchensieb.
So funktioniert's: Das Geldgeschenk wird in Münzen zu 0,50- und 1-Euro-Stücken gewechselt. Sand mit Münzen und Wasser vermischen und die Mischung in der Schubkarre zu einem Haus formen. Zur Deko „leicht" mit Zement bestäuben. Das Werkzeug in das Sanddach stecken.

Kleines Häuschen für die Mäuschen

Toll: eine Maurerkelle mit Traumhaus! Sie benötigen:
- **Maurerkelle** aus dem Baumarkt für etwa 4 Euro
- Grünen **Filz** für den Rasen, bunte Filzblumen
- **Kleine Mosaiksteinchen** für den Hausweg
- **Tonkarton**
- **Flüssigkleber, Büroklammern und Tesafilm**

Und so geht's
- Die Maurerkelle mithilfe des Klebers mit Filz bekleben.
- Für das Geldhäuschen ein Hausmuster aus stabilem Tonkarton in Scheingröße basteln. Ca. zwei Zentimeter Klebekanten einkalkulieren. Zum Trocknen das Häuschen mit Büroklammern fixieren.
- Tesastreifen zu Schlaufen legen und damit ein doppelseitiges Klebeband herstellen. Anschließend Geldscheine mit Tesafilm auf die Papierform kleben.
- Mit Flüssigkleber und Mosaiksteinchen einen Gartenweg bauen.
- Das Geldhaus mit Kleber auf der Kelle platzieren.
- Blumen mit Kleber auf der Kelle platzieren.

Einsatz in vier Wänden

Geld für die gemeinsame Wohnung: Brautpaare wünschen sich oft einen Zuschuss fürs eigene Heim. Den sollen sie natürlich bekommen – mit viel Pfiff und Witz verpackt.

Geldgeschenke sollten so verpackt sein, dass sie etwas mit ihrer Zweckbestimmung zu tun haben. Lassen Sie sich bei Ihrem Beitrag zum ehelichen Heim von diesen Ideen inspirieren!

Guten Appetit

Sie brauchen: Suppenteller (am besten ohne viel Dekor), Suppenlöffel und goldenen Lackstift.
So funktioniert's: Schreiben Sie auf den Rand des Tellers mit Lackstift: „Nun müsst Ihr Eure Suppe gemeinsam auslöffeln!" Wechseln Sie bei einer Bank 10 Euro in 1- und 2-Cent-Stücke und schütten Sie die Münzen in den Teller. Unter das Kleingeld verstecken Sie zusammengerollte Euroscheine. Die Münzsuppe in transparente Folie einpacken und mit dem Suppenlöffel übergeben.

Extra-Tipp: Verstecktes Geld
- **Sparstrumpf:** Für die konservative Geldanlage. Ca. 9 Euro, www.presents4friends.com.
- **Ideales Schlüssel- und Geldversteck für Übervorsichtige:** Der Stein ist von der Optik her nicht von normalen Steinen zu unterscheiden. www.racheshop.com, Preis: ca. 6 Euro.
- **Brot und Salz:** Muss beim Einzug in das neue Heim dabei sein – backen Sie das Geld doch einfach in das Brot ein und verstecken Sie auch einige Münzen im Salz.

Frisch gestrichen

Sie brauchen: Fotokarton mit Ziegelstein-Muster, Tonkarton in Silber und Weiß, Pinsel, Draht, Kleber, doppelseitiges Klebeband und Geldscheine.
So funktioniert's: Aus dem silbernen Tonkarton einen Kübel zuschneiden, Henkel aus Aludraht formen und am Kübel befestigen. Pinsel und Kübel auf den Fotokarton kleben. Pinsel mit doppelseitigem Klebeband fixieren. Geldscheine rollen und in den Kübel stecken. Glückwunsch-Spruch auf weißem Tonpapier ausdrucken, Farbklecks aufmalen, zuschneiden und aufkleben.

Motivkarton mit Ziegelsteinmuster: Bei www.hobby-ass.de für ca. 1,60 Euro.

Schnitzeljagd

Sie brauchen: kleine Zettel und einen Stift.
So funktioniert's: In der Wohnung des Brautpaares wird unbemerkt vor der Hochzeit eine Schatzsuche vorbereitet. Hierfür verteilen Sie Hinweise und Rätsel, die zu dem Schatz führen.

Wünscht sich das Brautpaar einen Zuschuss für die neue Küche, sollte der Schatz dort versteckt sein – aber erst mal jagen Sie sie durch die ganze Wohnung. Auf jedem Zettel gibt es einen Hinweis zum nächsten Zettel. Der erste Zettel wird dem Paar auf der Feier übergeben.

Dicke Fische

Sie brauchen: ein kleines Aquarium (etwa unter *www.1a-heimtier.de*, Plastikaquarien ab ca. 5,50 Euro), grüne Götterspeise (Waldmeister), Dekomaterial nach Belieben (Schatztruhe, Plastikfische, Plastikpflanzen oder auch Schiffswrack). Holz-Streuteile in Fischform (18 Stück ca. 2,40 Euro) finden Sie unter *www.goodies-onlineshop.de*.
So funktioniert's: Götterspeise nach Anleitung kochen. Eine Hälfte in das Gefäß füllen und etwas erkalten lassen. Dann vorsichtig Münzen und Dekomaterial hineindrücken, die entstandenen Schlitze und Abdrücke mit Götterspeise auffüllen und im Kühlschrank abkühlen lassen. Dann den Vorgang wiederholen, bis das Aquarium voll ist.
Tipp: Dieses Geldgeschenk können Sie schon einige Tage vor der Hochzeit vorbereiten und im Kühlschrank aufbewahren.

Umzugsservice

Besitzen Sie einen Kleintransporter, dann bietet sich dieser als perfektes Geschenk für Brautpaare an, die nach der Hochzeit umziehen wollen. Den Gutschein für das Möbelauto können Sie in einen Umzugskarton verpacken. Dazu bieten Sie Ihre Hilfe an: beim Packen, Schleppen und auch Ausmisten. Umzugskartons finden Sie je nach Größe ab ca. 1,00 Euro unter *www.kartonfritze.de*.

Waschen, trocknen, legen – fertig!

Geldscheine auf unterster Hitzestufe bügeln, nach Anleitung zu Hemden falten, auf die Leine hängen – fertig! Eine kleine Geld-Wäschespinne finden Sie für ca. 14 Euro unter *www.wichtelwiese.de*.

Anleitung zum Hemdenfalten

- Geldschein der Länge nach falzen und wieder auffalten. Dann beidseitig zur Mitte hin falten.

- Schein umdrehen, kleines Stück für den Kragen an der Oberkante umknicken und wieder umdrehen.

- Für den Kragen auf beiden Seiten ein längliches Dreieck zur Mitte hin falten.

- Den Rest des Scheins zweimal knicken und falzen und unter den Kragen stecken.

- Auffalten und zwischen den Falzkanten Hilfsknicke in Rautenform einfalzen.

- Den Schein zusammenknicken, dabei die Ärmelecken vorsichtig nach außen ziehen.

- Hemd zusammenfalten und wieder unter den Kragen schieben.

Ab in den Süden!

Flitterwochen sind teuer – der Zuschuss zur Hochzeitsreise steht also bei vielen Brautpaaren ganz oben auf der Wunschliste. Wer das Ziel kennt, zaubert hübsche Verpackungen.

Selbst überzeugte Rucksacktouristen werden bei den Flitterwochen die Annehmlichkeiten eines Luxushotels zu schätzen wissen – oder seine Betten ... Jedenfalls sollten Sie Ihren Zuschuss für die Hochzeitsreise passend verpacken. Etwa so:

Honeymoon-Set

Wenn mehrere Gäste für das Geldgeschenk zusammenlegen, ist das Honeymoon-Set die perfekte Verpackung. Das „Just married"-Set enthält alles, was die frisch Verheirateten für den Urlaub am Meer brauchen: eine Strandtasche, zwei Paar „Just married" Flipflops, zwei Handtücher, zwei Schlüsselanhänger und zwei Sonnenbrillen mit „Just married"-Schriftzug. Preis: ca. 80 Euro unter *www.wonderland4u.com*. Ihre guten Wünsche können Sie auf einem passenden Honeymoon-Geschenkanhänger am Geschenk befestigen. Das Geld als eigentliche Hauptsache des Geschenks kommt natürlich in die Tasche.

Eine runde Sache: Mehr braucht man für die perfekten Flitterwochen fast nicht.

Sandburg

Sie brauchen: Sand, einen bunten Plastikeimer, ein Kindersieb, Förmchen und Schaufel. Eine komplette Sandeimergarnitur finden Sie für ca. 11 Euro unter *www.tom-garten.de*.
So funktioniert's: Den Eimer schichtweise mit Sand füllen und immer wieder dazwischen ein paar Geldstücke legen. Nach der Übergabe darf das Brautpaar erst mal ordentlich Sand sieben.

Schatzinsel I

Sie brauchen: Götterspeise (gelb, rot oder grün), runde flache Schüssel, Kokosraspeln, Eisschirmchen (unter *www.geburtstagsfee.de*), Mini-Liegestuhl (9 cm, Preis: ca. 3 Euro, *www.miroflor.de*).
So funktioniert's: Eine Schicht Götterspeise in die Schüssel füllen, abwarten, bis sie fest geworden ist. Darauf die Münzen legen und wieder eine Schicht Götterspeise darübergeben. Wiederholen, bis die Schüssel voll ist. In die Mitte eine kleine Insel mit den Kokosraspeln formen. Die Insel mit Schirmchen und Liegestuhl verzieren.
Tipp: Geben Sie Gummibärchen in die heiße Götterspeise. Die lösen sich in der Hitze auf und geben nach dem Erkalten Stabilität. Wer mag, kann noch einen Playmobil-Angler, der nach den Goldstücken angelt, auf die Schatzinsel setzen.

Schatzinsel II

Sie brauchen: Eine halbe Styroporkugel, Pinsel und blaue Acrylfarbe, grünes Krepp-Papier, Teppichklebeband, Sand, Muscheln, Reagenzglas, Schere, Basteldraht und Geldscheine.

Extra-Tipp: Besondere Ideen

✗ **Kreuzfahrt I:** Maritime Geschenkideen wie Buddelschiffe oder Seepferdchen-Seifen finden Sie unter www.meeresgeschenke.de.
✗ **Kreuzfahrt II:** Ein See aus blauem Tonpapier, darauf Papierboote aus gefalteten Geldscheinen, Wattebällchen als Wellen.
✗ **Reise in den Schnee:** Ein Iglu aus weißen Marshmallows, Dekoschnee und Schlitten dazu. Zubehör unter www.buttinette.de.
✗ **Wüste:** Kleine Schlitze in eine Salatgurke schneiden. 2-Euro-Stücke in die Schlitze stecken. Dazwischen viele Zahnstocher. Diesen Kaktus in einen Blumentopf mit Sand stecken.

So funktioniert's: Styroporkugel mit der blauen Farbe bemalen. In die Mitte eine Vertiefung einschneiden und das Glasröhrchen hineinstecken. Doppelseitiges Klebeband auf die Kugel kleben und mit Sand bestreuen. Muscheln aufkleben und das Geld in das Reagenzglas stecken. Aus Krepp-Papier Blätter zuschneiden, diese an einer Seite mit Basteldraht zusammenbinden und in das Reagenzglas stecken. Fertig ist die perfekte Flitterwochen-Insel.

Bargeld-Puzzle

Besorgen Sie ein Poster vom Urlaubsort. Dieses wird auf einen festen Karton geklebt und anschließend in viele Teile zerschnitten. Die Puzzleteile werden auf der Feier verkauft – entweder zum besten Preis oder nach Lust und Laune. Jeder Gast überreicht dann sein Puzzlestück an das Brautpaar, das danach versuchen muss, das Poster wieder zusammenzusetzen. Sobald dies geschafft ist, wird dem Brautpaar das Geldgeschenk überreicht.

Koffer voller Geld

Füllen Sie einen kleinen Reisekoffer mit Geldscheinen der Urlaubsziel-Währung. Besonders hübsch sind hierfür auch antike Lederkoffer. So einen Koffer finden Sie mit etwas Glück sehr günstig unter www.ebay.de. Bei den Reisebanken an Bahnhöfen und Flughäfen bekommen Sie fast alle Währungen. Rufen Sie aber vorher an, ob die Scheine – gerade kleine Stückelungen – in ausreichender Menge verfügbar sind.

Die ganze Welt

Besorgen Sie eine Karte und einen Reiseführer des Reiseziels. Legen Sie diese gemeinsam mit einem Puzzleball in einen Korb oder Rucksack.

Schatzinsel aus Styropor: Im Stamm der Palme steckt das Geldgeschenk.

Puzzleball: Die Weltkugel gibt es ab ca. 15 Euro unter www.ravensburger.de.

Echter Augenschmaus

Ein wahrer Genuss. Aber nicht für den Magen: So kreieren Sie individuelle Torten, in denen sich ganz hervorragend Geldgeschenke fürs Brautpaar verstecken lassen.

Wenn das Brautpaar leckere Torten liebt, dann schenken Sie den beiden doch eines dieser interessanten Backwerke. Diese Hochzeitstorten füllen den Geldbeutel und nicht den Magen.

Gipstorte

Sie brauchen: Gips, alte Kuchenform, Sprühlack (z.B. Spraydose 150 ml für ca. 5,50 Euro unter www.creativ-discount.de), Frischhaltefolie, gelbe Kapseln aus Überraschungseiern (gibt es unter www.eierlei.de), Dekorationsmaterial nach Belieben, z. B. Zuckerblumen oder Tortenkerzen.
So funktioniert's: Geldmünzen in die Überraschungseier-Kapseln packen. Eine große Schüssel mit Gips anrühren. Bevor der Gips hart wird, zügig in eine alte Kuchenform gießen (diese evtl. vorher mit Frischhaltefolie auslegen) und die gefüllten Kapseln hineindrücken. Torte ca. zwei Tage gut austrocknen lassen, danach aus der Form nehmen und in der gewünschten Farbe besprühen. Evtl. mit Tortenkerzen bekleben oder mit Zuckerblumen verzieren und in durchsichtige Folie packen – ganz so wie eine echte Torte.
Tipp: Eine Variante ist es, das Geld nicht in der Torte zu verstecken, sondern im Stiel eines Hammers: In den Stiel ein Loch bohren und dann zusammengerollte Geldscheine hineinstecken! Zum Schluss eine Schraubenabdeckung auf den Stiel kleben. Das Brautpaar bekommt nun gemeinsam mit der Torte den Hammer und einen Meißel geschenkt – mit dem Hinweis, dass hier das Geld versteckt ist. Die beiden denken sicher, dass das Geld im Gips steckt, und werden drauflosammern – das Gelächter wird groß sein, wenn die beiden den Streich aufdecken oder von Ihnen darauf hingewiesen werden.

Rollentorte

Diese Torte wird mit einem Gedicht übergeben.
Sie brauchen: zehn Rollen Toilettenpapier,

Leckere Torten: Aber aus Gips – dafür ist der Inhalt wertvoll.

Turmbau: Viele weiße Toilettenpapierrollen ergeben dieses Torten-Kunstwerk.

Weiße Minirosen: 72 Stück für ca. 4,50 Euro finden Sie unter www.jeukreu.de.

Vorlage im Internet: Als Kerzen dienen Ihnen zusammengerollte Geldscheine.

Schmuckbänder, Geldscheine, Papier-Konfettiherzen, Foto des Brautpaars, Tablett, evtl. Teelichter.
So funktioniert's: Toilettenpapierrollen aufeinanderstapeln (untere Lage sechs, dann drei, dann eine). Mit Schmuckbändern zusammenbinden, mit Herzkonfetti bekleben und mit Geldscheinen verzieren. Foto in Herzform zuschneiden und oben auf die Torte stecken. Die passende lustige Hochzeitsrede für die Übergabe der Torte finden Sie unter www.hochzeitsueberraschung.de.

Dosentorte

Sie brauchen: drei unterschiedlich große Papierdosen (z. B. Rund-Set, zwei Stück mit Deckel für ca. 4,50 Euro unter www.buttinette.de), doppelseitiges Klebeband, Geldscheine, Minirosen, Tesafilm, Plakafarbe. Nach Belieben weiteres Dekomaterial wie eine Brautpaarfigur oder Schleifen.
So funktioniert's: Dosen in der gewünschten Farbe bemalen. Mit einem Nagel kleine Löcher in die Dosendeckel stechen und Minirosen durchstecken. Dosen mit doppelseitigem Klebeband aufeinanderkleben. Geldscheine einrollen, eventuell mit Tesafilm fixieren und in die oberste Dose stecken. Oben in die Geldscheinrollen Minirosen stecken.
Tipp: Da die unteren Dosen verschlossen sind, können sie auch mit Inhalt, beispielsweise kleinen Glücksbringern, gefüllt werden.

Papiertorte

Sie brauchen: roten und champagnerfarbenen Tonkarton, Wellenschere, Kleber, Motivstanzer, die Vorlage für Tortenstücke finden Sie im Internet unter der Adresse www.victorineoriginals.com/images/patterns/0002.pdf.
So funktioniert's: Vorlage achtmal auf rotem Tonpapier ausdrucken, ausschneiden und zusammenkleben. Mit einer Wellenschere dünne Streifen aus dem champagnerfarbenen Tonkarton schneiden und als Sahnefüllung auf den Rand der Tortenstücke kleben. Herz aus champagnerfarbenem Karton ausschneiden und Glückwünsche draufschreiben. Kleine Zierblumen oder Herzen ausstanzen und auf die Torte kleben. Geldscheine einrollen und wie Kerzen in die Torte stecken.

Wertvoller Kuchen

Backen Sie einen ganz normalen Kuchen, beispielsweise einen Marmorkuchen, mit wertvollem Inhalt. Geldmünzen aus Hygienegründen eventuell vorher im Ultraschallreiniger reinigen. Münzen (keine Geldscheine verwenden!) in Alufolie einwickeln und vorsichtig in den weichen Teig geben. Den Kuchen wie im Rezept angegeben fertig backen.

Für den Showeffekt

Wenn Sie richtig Aufsehen für Ihr Geldgeschenk erregen wollen, dann sollten Sie eine spektakuläre Übergabe ins Auge fassen, die das Brautpaar so schnell nicht vergisst.

Heimliche Geldübergaben sind etwas für Mafiabosse. Sie wollen die Aufmerksamkeit des Brautpaares und der Hochzeitsgesellschaft! Mit diesen Ideen ist Ihnen das garantiert sicher.

Like ice in the sunshine

Sie brauchen: Münzen, Eiswürfelformen, kleinen Eimer, Wäscheleine, Kette, Sieb, Auffangbecken, Lappen, kleine Leiter (im Dreieck aufstellbar).
So funktioniert's: In jedes Fach der Eiswürfelform eine Münze legen, Wasser dazugeben und ins Gefrierfach stellen. Die gefrorenen Eiswürfel in einen Eimer legen und diesen mit Wasser auffüllen. Eine Kette in der Eimermitte bis zum Boden hängen lassen. Das Ganze kommt wieder in einen Eisschrank – ein solider Eisblock entsteht, der an der Kette hochgehoben werden kann.

Am Tag der Hochzeit wird das Eis aus dem Eimer gelöst und an der Leiter aufgehängt. Unter den Eisklotz ein Auffangbecken stellen und darauf ein Metallsieb legen. Während der Feierlichkeiten schmilzt das Eis. Immer wenn eine Münze auf das Sieb fällt, hört man es klirren und das Brautpaar muss sich küssen.
Tipps: Das Ganze braucht ein bisschen Zeit. Damit alles klappt, sollte man diese Aktion eventuell vorher testen. Lieber einen Putzlappen unter das Auffangbecken legen, falls es zu sehr spritzt.

Catch me if you can!

Sie brauchen: Luftballons, Konfetti, Reis, Taucherflossen, Boxhandschuhe und einen Eimer.
So funktioniert's: Die Ballons mit Geldscheinen, Geldstücken, Konfetti und Reis befüllen, danach aufblasen und auf die Tanzfläche legen. Der Bräutigam zieht Taucherflossen an und die Braut Boxhandschuhe. Nun muss der Bräutigam die Luftballons zertreten, Aufgabe der Braut ist es, mit den Boxhandschuhen das Geld aufzuheben und in den vorbereiteten Eimer zu legen.
Tipps: Je weniger prall die Ballons aufgeblasen sind, desto schwieriger ist es für den Bräutigam, sie mit seinen Taucherflossen zu zertreten. Wählen Sie eine passende Hintergrundmusik für die Aktion aus, beispielsweise „Mambo No. 5".
Alternative: Die gefüllten Luftballons werden an einem Seil festgemacht, das von zwei Leuten (je nach Größe des Bräutigams) hochgehalten wird. Der Bräutigam bekommt einen Hut auf, an dem ein Nagel mit der Spitze nach oben befestigt ist. Die Braut bekommt einen Eimer umgebunden. Der Bräutigam muss die Luftballons mit dem Nagel

Eisiger Münzschatz: Langsam schmilzt das Eis und gibt die Geschenke frei.

Halb gefüllter Ballon: Viel schwerer zum Platzen zu bringen ...

zum Platzen bringen und die Braut muss versuchen, so viel Inhalt wie möglich in ihrem Eimer aufzufangen. Die Gäste feuern das Brautpaar von ganz allein an. Bei einem sportlichen Brautpaar sollte man als Anreiz ein zeitliches Limit setzen. Das Geld bekommen die beiden auf jeden Fall – als Belohnung für den Spaß, den die Hochzeitsgesellschaft hatte.

Glitzernde Gläser

Sie brauchen: zwei Sektgläser, zwei Dochte mit Metallstandfuß (ca. 11 cm lang) und glasklares Gelwachs (unter *www.kerzenkiste.de*).

So funktioniert's: Die Dochte in die Mitte der Gläser stellen. Gelwachs kann man einfärben, für eine Sektoptik ist dies jedoch nicht nötig. Damit das Münzgeld nicht auf dem Boden liegt, muss das Gelwachs in einzelnen Schichten in die Sektgläser gefüllt werden. In das letzte obere Drittel keine Geldstücke füllen, damit das Sektglas schöner aussieht, wenn es brennt. Bei passender Gelegenheit auf der Feier anzünden und servieren. Am besten noch zwei echte Sektgläser mit Sekt zum Anstoßen für das Brautpaar danebenstellen.

Tipp: Die Münzen glitzern noch schöner, wenn sie vorher in einem handelsüblichen Ultraschallreiniger gesäubert wurden.

© Jip Fens, Klaus Eppele – FOTOLIA

Witzige Sparbüchsen

• **Geldsack:** Der original Bundesbank-Geldsack, mit ca. 25 000 Euro Schreddergeld gefüllt. Preis: ca. 7 Euro, *www.geldgeschenke-shop.de*.

• **Geldspritze:** Die Spritze ist mit original Schreddergeld aus DM-Beständen im Wert von 20 000 Euro gefüllt. Preis: ca. 8 Euro, *www.racheshop.de*.

• **Sparturm:** Durchsichtiger Kunststoff und viele Markierungen helfen dabei mitzuverfolgen, wie viel Geld schon gespart wurde. Preis: ca. 35 Euro, *www.concona.de*.

• **Euro-Sortiermaschine:** Einfach Euromünzen einwerfen, und schon sortiert die batterielose Maschine die einzelnen Münzen in die passenden Röhrchen. Preis: ca. 5 Euro, *www.styleon.de*.

• **„Wedding Fund Box":** Spardose aus Aluminium. Da klingelt es umso lauter in der Kasse. Preis: ca. 20 Euro, *www.lovelystuff.de*.

• **Abreißblock zum Selbstbasteln:** Einen Stapel Geldscheine sauber übereinanderlegen. Deckblatt oben, unten und an einer Schmalseite zwischen zwei Brettchen einklemmen und mit Schraubzwinge befestigen. Von den Scheinen darf nur ein halber Millimeter herausragen. Kante mit Buchbinderleim einstreichen – fertig ist das Geld im Abreißblock für den täglichen Gebrauch.

Das Fest ist vorbei, das Brautpaar hat sich verabschiedet. Als engagierter Gast haben Sie noch ein paar Vorbereitungen für die Hochzeitsnacht getroffen. Statt sinnlos die Wohnung des Brautpaares auf den Kopf zu stellen, empfehlen wir romantische Alternativen. Verwandeln Sie doch die Wohnung in ein kleines Liebesnest - mit Sternenhimmel, Sonnenblumen und tausend Herzen! Zu brav? Am Ende des Kapitels finden Sie auch einige gröbere Streiche.

10 HOCHZEITSNACHT

Necken & verstecken

Gute Streiche, böse Streiche: Die letzten Aktionen überraschen das Brautpaar in der eigenen Wohnung. Ob's eine gute oder böse Überraschung wird, liegt an Ihnen!

Wenn Freunde heiraten, dann gehört ein kleiner Streich in dem und um das Heim des Paares fast immer dazu. Und so warten manchmal mehr oder weniger böse Überraschungen auf das nächtlich heimkehrende Brautpaar. Wenn Sie einen kleinen Streich vorbereiten wollen, dann sollten Sie vor allem folgenden Grundsatz beachten: Tun Sie nichts, worüber Sie selbst als Betroffener nicht auch lachen könnten. Schon so mancher Streich hat Freundschaften zerstört!

Gute Streiche

Statt sinnlos die Wohnung des Brautpaares zu verwüsten, gibt es einige schöne Überraschungen, über die es sich sicher sehr freuen wird. Denn sie sind liebevoll, romantisch und amüsant.

Extra-Tipp: Grundregeln I

Ihre Lust auf einen Schabernack in allen Ehren - einige Dinge gibt es bei jedem Streich vorab zu beachten, damit nichts danebengeht.
✘ Klären Sie vorher ab, ob die Betroffenen Hochzeitsstreiche tolerieren werden!
✘ Weihen Sie eine Vertrauensperson des Brautpaares ein!
✘ Klären Sie vorher ab, ob Sie nicht schon durch das Eindringen in die Wohnung eine Grenze überschreiten.
✘ Vermeiden Sie peinliche Situationen!
✘ Vergewissern Sie sich bei Lärm verursachenden Streichen, ob die Nachbarn auch Verständnis dafür haben.

Prinzessin über Nacht

Verwandeln Sie das Ehebett in ein romantisches Himmelbett, beispielsweise durch die Dekoration mit einem Moskitonetz (ab ca. 17 Euro unter *www.tropenshop.de)*. Passend dazu haben Sie neue Bettwäsche besorgt (Bettwäsche „Prince & Princess of the night" für ca. 40 Euro unter *www.amazon.de*) und verstreuen duftende Rosenblätter auf das Bett der Königskinder Zwei Gläser, eine Flasche Champagner und Pralinen als Betthupferl runden die märchenhafte Überraschung für das heimkehrende Brautpaar ab.

Frühstück ans Bett

Überraschen Sie das Brautpaar am nächsten Morgen mit einem romantischen Frühstück. Hierfür haben Sie verschiedene Möglichkeiten:
• Servieren Sie das Frühstück direkt am Bett.
• Bitten Sie das Brautpaar auf Terrasse oder Balkon zum festlich gedeckten Frühstückstisch.
• Beauftragen Sie ein Café, eine Metzgerei oder Bäckerei mit der Anlieferung.
Und vor allem: Champagner nicht vergessen!

Tipp: Überraschen Sie die Brautleute am nächsten Morgen oder Mittag mit ihrem Lieblingslied im Radio. Fragen Sie bei Ihrem Lokalsender nach, ob zu diesem Zeitpunkt eine Gruß- oder Wunschsendung läuft, und lassen Sie das Lieblingslied des Brautpaares erklingen. Vergessen Sie aber nicht, die beiden rechtzeitig zu wecken!

Psst! Hochzeitsnacht

Damit die Nachbarn auch Bescheid wissen, was im Haus des Paares vor sich geht:
- Bereiten Sie ein großes Laken mit der Aufschrift: „Psst! Nicht stören! Hochzeitsnacht!" vor. Das Laken hängen Sie aus dem Schlafzimmerfenster der frisch Vermählten.
- Schreiben Sie auf alle Fensterscheiben mit Fensterfarben „Just married" und verzieren Sie den Schriftzug zusätzlich mit vielen Herzen. Hat sich das Brautpaar satt gesehen, kann die Dekoration problemlos entfernt werden.

Ballons bis zur Decke

Ein Zimmer, bis zur Decke gefüllt mit Luftballons, ist ein schöner Anblick. Allerdings: Es sollte nicht das Schlafzimmer sein! Gönnen Sie dem Brautpaar eine entspannte Nacht und wählen Sie für diese Dekoration ein anderes Zimmer – am besten eins, das nachts nicht mehr genutzt wird!
Tipps: Das Brautpaar bekommt zu dieser Aktion ein kleines Kissen mit zwei Stecknadeln. Allerdings sollten die Ballons im Sinne der Nachbarn nur tagsüber zerstochen werden – der ohrenbetäubende Lärm beim Zerplatzen ist nicht zu unterschätzen. Verwenden Sie für diese Aktion auf keinen Fall Ballongas, da dieses unter Umständen sehr unangenehm riechen kann und sich der Geruch auch hartnäckig und langwierig in der Wohnung hält. Zum Aufblasen sollten Sie eine normale Luftballonpumpe verwenden.

Viele kleine Sonnen

Bepflanzen Sie das Waschbecken, die Dusche oder die Badewanne mit echten Sonnenblumen. Um dauerhafte Schäden zu vermeiden, muss der

Dekoration mit Motto

Aufwendig, aber etwas ganz Besonderes: Stellen Sie die Deko für Wohnung oder Haus des frisch verheirateten Paares unter ein Motto! Etwa so:

Herzen
- Die Spiegel werden mit Lippenstiftherzen bemalt.
- Das Ehebett wird mit Herz-Luftballons dekoriert.
- In der ganzen Wohnung werden Herzgirlanden oder Lichterketten mit Herzen aufgehängt. Lichterketten finden Sie unter *www.jawoll.de* für ca. 4 Euro.
- Der Weg zum Bett wird mit Herzkonfetti bestreut.
- Neben dem Bett stehen Herzkerzen (10 Stück für ca. 2 Euro unter *www.alles-herz.com*) und Zündhölzer. Die Alternative: Lounge-Lights – im Inneren der Kerzen leuchtet ein wechselndes LED-Farbenspiel (ab ca. 16 Euro unter *www.party-lichteffekte.de*).

Flitterwochen
Vielleicht verreisen die beiden in den Flitterwochen nach Amerika. Verteilen Sie Flaggen, Luftschlangen, Marshmallows, Papp-Hamburger und Cola in der Wohnung. Dekorationsideen finden Sie im Internet unter *www.party-extra.de*.

Glück
Hier können Sie Marienkäfer, Kleeblätter oder Glücksschweine dekorieren. Zusätzlich verteilen Sie in der gesamten Wohnung Glückskekse.

Babyboom
Storchgirlanden, Dekoschnuller, Babyflaschen-Konfetti, Luftballons und Luftschlangen in Hellblau und Rosa unter *www.partypaket.de*.

© Jo Ann Snover– FOTOLIA

Abfluss (oder am besten die ganze Schüssel) durch eine Plastikplane gesichert werden. Sand oder anderes Füllmaterial kann leicht zu einer Verstopfung der Rohre führen!

Tipps: Die Bepflanzung der Toilette sollten Sie vermeiden. Schließlich ist es nicht unwahrscheinlich, dass das Paar nach einer langen und anstrengenden Hochzeitsfeier dringende Bedürfnisse hat. Verwenden Sie für die Umtopf-Aktion keine in der Wohnung vorhandene Pflanze, denn manches Gewächs nimmt einen Standortwechsel übel. Es ist eine nette Geste, wenn Sie die leeren Blumentöpfe im Bad stehen lassen. Verbinden Sie die Aktion mit einem Gutschein – nämlich die Blumen mithilfe der Freunde in den nächsten Tagen in die Töpfe oder den Garten umzupflanzen und das Badezimmer sauber zu putzen.

Liebe ist ...

Einfach, aber wirkungsvoll: kleine Post-it-Zettel mit Sprüchen und Eheweisheiten. Bereiten Sie davon eine ganze Menge vor und kleben Sie diese in der Wohnung an alle möglichen und unmöglichen Stellen – Teller, Vorratsdosen, in Schuhe, Waschbeckenunterseite, in Schubläden, auf und unter Stühle ... Achten Sie darauf, dass die Zettel versteckt, aber gut sichtbar angebracht werden.

Sternenhimmel

Der Weg von der Haustüre bis zum Schlafzimmer wird mit Leuchtstäben (100 Stück für ca. 15 Euro unter www.pearl.de) beleuchtet. Leuchtdauer der Knicklichter: ca. 6 bis 8 Stunden. Die Überraschung im Schlafzimmer wird erst sichtbar, wenn das Licht ausgeschaltet wurde: ein romantischer Sternenhimmel (Leuchtsterne, 72-teilig, für ca. 4 Euro unter www.weltbild.de) an der Decke. Die selbst klebenden Aufkleber lassen sich jederzeit spurenfrei wieder entfernen.

Liebesgarten

Wenn das Brautpaar einen Garten besitzt, dann finden Sie dort sicherlich auch einige Bäume, die schön dekoriert werden können: Kleinere Bäume oder Sträucher werden mit Luftschlangen und Luftballons verschönert. Für größere Bäume braucht man dementsprechend größere „Luftschlangen", etwa Toilettenpapier.

Tipps: Vergewissern Sie sich, dass die Bäume wirklich nur dem Brautpaar gehören und nicht Nachbarn, die vielleicht sauer werden könnten. Außerdem sollten Sie diese Aktion nur bei gutem Wetter machen, denn bei Regen sieht die Dekoration nicht mehr sehr hübsch aus.

Böse Streiche

Bei Hochzeitsstreichen scheiden sich die Geister und auch die Auffassung über den Härtegrad der Streiche. Dennoch gibt es Paare, die für etwas gröbere Scherze durchaus offen sind. Sie sollten jedoch auch hier immer bedenken, dass Hochzeitsstreiche Spaß machen und das Brautpaar nach der Hochzeitsfeier überraschen sollen. Die Überraschungen dürfen zwar unter Umständen ein wenig unbequem sein, aber alles hat seine Grenzen! Und vor allem sollten auch die etwas gröberen Hochzeitsstreiche nicht die unwiederbringliche Hochzeitsnacht vermiesen!

Wohnungsschlüssel weg

Grundlage für die meisten Streiche ist, dass Sie sich Zugang zur Wohnung des Brautpaars verschaffen müssen. Wie Sie unauffällig an den Hausschlüssel kommen, sollten Sie bereits einige Tage vor dem großen Ereignis organisieren. Und auch, dass das Paar keinen Ersatz hat! Nachdem Sie die Streiche in der Wohnung vorbereitet haben, können Sie den Schlüssel vor der Wohnungstür in einem Eimer mit Sand verstecken. Oder aber Sie

> **Extra-Tipp: Grundregeln II**
>
> Manchmal schießt man übers Ziel hinaus. Deswegen sollte jeder Streich-Organisator bei allem immer an folgende Punkte denken:
> ✗ Richten Sie keine Verschmutzungen an, die sich nicht leicht wieder beheben lassen!
> ✗ Sorgen Sie dafür, dass die Streiche komplett ungefährlich sind!
> ✗ An der Wohnung dürfen keine schwerwiegenden oder gar baulichen Veränderungen durchgeführt werden!
> ✗ Es darf nichts kaputtgemacht werden!
> ✗ Es darf kein finanzieller Schaden entstehen!

stecken ihn in eine gefüllte Flasche Alkohol und verkorken diese wieder. Im Normalfall hat das Brautpaar keinen Korkenzieher dabei – und wohin mit dem Alkohol?

Hindernislauf

Nachdem es das Paar geschafft hat, seine Haustür aufzuschließen, wartet ein Hindernisparcours auf die beiden, an dem Action-Archäologe Indiana Jones seine Freude gehabt hätte:
• Plastikbecher werden mit Wasser befüllt und dicht an dicht im Flur verteilt. Möglichst so, dass kein Fuß in die Zwischenräume passt.
Tipps: Den Öffnungsbereich der Tür nicht verstellen, da sonst die Becher durch die Gegend fliegen. Keine Pappbecher verwenden, da sich diese auflösen können. Es ist eine nette Geste, einen Wassereimer bereitzustellen, in dem die Plastikbecher entsorgt werden können – und auch einen großen Lappen zum Aufwischen.
• Eine große Papiertischdecke wird mit Tesafilm von innen an dem Türrahmen angeklebt. Wenn das Brautpaar die Türe aufgeschlossen hat, steht es somit vor einer Papierwand. Auf das Papier kann man ein großes Herz malen oder Grüße schreiben. Alternativ kann man die Tür mit einem Bettlaken zuhängen. Hier kann ein Herz aufgemalt sein, das zum Betreten der Wohnung ausgeschnitten werden muss.
• Im ganzen Haus werden die Glühbirnen leicht aus der Fassung herausgedreht oder sogar ganz ausgeschraubt und an einem Ort gesammelt.
Tipps: Die Lampe im Kühlschrank nicht vergessen! Fairerweise sollten Sie eine Kerze und ein paar Streichhölzer oder wegen der Brandgefahr besser eine Taschenlampe bereitlegen.
• Ein kleiner Tipp: Wattebällchen kleben mit Nivea-Creme hervorragend auf Stahl-Türklinken – ein toller Effekt, wenn es dunkel ist …
• Denken Sie sich ein paar Fragen und Aufgaben aus, die das Brautpaar erfüllen muss, um endlich ins Schlafzimmer zu kommen!
• Spinnennetz: Spannen Sie in der gesamten Wohnung Fäden, die vom Brautpaar auf dem Weg ins Schlafzimmer durchgeschnitten werden müssen. Inmitten des ganzen Wirrwarrs befindet sich dann auch der heiß ersehnte Schlafzimmerschlüssel.
Tipps: Die Fäden dürfen nicht an Vasen, Bildern oder anderen nicht richtig befestigten Gegenstände angebunden werden, weil diese herunterfallen und kaputtgehen könnten, wenn das Brautpaar an den Fäden zieht. Befestigen Sie die Fäden also nur an festen Gegenständen wie Türklinken oder Balken. Erschwerend hierzu können Sie die Scheren und Messer des Haushaltes im Gefrierfach zwischenlagern.

Schlafzimmer versperrt

• Schnitzeljagd: Verschließen Sie das Schlafzimmer des Paares. Wenn die beiden nach Hause kommen, weisen Sie durch kleine Notizen über Umwege auf den Ort hin, an dem der Schlüssel versteckt ist. Die Suche endet im Gefrierfach, hier liegt der Schlüssel eingefroren in einer Plastik-

Schluss mit lustig!

Bei der Sabotage der Hochzeitsnacht kann Spaß schnell in bitteren Ernst umschlagen. Diese Beispiele sind nur ein Auszug aus der langen Liste der „No Gos".

Wo andere Menschen gestört werden, Kosten entstehen, Eigentum kaputtgeht oder gar die Gesundheit gefährdet wird, ist die Grenze des guten Geschmacks bei Weitem überschritten.

Diese Streiche gehen gar nicht

- **Nasse, bunte Wattebällchen an eine Hauswand werfen:** Denn die bleiben dort kleben. Wenn die Wand weiß ist, bleiben dauerhaft bunte Flecken.
- **Bett auseinanderbauen** und draußen auf der Einfahrt oder im Hof wieder aufbauen. Das Brautpaar muss nachts bauen und tragen. Das ist nicht lustig.
- **Schlechte Verstecke:** Den Hausschlüssel so verstecken, dass er gar nicht gefunden werden kann. Eine anwesende Person muss eingeweiht sein, damit nicht etwa die Türe aufgebrochen werden muss.
- **Alternativen verbauen:** Es ist unfair, auch die Möglichkeit zu vereiteln, auf eine andere Schlafgelegenheit in der Wohnung auszuweichen.
- **Bauliche Veränderungen oder Möbel zerstören:** Eine zugemauerte Tür, angesägte Bettbeine, zugenagelte Schlafzimmertüren, zerstörte Türstöcke – das ist kein Spaß mehr.
- **Konfetti im Kleiderschrank:** Bekommt man nie wieder ganz sauber!
- **Reis** und alles, was auf empfindlichen Parkettböden Kratzer verursachen kann.
- **Bett an das Bettspanntuch annähen:** Beides kann beim Hineinschlüpfen ganz leicht zerreißen.
- **Schlechter Geruch:** Der versteckte Stinkkäse kann Ungeziefer anlocken.
- **Tagelanger Telefonterror:** Wohlmeinende „Freunde" geben für den Tag nach der Hochzeit eine Anzeige in der Tageszeitung auf – mit einem besonderen Schnäppchen, etwa einem supergünstigen Auto. Besonders fies ist der Zusatz „Bitte ab 7 Uhr morgens anrufen" und neben der Telefonnummer eventuell sogar die Adresse des Paares ...
- **Wasserfeste Farben:** Sollten Sie Farben verwenden, dann nur solche, die sich leicht wieder entfernen lassen.
- **Ungenießbares:** Zwingen Sie das Brautpaar auf keinen Fall, etwas anderes als für Menschen ausgewiesene und keinesfalls verdorbene Lebensmittel zu sich zu nehmen!

schüssel. Zusätzlich können Sie noch eine Hürde aufstellen: Färben Sie das Wasser so, dass das Eis nicht mehr durchsichtig ist, und bieten Sie dem Hochzeitspaar mehrere Gefäße zur Auswahl.
Tipps: Zum Einfrieren kein Glas nehmen, da dieses platzen könnte. Verteilen Sie nicht mehr als vier Zettel, sonst wird die Suche zu langwierig, und beschränken Sie die Schnitzeljagd unbedingt auf die Wohnung.
• Freunde und Bekannte der Brautleute treffen sich ein paar Tage vor der Hochzeit zum lustigen Holzhacken. Die produzierten Scheite werden in der Hochzeitsnacht fein säuberlich in den Rahmen der Schlafzimmertür übereinander gestapelt. Da hat der Bräutigam vor dem Zubettgehen noch ganz schön was zu tun!

Bett-Blockade

• Erbsen im Bett: Im Bett des Brautpaares werden Erbsen unter und zwischen die Decke gestreut. Sobald die Decke hochgehoben wird, kullern die Erbsen quer durch den Raum.
Tipps: Für diese Aktion nur getrocknete und natürlich ungekochte Erbsen verwenden.
• Stellen Sie ein mit Eiswasser gefülltes Kinderplantschbecken auf das Bett der Neuvermählten – und vielleicht Sektflasche und Gläser hinein.
• Das riesige Geschenk: Packen Sie das Bett mit Packpapier komplett ein und binden Sie anschließend aus rotem Tüll eine große Schleife darum. Dekorieren kann man das Paket mit Streuherzen, Papierrosen und Glitzer. Dies lässt sich perfekt mit einem Geschenk verbinden – nämlich neuer Bettwäsche, die Sie vorher aufgezogen haben.

Hör mal, wer da spricht

Verstecken Sie ein Mikrofon am Kopf des Bettes. Stellen Sie die Lautsprecher so auf, dass das Paar sich selber hören kann. Nett ist es auch, Gespräche der beiden mit einem kleinen MP3-Rekorder aufzunehmen, den Sie auch unter dem Bett versteckt haben. So hat das Paar eine kleine Erinnerung.

Schlafkiller

• Eine batteriebetriebene Glückwunschkarte offen hinter den Schrank werfen.
• Verstecken Sie einen (oder mehrere) Wecker, der (bzw. die) morgens gegen 4 Uhr laut losklingelt. Sinnvoll sind digitale Wecker, da man hier kein Ticken hört. Alternativ kann man den Weckdienst der Telefonanbieter beauftragen, in mehr oder minder regelmäßigen Abständen anzurufen.
• Befestigen Sie kleine Glöckchen am Lattenrost des Bettes, die bei jeder Bewegung klingeln.
• Organisieren Sie einen Fanfarenzug, der frühmorgens vor der Tür des Brautpaares zu spielen anfängt. Vergessen Sie nicht, die Nachbarn vorab zu informieren, damit es keinen Ärger gibt. Eventuell sollte man die Aktion auch im Ort anmelden, damit man keine Anzeige wegen Ruhestörung bekommt.

Wie verhext

In der Speisekammer werden die Banderolen von den Konservendosen entfernt. Anschließend ist es noch für lange Zeit eine Überraschung, ob Mais, Erbsen oder Tomatensuppe auf den Tisch des Hauses kommen. Die Eier aus dem Kühlschrank werden hart gekocht und wieder zurückgelegt. Der Inhalt von Zucker- und Salzdosen wird vertauscht. Auch Möbelstücke wechseln ihren Platz. Und was macht die Zahncreme überhaupt im Kühlschrank und die Kaffeedose in der Waschmaschine?
Tipps: Beim Transport der Möbelstücke ist Vorsicht angesagt, es darf nichts zu Bruch gehen. Deshalb erst auf ihre Stabilität prüfen. Die Verstecke sollten so gewählt werden, dass alle Gegenstände schnell wiedergefunden werden können und natürlich noch brauchbar sind. Schlüssel, Schmuck und Wertsachen sollten nicht versteckt werden.

Worauf sollte der perfekte Hochzeitsgast achten? Das ist gar nicht so dramatisch, denn das meiste macht man sowieso intuitiv richtig. Und die restlichen Punkte haben wir in diesem Kapitel für Sie zusammengefasst. Der Gäste-Knigge enthält 20 goldene Regeln, die Sie beherzigen sollten: von der respektvollen Zu- oder Absage auf die Hochzeitseinladung bis zur kleinen Aufmerksamkeit als Dankeschön für das Brautpaar – mit diesen Tipps kann nichts schiefgehen.

11 GÄSTE-KNIGGE

Der kleine Gäste-Knigge

Fettnäpfchen sind bei Hochzeiten besonders zahlreich. Wie Sie sich Peinlichkeiten ersparen und rundum wohl fühlen: Die 20 wichtigsten Fragen und Antworten im Überblick.

Dass der schönste Tag im Leben des Brautpaares auch zu solch einem wird, dafür sind auch die Gäste verantwortlich. Doch wie hat sich ein „perfekter" Hochzeitsgast zu benehmen? Auf jeden Fall muss jeder Geladene gewisse Punkte der Hochzeits-Etikette beherrschen.

1. Einladung genau lesen

Flattert die Einladung zur Hochzeit ins Haus, sollten Sie diese erst einmal genau studieren. Wozu sind Sie eigentlich eingeladen? Zur Feier vom Anfang bis zum Ende, zum Umtrunk beim Standesamt oder „nur" zum Polterabend? Nichts ist peinlicher, als ungeladen zu erscheinen. Auf jeden Fall sollten Sie auf die Einladung reagieren. Die meisten Brautpaare geben ein Datum bekannt, bis wann mit einer Zu- bzw. Absage gerechnet wird. Verpassen Sie diese Deadline nicht, Sie machen dem Hochzeitspaar die Vorbereitungen sonst nur unnötig schwerer.

Auch wenn Ihnen in letzter Minute etwas Wichtiges dazwischenkommt und Sie kurzfristig absagen müssen: Informieren Sie das Brautpaar! Ein absolutes Tabu ist es, ohne Entschuldigung nicht zu erscheinen.

2. Rechtzeitig antworten

Normalerweise erhalten Sie die Einladung mindestens drei Monate vor dem großen Fest. Antworten Sie umgehend, denn von den Antwortkarten hängt die genaue Planung des Empfangs und der Feier ab. Wie viel Essen muss bestellt, wie viele Hotelbetten reserviert werden? Bedenken Sie, dass eine Hochzeit vor allem einen großen Organisationsaufwand bedeutet – schnelle Sicherheit bei der Planung ist hilfreich.

3. Richtig zusagen

Wenn enge Freunde heiraten, reicht sicherlich eine mündliche Zusage. Die Zusage über dritte Personen sollten Sie vermeiden. Die Buchstaben auf der Einladung „u.A.w.g." bedeuten ausgeschrieben: „um Antwort wird gebeten". Ignorieren Sie das nicht, und geben Sie eine schriftliche Antwort. Falls Sie zusätzliche Informationen benötigen – etwa zur Kleiderfrage, Geschenkliste, Anfahrt –, schreiben Sie Ihre Fragen und Ihre Adresse deutlich lesbar auf die Antwortkarte. Die Gastgeber sind in diesem Stadium eventuell schon gestresst und übersehen Ihre Fragen.

4. Richtig absagen

• Schicken Sie eine förmliche Absage mit einer kurzen Erklärung, warum Sie leider nicht kommen können.

• Wenn die Familie Ihnen nahe steht, dann rufen Sie an, um die Gründe des Fernbleibens zu erklären. Eine solche Absage ist auf alle Fälle persönlicher als ein Brief.

• Sagen Sie – im Sinne des Brautpaares – sofort ab, sobald Sie wissen, dass Sie nicht kommen können oder wollen.

• Auch wenn Sie Ihre Teilnahme absagen, ist es üblich, dem Paar ein Geschenk zu machen. Denn das Geschenk signalisiert Ihre guten Wünsche für das Brautpaar. Erkundigen Sie sich nach den

Wünschen von Braut und Bräutigam oder einem Hochzeitstisch.
- Falls Sie gute Freunde des Brautpaares sind, ist es eine nette Geste, wenn Sie das Paar einige Wochen vor der Hochzeit zu einem kleinen Festessen einladen und sich mit ihm über die bevorstehende Hochzeit freuen.

5. Pünktlichkeit ist immer eine Zier

Natürlich sollten Sie alle nötigen Hinweise in der Einladung beachten und deuten. Etwa ob es sich um eine standesamtliche oder kirchliche Trauung handelt. Und vor allem, wo und zu welcher Uhrzeit sie stattfindet. Alle Besonderheiten sind ebenfalls vermerkt. Sollten Sie den Hinweis erhalten, dass Sie erst zu der Abendparty erwartet werden, vermeiden Sie es, früher auf der Hochzeit zu erscheinen.

Generell gilt: Lieber fünf Minuten zu früh, denn Pünktlichkeit ist ein absolutes Muss. Sollten Sie an der Trauung teilnehmen, seien Sie am besten eine halbe Stunde vor Beginn der Feierlichkeiten da. Falls Sie doch zu spät kommen, stürmen Sie nicht in die erste Reihe der Kirche, sondern nehmen Sie so unauffällig wie möglich ganz hinten Platz. Warten Sie unbedingt ab, bis die Braut zum Altar geführt wurde, und laufen Sie nicht den Hochzeitsfotografen durch das Bild.

Wenn Sie schon vor der Hochzeit wissen, dass Sie es nicht rechtzeitig schaffen werden, informieren Sie das Brautpaar und die Hochzeitsorganisatoren auf jeden Fall vorab.

6. Die passende Kleidung

Eine schöne und festliche Bekleidung ist ein Zeichen Ihrer Wertschätzung des Brautpaares.
- Kleiden Sie sich stilvoll, aber niemals in Weiß. Diese Farbe trägt an diesem Tag nur die Braut!
- Tabu für jeden Hochzeitsgast sind Jeans und bei den Frauen sehr knappe Röcke.
- Die Damen sollten bedenken, dass speziell in der Kirche Strümpfe getragen werden sollten. Auch im Hochsommer! Unpassend ist es zudem,

So entschlüsseln Sie den Dresscode

Ganz wichtig: Die Hochzeit ist der große Tag der Braut. Tragen Sie Ihren Teil dazu bei, indem Sie nicht versuchen, die Braut modisch zu übertreffen! So finden Sie vorab heraus, wie Sie sich kleiden sollen:

Hinweise in der Einladung

Wählen Sie einen Smoking, Frack und Cut nur dann, wenn der Dresscode es ausdrücklich verlangt. Hier sind die Dresscodes und was sich dahinter verbirgt:
- **White Tie**: Die Dame trägt ein langes, dekolletiertes Abendkleid, darüber einen bodenlangen Mantel, ein Cape oder eine Stola (die Schultern müssen bei Ankunft bedeckt sein), dazu Handschuhe und Schmuck. Der Mann trägt Frack, dazu Frackschleife und Taschenuhr.
- **Black Tie**: Die Amerikaner nennen es Tuxedo, in Europa sagt man Smoking. Der Mann erscheint also im schwarzen Smoking mit Fliege, dazu trägt er Manschetten und Einstecktuch. Die Frau trägt ein kleines Schwarzes oder ein edles Designer-Outfit, dazu eine Abendtasche (muss kleiner sein als ihr Kopf) und farbige Accessoires.
- **Cut**: Die Frau trägt ein Kostüm in dezenter Farbe mit langem Arm und kniebedeckendem Rock. Der Mann hüllt sich in ein schwarzes Schoßsakko mit durchlaufend geschwungener Vorderkante (Cut), Streifenhose, weißes Kragenhemd, graue Weste und Krawatte.
- **Cocktail**: Die Frau trägt ein kleines Schwarzes oder ein knielanges Cocktailkleid in zarten Tönen wie Rosé oder Apricot. Dazu kombiniert sie Schmuck, der auch etwas auffälliger sein darf. Der Mann erscheint im hochgeschlossenen dunklen Anzug und dunkler Krawatte.
- **Casual**: Legerer Chic, keinesfalls zu extravagant. Die Frau trägt einen lässigen Hosenanzug und dazu Ballerinas. Oder einen gemusterten Rock, der zum edlen Shirt und zu Sandaletten kombiniert wird. Der Herr erscheint stilvoll in farbigem Ober- oder Polohemd und/oder feinem Strickpullover in Kombination mit Baumwoll-, Leinen- oder Cordhosen.

© Andrew Scheck – FOTOLIA

mit zu tiefem Dekolleté und ärmellos in der Kirche zu erscheinen.
- Einen Hut trägt der weibliche Hochzeitsgast in der Kirche sowie zum anschließenden Empfang. Nicht aber zum Hochzeitsfest.
- Für die Herren ist es unpassend, in der Kirche Smoking zu tragen. Der Smoking ist eine ausgesprochene Abendbekleidung.
- Männer dürfen ihr Jackett erst ablegen, wenn es auch der Bräutigam tut!
- Handelt es sich um eine ländliche Trachtenhochzeit, sollten Sie auch dementsprechend gekleidet sein, ein Dirndl oder Trachtenkleid können Sie sich auch ausleihen.

7. Hotel und Anreise übernehmen

Als Hochzeitsgast sind Sie selbst verantwortlich für Ihre Anreise und zahlen auch die Übernachtung selbst – außer natürlich, es ist ausdrücklich auf der Einladung vermerkt. Eine elegante Lösung ist es, wenn das Brautpaar der Hochzeitseinladung eine Preisliste mit Hotels aus der näheren Umgebung des Veranstaltungsortes beilegt. So weiß jeder Gast, woran er ist.

8. Gastfreundschaft nicht überstrapazieren

Hochzeitsgäste von außerhalb, die kein Hotel nehmen möchten oder von Freunden, Verwandten oder Bekannten zum Übernachten eingeladen wurden, sollten einige wichtige Verhaltensregeln beherzigen:
- Bleiben Sie nicht zu lange. Mehr als zwei Nächte sollten Sie Ihren Gastgebern besser nicht zumuten.
- Halten Sie sich an Absprachen. Reisen Sie pünktlich an (und auch wieder ab), halten Sie sich an die verabredeten Essenszeiten, lassen Sie Ihre Gastgeber nicht warten.
- Respektieren Sie die Regeln, die in Ihrer Gastgeberfamilie herrschen.
- Gehen Sie sorgfältig mit dem Hausschlüssel des Gastgebers um.
- Bieten Sie von sich aus Ihre Hilfe im Haushalt an. Dies muss natürlich nichts Großes sein. Helfen Sie beim Abräumen des Esstisches und machen Sie Ihr Bett selbstständig.
- Im Badezimmer benützen Sie ausschließlich die eigenen Utensilien und hinterlassen es nach Benutzung im sauberen Zustand.
- Betreten Sie keine Zimmer ohne Erlaubnis. Das Schlafzimmer der Gastgeber ist für Sie natürlich tabu, ebenso Arbeits- oder Kinderzimmer.

Andere Länder, andere Sitten

Italien: Auf italienischen Hochzeiten sollte nichts Gelbes getragen werden. Gelb ist in Italien die Farbe des Betrugs und des Ehebruchs und kann deshalb so manche empfindliche Reaktion zur Folge haben.

Schottland: In Schottland darf niemand etwas Grünes tragen, denn Grün ist die Farbe der Elfen. Deshalb wird auch kein grünes Gemüse zum Hochzeitsmahl serviert.

Bulgarien: In Bulgarien ist Rot die Hochzeitsfarbe, die Braut wird „bulka" genannt, was „Klatschmohn" bedeutet. Der Ort der Feier wird mit roten Girlanden geschmückt.

• Rauchen Sie nicht in dem Zimmer, das man Ihnen zum Schlafen zur Verfügung stellt. Auch hier heißt es, sich mit den Gastgebern abzusprechen.
• Und trinken Sie auf der Feier nicht zu viel – sonst richten Sie beim Nachhausekommen womöglich ein Chaos im Haus Ihrer Gastgeber an.

9. Handy ausschalten oder lautlos stellen

Absolut fehl am Platz bei der Trauung und auch beim anschließenden Fest sind eingeschaltete Handys. Handyschrillen statt Glockengeläut muss nicht sein. Die Kirche und das Standesamt sind handyfreie Zonen. An der Hochzeitstafel sollte das Handy wie bei jeder Tischgesellschaft zumindest lautlos geschaltet werden.

10. Respekt vor religiösen Ritualen zeigen

Es wird nicht erwartet, dass Sie an den religiösen Ritualen der Hochzeitsfeier teilnehmen, wenn Sie einer anderen Religion angehören. Aber es wäre zumindest höflich, wenn Sie der Familie folgend aufstehen und sich wieder setzen würden. Sie müssen nicht knien, wenn Sie das nicht wünschen. Nach der kirchlichen Trauung bleiben die Gäste sitzen (oder stehen), bis das Brautpaar und dessen Familien die Kirche verlassen haben.
Beim Verlassen von Standesamt oder Kirche wird gerne Reis geworfen – allerdings sollten Sie den Reis dem Brautpaar nicht direkt vor die Füße und auch nicht ins Gesicht werfen. Das vermeidet Ausrutscher oder rote Augen.

11. Sitzordnung beachten

Sie hätten sich einen anderen Tischnachbarn gewünscht? Bevor Sie den Aufstand proben, denken Sie bitte daran, dass das Brautpaar bei der Aufstellung der Sitzordnung für die Hochzeitsgesellschaft wichtige Gegebenheiten bedacht hat. Es ist nämlich ganz und gar nicht egal, wer neben wem sitzt. Die richtige Platzierung der Gäste kann helfen, Unruhe oder Streit zu vermeiden.
In der Nähe des Brautpaares zu sitzen bedeutet in allen Kulturen eine große Ehre. Das Brautpaar bekommt natürlich den Ehrenplatz in der Mitte. Die Braut sitzt rechts neben dem Bräutigam und der Vater des Bräutigams sitzt rechts neben der Braut, die Brautmutter sitzt links neben dem Bräutigam, ihnen gegenüber sitzen der Brautvater und die Mutter des Bräutigams.
Ähnlich sollten bei einer kirchlichen Feier die vordersten Bänke – also in unmittelbarer Nähe des Brautpaares – für die Eltern und die nahe Verwandtschaft reserviert bleiben wie auch für die Mitgestalter der Zeremonie.
Während traditionell Paare an der Hochzeitstafel voneinander getrennt platziert wurden und sie bestenfalls gegenüber Platz nehmen durften, schreibt die Etikette das heute nicht mehr vor. Frisch verliebte Paare trennen sich ungern und haben dann weniger Spaß am Fest. Ehrengäste sollten ebenfalls berücksichtigt werden.
Bei großen Feierlichkeiten hängt in den meisten Fällen am Saaleingang die Sitzordnung aus, während bei kleineren Feiern kleine Tischkarten ausreichen. Natürlich wird sich die Sitzordnung im Laufe der Feier auflockern. Meist nach dem Essen oder dem Kaffee. Aber zu Beginn der Festlichkeiten sollten Sie sie unbedingt beachten.

12. Keine Hast am Buffet

Halten Sie sich lieber zurück, bevor Sie als Allererster zum Buffet rasen. Auf keinen Fall darf vor dem Brautpaar die Hochzeitstorte angeschnitten werden. Lautstarke Kritik an Essen, Service oder Umgebung ist unhöflich und unangebracht. Und denken Sie daran: Eine Hochzeit ist keine Freibierparty – Sie sollten nicht versuchen, sich die Kosten für Ihr Geschenk wieder „zurückzutrinken".

© Sony Ericsson

13. Reden zur richtigen Zeit

Die Reden werden gehalten, wenn alle Gäste anwesend sind und am Tisch sitzen. Den Anfang macht der Brautvater, dann schließen sich – mit gebührendem Abstand – das Brautpaar, andere Redner oder die Einlagen der Gäste an. Eine Rede sollte dabei nicht länger als drei bis fünf Minuten dauern.

Als Trauzeuge können Sie mit dem Brautvater absprechen, die erste Rede zu übernehmen. Diese erfolgt vor dem Hauptgang des Menüs. Sollte ein Buffet geplant sein, lassen Sie den ersten Gang (ein Salat) eindecken und halten Sie Ihre Rede nach diesem Gang. Übergeben Sie dann an den Bräutigam, der wiederum das Buffet eröffnet.

14. Keinen Streit um den Brautstrauß anzetteln

Wenn der Brautstrauß geworfen wird, sollten alle noch unverheirateten Damen einen Halbkreis hinter der Braut bilden. Sobald sie die Blumen wirft, sollte eine der Frauen den Strauß möglichst elegant fangen. Diese wird als Nächste heiraten. Aber auch wenn Sie schon länger auf der Suche nach einem Mann sind, sollten Sie sich nicht mit dem Ellenbogen durch die Menge kämpfen und in Rambo-Manier nach vorne hechten.

15. Der erste Tanz gehört der Braut

Sie warten nur darauf, endlich das Tanzbein schwingen zu können? Vorsicht! Der Eröffnungstanz ist bei vielen Hochzeiten noch immer der Brautwalzer. Er dauert in der Regel drei Minuten. Die erste Minute gehört dem Brautpaar allein, danach kommen die Eltern hinzu und zum Ende hin die restlichen Gäste. Meistens wird im Anschluss daran ein weiterer Durchlauf gemacht, weil alle dann in Fahrt sind.

Nach dem Brautwalzer schenkt die Braut den nächsten Tanz ihrem Vater, dann dem Schwiegervater. Der Bräutigam dreht zuerst die Schwiegermutter, dann seine Mutter. Schließlich muss er sich allen Damen widmen, und die männlichen Gäste sorgen dafür, dass die Braut nicht zur Ruhe kommt. Am Ende der Feier tanzt das Brautpaar normalerweise einen letzten Walzer.

16. Kleine Rasselbanden immer im Griff behalten

Kinder der Gäste sind eine quirlige Bereicherung für die Feier, verlangen aber mit zunehmender Dauer immer mehr Aufmerksamkeit von ihren Eltern. Vergessen Sie nicht, dass es der große Tag des Brautpaars ist! Sorgen Sie also dafür, dass die Kleinen die Trauungszeremonie nicht zu laut stören, nicht in der Hochzeitstorte herumstochern oder beim Brautwalzer über die Tanzfläche sausen.

17. Richtig schenken

Die meisten Brautpaare geben bereits in der Hochzeitseinladung bekannt, wel-

© Norelvis Rodriguez_Totosakot - FOTOLIA

che Geschenke sie sich von den Gästen wünschen.
- Die wichtigste Regel: Schenken Sie nur etwas, das sich das Paar auch wirklich wünscht!
- Geldgeschenke sind heutzutage keine Seltenheit und gern gesehen. Sie sollten die Scheine und Münzen aber dezent und am besten möglichst originell verpacken.
- Ob große oder kleine Geschenke, sie werden niemals vor oder direkt nach der kirchlichen Zeremonie überreicht, sondern im Laufe der anschließenden Feier! Meistens steht ein spezieller Gabentisch bereit. Dort können Sie Ihr Geschenk deponieren.
- Vergessen Sie die Glückwunschkarte mit Ihrem Namen nicht, denn auf anonyme Geschenke können die Brautleute nicht reagieren.
- Versehen Sie Ihr Geschenk mit einer persönlichen Note für das Brautpaar – dies gilt auch für Geldgeschenke oder ein Geschenk von dem Hochzeitstisch oder der Wunschliste.
- Im Gegensatz zu der weit verbreiteten Meinung haben Sie nicht ein Jahr Zeit, um das Geschenk zu überreichen. Die Geschenke werden schon vor dem Hochzeitstag oder am besten während der Hochzeitsfeier überreicht.
- Wer nur zu einem kleinen Sektumtrunk eingeladen ist, überreicht dem Brautpaar am besten einen Blumenstrauß.

18. Nicht verfrüht gehen

Grundsätzlich kann gefeiert werden, solange es dem Brautpaar Spaß macht – und wenn das der nächste Morgen ist. Allerdings sollte der Gast das Fest auf keinen Fall verlassen, bevor die Hochzeitstorte angeschnitten ist – auch wenn der Tischnachbar das Temperament einer Schlaftablette haben sollte. Generell darf sich das Brautpaar von der Hochzeitsfeier „auf Französisch" verabschieden – das heißt irgendwann still und leise verschwinden. Die Stimmung bleibt und die Gäste feiern weiter. Meistens kündigt das Paar aber vorher an, dass es um eine bestimmte Zeit – etwa um Mitternacht – aufbricht, und wird von den Gästen mit viel Aufsehen auf den Weg geschickt. Am besten also freuen Sie sich mit dem Brautpaar bis in die frühen Morgenstunden. Denn die Hochzeitsnacht verbringen sowieso die wenigsten frisch Vermählten so, wie Sie es aus Hollywood-Filmen kennen.

19. Dankbarkeit zeigen

Zeigen Sie dem Brautpaar, dass es auch für Sie ein ganz spezieller Tag war und dass Sie sich über die Einladung sehr gefreut haben. Schicken Sie nach der Hochzeit ein paar Dankeszeilen und dazu vielleicht Ihre schönsten Foto-Schnappschüsse. Denn auch wenn die meisten Paare professionelle Fotografien engagiert haben, sind die Schnappschüsse von Freunden oft liebevoller und persönlicher.

20. Das Brautpaar mit guter Laune belohnen

Ein perfekter Gast berücksichtigt nicht nur alle unsere Tipps, sondern vergisst auch niemals, selber Spaß zu haben! Das Brautpaar wird während des Hochzeitstages von Familie, Freunden, Verwandten und anderen Gästen in Beschlag genommen und sich jedem einzelnen Gast nur ein paar Augenblicke widmen können. Nachdem die beiden aber so viel Zeit und Liebe in die Vorbereitung ihres perfekten Tages gesteckt haben, sollten Sie sie dafür mit ganz viel guter Laune belohnen. Mürrische Gäste verderben jedes Fest. Freuen Sie sich über diesen Tag und über das Fest – und zeigen Sie es!

© Viktoriia Kulish – FOTOLIA; Gettyimages

Stichwortverzeichnis

Actionspiele 139, 151
Aktionskalender 109
Äpfel 63, 183
Aufbau der Hochzeitsrede 163

Babywalzer 153, 220
Ballermann 6 26
Ballonpost 101
Baum pflanzen 90
Beratung beim Outfit 66
Berühmte Paare 30
Besen-Attacken 49
Bettlaken 87
Bilder malen 109
Blumen streuen 80
Blumenkinder 80, 91
Böllerschüsse 144
Brautbecher 144
Brautentführung 69
Brautführer 81
Brautjungfern 80
Brautstrauß werfen 145, 220
Brot und Salz 48
Bücher 109
Buffet 219

Champagner-Pyramide 170
Checkliste Geschenke 82
Checkliste Hochzeitsgäste 94
Checkliste Hochzeitsrede 160
Checkliste Hochzeitsspiele 143
Checkliste Polterabend 45
Comicfiguren 176

Dekoideen Polterabend 41
Dekorationen mit Motto 209
Dresscode 71, 217
Diashow erstellen 18, 58, 77, 107
Digitaler Bilderrahmen 106
Diskjockey 61
Dosen am Auto 92
Dosentorte 203

Ehrenspalier 88
Einladung zum Polterabend 38
Einladung zur Hochzeit 216
Eisskulpturen 170
Erinnerungs-Album 61
Essen und Trinken 43

Feuerwerk 51, 120
Filmtipps 31
Flammeas 100
Fotobuch 179
Fotodrucker 113
Fotos .... 105 ff
Foto-Torte 171
Französische Brautkugel 175

Garderobe 42, 79
Gästebücher .... 113 ff
Gäste-Knigge 216
Gastfreundschaft 218
Geldgeschenke .... 192 ff
Geldschein falten 199
Gipstorte 202
Girlande 185
Globe de Mariée 175
Glücksbambus 61
Glücksrad 11
Glücksschwein 91
Gravierte Gläser 175
Gutscheine .... 122 ff, 139

Handy 219
Highlights für Genießer .... 28 ff
Hochzeitsbrot 63
Hochzeitsfeier 69
Hochzeitsgeschenke .... 170 ff, 220
Hochzeits-Hubschrauber 171
Hochzeitskerze 92, 174
Hochzeitskutsche 93
Hochzeitsrede .... 77, 160 ff, 220
Hochzeitsschatulle 174
Hochzeits-Siebenkampf 30
Hochzeits-Streiche .... 208 ff
Hochzeitstauben 91, 172
Hochzeitstisch 188, 189
Hochzeitszeitung .... 124 ff
Hochzeitszug 68, 74
Homepage 103
Honeymoon-Set 200
Hotel und Anreise 218
Hufeisen 89

Jongleur 173
Junggesellenabschied .... 6 ff, 67
Just Married 92

Kalender 112, 150
Katerfrühstück 45
Kinderbetreuung 156, 220
Kirchliche Trauung 68
Kochparty 17
Kranz binden 46
Kreuzworträtsel 140

Stichwortverzeichnis

Lasershow 172
Lebkuchen 62
Liebesduette 35
Liebesgeschichte 176
Liebeslied 176
Limousine mieten 12
Luftballons .... 58, 60, 88, 98 ff

Märchenhochzeit 53
Marktwagen 42
Mottoabend .... 12 ff, 23 ff
Musik-Einlagen 92
Mutter der Braut .... 72 ff
Mutter des Bräutigams 78
Myrtenkranz 47

Notfall-Paket 31, 62, 70, 71

Päckchenspiel 50
Papiertorte 203
Partyballon 99
Passende Kleidung 217
Patenschaften .... 182 ff
Polterabend .... 38 ff
Polterabend mit Motto 39
Polterabend-Attraktionen 55
Polterabend-Spiele .... 50 ff
Polterhochzeit 41
Polter-Locations 40
Poltern .... 46 ff
Poltertabus 46
Portraits .... 177 ff
Porzellan per LKW 59

Reeperbahn 25
Reis werfen 91, 92
Religiöse Rituale 202
Rollentorte 202
Rosabrille 171
Rosenkugeln 60

Schatzinsel 201
Schleiertanz 144
Schmetterlinge 88
Schnee statt Scherben 52
Schnellzeichner 173
Schokobrunnen 171
Schokofoto 179
Schornsteinfeger 89
Schwangere Braut 19
Shopping-Wochenende 15
Sparbüchsen 205
Spaß für Sportler .... 27 ff, 33
Spiele für Kinder .... 154 ff
Spontane Spiele 142
Sprüche fürs Gästebuch 114
Stammbaum 106, 179
Standesamt 67
Sternenhimmel 98
Sternstunden 179
Stil der Hochzeitsrede 166
Storch auf dem Dach 48, 91
Strumpfband 145
Stuntman 32

Tanzspiele .... 152 ff
Team-Spiele .... 33 ff

Teddys 177
Themen der Hochzeitsrede .. 161
Tischordnung 73, 219
Tombola 149
Trauzeugen .... 66 ff
T-Shirts .... 8 ff, 20 ff, 30, 60

Übereinstimmungsspiele .... 136 ff
Überraschungs-Party 34

Vater der Braut .... 75 ff
Vater des Bräutigams 78
Venus Grundstück 181
Verbrennung der Hose 49
Versteigerungen 145
Videos .... 102 ff
Von Herzen .... 118 ff
Vortrag der Hochzeitsrede .. 166

Walk Act 78
Weddingdress Box 174
Wegsperren .... 86 ff
Wein 177
Weinberg 181
Wer zahlt was? 76
Wunschbaum 121

Zauberer 172
Zu- und Absage 216
Zugaben bis 5 Euro 184
Zugaben bis 10 Euro 185
Zugaben bis 20 Euro 186
Zugaben ab 20 Euro 187

Über Perfect Day

Perfect Day wurde im Herbst 2004 gegründet. Der Verlag spezialisiert sich auf die Produktion von Medien rund um das Thema Hochzeit.

Bisher im Verlagsprogramm erschienen:

- **PC CD-ROM Hochzeit ohne Hindernisse** (1. Auflage Januar 2005)
- **Hochzeits-Kalender 2006** (1. Auflage September 2005)
- **Ratgeber 100 traumhafte Hochzeitsideen.** Originell, liebevoll und ganz einfach selbst gemacht (1. Auflage Juli 2006)
- **Hochzeits-Kalender 2007** (1. Auflage August 2006)
- **PC CD-ROM Hochzeit ohne Hindernisse** (2. Auflage Oktober 2006)
- **Der große Guide für Hochzeitsgäste** (1. Auflage Juni 2007)
- **Hochzeits-Kalender 2008** (1. Auflage August 2007)
- **Ratgeber 100 traumhafte Hochzeitsideen.** Originell, liebevoll und ganz einfach selbst gemacht (2. Auflage Januar 2008)
- **Grün heiraten.** 100 Tipps für die umweltfreundliche Hochzeit (1. Auflage Juli 2008)
- **Hochzeits-Kalender 2009** (1. Auflage August 2008)

Alle Produkte stammen aus der Reihe moderner, praxisnaher Ratgeber, die Brautpaaren sowie deren Eltern und Freunden bei der Planung, Organisation und Durchführung einer Traumhochzeit helfen sollen.

Mit freundlicher Unterstützung von

Titelfoto:
www.duckshop.de
4. Umschlagseite:
www.unusually.de

Word-Workshop-Hochzeitszeitung
PCgo - das Anwendermagazin
(Verantwortliche Redakteurin M. Lingner)
www.pcgo.de

Landbuch Verlag Hannover
(Brotrezepte aus ländlichen Backstuben)
www.landbuch.de